ALPHONSE MARTIN

885

HISTOIRE

DE

FÉCAMP

TOME PREMIER

Tiré à 3ı0 Exemplaires

AVEC GRAVURES HORS TEXTE

6o in-8° carré, papier du Japon.
25o in-8° écu, papier blanc teinté.

Épreuves :

15 in-8° écu, papier bulle.
15 in-8° carré, papier blanc.

———

Tous droits réservés

———

IMPRIMÉ CHEZ L. DURAND ET FILS

RUE DE L'INONDATION, FÉCAMP

———

HISTOIRE DE FÉCAMP

ILLUSTRÉE

ALPHONSE MARTIN

HISTOIRE
DE
FÉCAMP

Illustrée

TOME PREMIER

OUVRAGE ORNÉ DE TRENTE DESSINS

DE VICTOR HAMEL, F. BAILLIARD ET VIARD

ET DE

REPRODUCTIONS EN PHOTOGRAVURE

✠

FÉCAMP

L. DURAND ET FILS, IMPRIMEURS-ÉDITEURS

1893

AVANT-PROPOS

LES *ouvrages historiques sur Fécamp, parus jusqu'à ce jour, ont eu surtout pour but de rappeler l'existence et l'importance de l'Abbaye qui a subsisté dans cette ville jusqu'à la fin du XVIIIe siècle; la cité proprement dite, sa nombreuse population, ses institutions civiles, militaires, judiciaires et municipales, son commerce et sa marine, n'ont été que légèrement étudiés.*

Toutefois, dans une monographie fort consciencieuse et à laquelle on est heureux de recourir, M. Fallue a effleuré l'histoire civile à côté de l'histoire monastique. M. Marette a aussi publié, il y a 50 ans, une notice historique qui rentre tout à fait dans le cadre que j'ai choisi.

Mais le développement des études de cette nature, la découverte de documents précieux, le prolongement d'une nouvelle période de l'époque contemporaine, rendaient nécessaire une refonte de l'histoire de la ville. C'est le but que je me suis proposé d'atteindre dans cette publication.

Voulant me consacrer exclusivement à l'histoire de la ville, j'ai été obligé de laisser de côté l'abbaye, malgré le rôle important qu'elle a joué dans les événements qui se sont passés dans la cité. Si mon plan m'a obligé à passer sous silence les faits et gestes de ces pieux abbés, qui ont illustré Fécamp pendant si longtemps, j'y ai trouvé, au moins, l'avantage de n'avoir pas à apprécier ces opulents abbés commendataires, qui sont loin d'avoir laissé la même réputation de vertu.

Si j'avais essayé de mélanger l'histoire intérieure du monastère avec celle de la population civile et militaire, peut-être me serais-je exposé à suivre une route déjà parcourue et à laisser subsister les lacunes observées déjà dans l'Histoire de Fécamp, par M. Fallue.

Cette manière nouvelle d'envisager l'histoire de Fécamp m'a permis d'étudier avec un certain développement les temps préhistoriques, l'époque gallo-romaine et la période normande.

Pénétrant dans les palais des ducs, dans les hôtels des bourgeois et des seigneurs, dans les chaumières des manants, dans les modestes églises qui se groupaient autour de la fière abbatiale, il m'a été possible d'en reconstituer la vie intime, d'y étudier une foule de coutumes bizarres et curieuses si on les compare à nos mœurs actuelles.

Ensuite, esquissant l'histoire du port de Fécamp, j'ai été heureux de signaler les hauts faits des marins de cette région, et leur hardiesse dans les expéditions commerciales vers le nouveau monde.

Puis sont venus les malheurs de la guerre de Cent-Ans, du xvie siècle, et la période de calme du suivant.

Dans le second volume, j'ai exposé l'organisation et les développements des assemblées municipales, l'extension du commerce, de l'industrie et de la marine pendant le xviiie siècle, le grand mouvement populaire de la Révolution de 1789, l'établissement des institutions modernes et les multiples progrès de l'époque contemporaine.

Elargissant le cercle de mes investigations, j'ai réussi à reconstituer dans un vaste tableau d'honneur les biographies des habitants de Fécamp qui se sont illustrés dans les lettres, les sciences, les arts, qui se sont dévoués pour leurs semblables, de ceux qui ont paru sur les différents champs de batailles de l'Europe, répandant leur sang pour la

Patrie, et dont les noms menaçaient de disparaître à jamais dans un injuste oubli.

Dans un dernier chapitre, j'ai fait l'historique de la souffrance et des moyens employés pour y remédier : c'était exposer la vie intime, toujours si curieuse, des institutions charitables anciennes et modernes.

Afin de rendre ces récits plus véridiques, j'ai laissé parler, autant que cela était possible, les premiers chroniqueurs des faits qui composent l'histoire de Fécamp. Leur langage naïf, démodé même, aura au moins l'avantage de ne pas refléter, au lieu des impressions des contemporains, les préoccupations d'un auteur moderne, et nous initiera plus sûrement aux mœurs des temps passés. Au lecteur bienveillant de suppléer à l'aridité de ces documents par une attention plus suivie.

S'il y a eu quelque mérite à cette publication, je ne veux point le revendiquer pour moi seul. Je veux, au contraire, en offrir une large part à mes collaborateurs et à mes auxiliaires. Ils ont compris que pour faire aimer la France, il faut la faire connaître, et que le dévouement patriotique se forme de l'amour agrandi du clocher natal, plus étudié et par là même plus chéri. C'est ainsi qu'ensemble nous aurons apporté notre pierre à l'édification du monument que les études historiques, renouvelées en ce siècle, élèvent à la gloire de la vieille Patrie. Que de durs mécomptes on éviterait, si, pour gouverner et administrer notre peuple, on se donnait d'abord la joie d'étudier les tendances légitimes du caractère national, si visibles au cours des âges, et la part immense qu'a eue dans notre formation nationale la Religion et les fortes vertus qu'elle inspire.

J'offrirai tout d'abord l'expression de ma vive gratitude à MM. A. Le Grand père, Marcel et Fernand Le Grand, dont on connaît l'esprit d'initiative et le dévouement pour leur pays natal : c'est grâce à leurs encouragements que je me suis décidé à entreprendre cette publication considérable.

M. Hare, secrétaire en chef de la Mairie de Fécamp, a droit à mes remerciements les plus sincères, car, un des premiers, il m'a secondé dans mes recherches et il m'a fait profiter d'un travail qu'il avait commencé sur le même sujet.

M. Charles Pollet, généalogiste à Fécamp, mérite les mêmes remerciements pour ses renseignements historiques et biographiques sur son pays d'adoption et ses concitoyens.

Je remercie MM. Biochet, Hellot, Alfred Cécille, Ernest Dumont, Maraine, Argentin,

Blanadet, Coutan, Savalle, Delbende, bibliothécaire de la ville de Fécamp, et Léon Braquehais, sous-bibliothécaire au Havre, pour leurs recherches et intéressantes communications.

M. l'abbé Joseph Dubois, curé de Sanvic, a bien voulu, par ses conseils amicaux, me faire profiter de son érudition littéraire et historique et suppléer aux imperfections d'une éducation trop rapide. Qu'il reçoive ici la nouvelle expression de ma gratitude.

Parmi mes collaborateurs artistiques, je citerai d'abord M. V. Hamel, qui a mis gracieusement à ma disposition son talent de dessinateur et de graveur, ainsi que son œuvre si appréciée des connaisseurs, puis MM. Bailliard et Viard, qui m'ont secondé par leurs dessins à la plume dont l'exactitude fera certainement l'un des charmes de ce livre. MM. Roussaux, Leleu, Dorey, Banse et Mme Gombert, qui ne m'ont pas ménagé leur concours désintéressé. C'est à eux que je dois les nombreux clichés photographiques que les procédés modernes de reproduction m'ont permis de placer sous les yeux de mes lecteurs.

Enfin, je ne puis oublier M. M. Durand fils, l'auxiliaire dévoué qui a mis au service de l'Histoire de Fécamp, les ressources de son habileté typogra-

phique. Les amateurs remarqueront les soins pieux qu'il a multipliés pour donner un véritable cachet artistique à l'ouvrage qui sort de ses presses, à l'honneur de sa ville natale. Il me permettra même d'ajouter qu'il lui a été donné, en publiant cet ouvrage, de réaliser une pensée longtemps caressée par son vénéré père, M. Léopold Durand. C'était en effet le désir souvent exprimé par le vieux typographe fécampois, dont les encouragements et le talent m'ont soutenu dans mes précédentes publications, d'enrichir la bibliographie normande d'une histoire de la vieille cité, si chère à un cœur de fils.

Un dernier mot de remercîments aux souscripteurs qui ont répondu favorablement à mon appel, spécialement à M. Le Borgne, maire et au Conseil municipal de Fécamp. Si les souscripteurs ne sont point légion dans cette ville, ceux qui ont compris d'avance l'intérêt qui s'attachait à l'œuvre que je préparais, n'en ont qu'un droit plus rigoureux à ma reconnaissance, pour la confiance qu'ils m'ont témoignée.

Alphonse MARTIN.

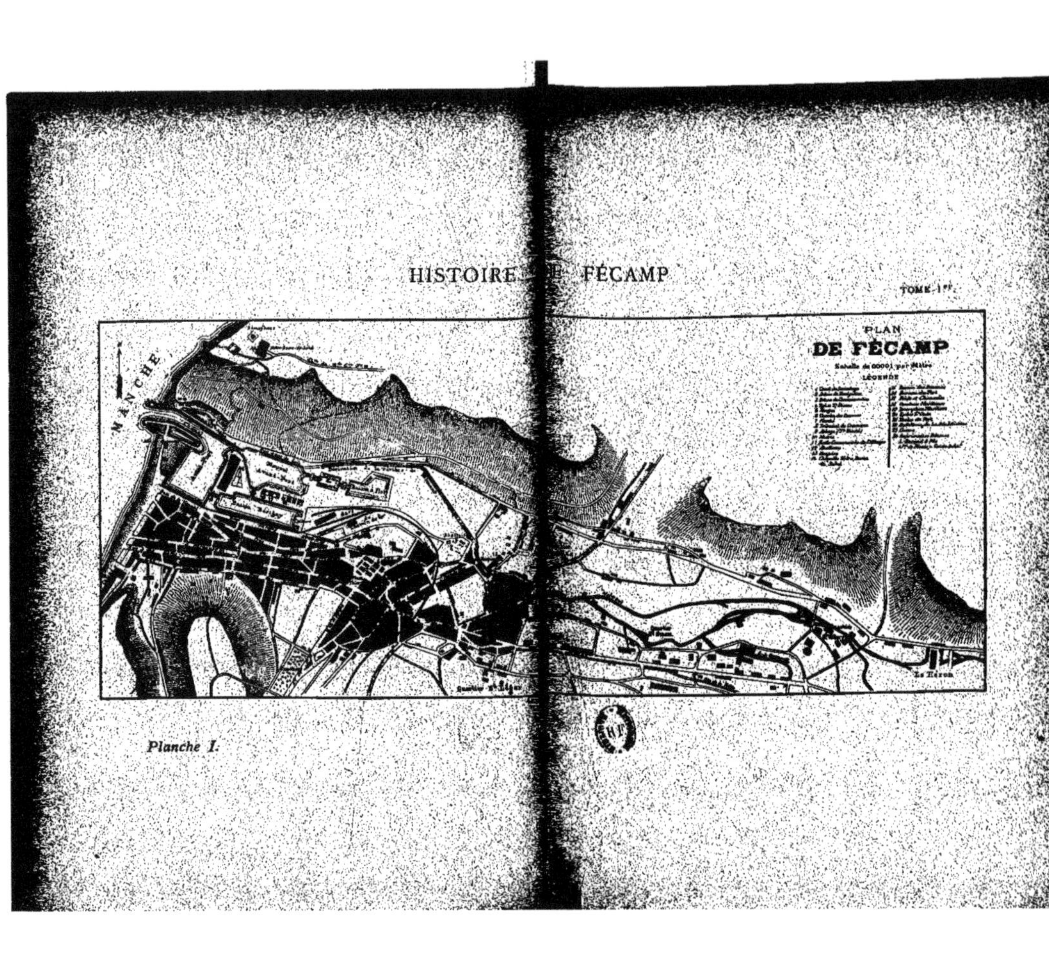

Planche I.

CHAPITRE Ier

FÉCAMP AUX TEMPS PRÉHISTORIQUES, AUX ÉPOQUES ROMAINE ET FRANQUE

Description — Etymologie et blason — Terrain disparu
— Un pays sauvage — Armes primitives — Outils
et Ustensiles domestiques — Conquête romaine —
Sépultures de cette époque — Habitations antiques
— Invasion des barbares — Population païenne ou
chrétienne — Fondation de la première Abbaye —
Etablissement de la ville — Château-Fort — Saint·
Léger à Fécamp — Arrivée des Danois — Destruc-
tion de la Ville et de l'Abbaye.

FÉCAMP, ville de 13,247 habitants, est situé à l'extrémité nord de l'arrondissement du Havre, dans la partie de l'ancienne province de Normandie connue sous le nom de *Pays de Caux*.

Cette ville est le point de départ de plusieurs routes et la tête d'une ligne de chemin de fer, reliée, à Beuzeville, aux grandes lignes de l'Ouest.

Fécamp est établi au confluent des deux

rivières de Valmont et de Ganzeville, dans une vallée ouverte vers l'ouest, mais défendue de ce côté par une plage ou rempart de galet de près d'un kilomètre de front.

Lorsqu'on arrive à Fécamp par la voie de fer, pour nous servir de l'expression usitée actuellement, on aperçoit l'agglomération des maisons s'étendant en gradins sur le versant méridional de la vallée et sur une étendue de deux kilomètres. Le côté septentrional est parsemé de chalets et d'habitations dominant toute la ville et le littoral ; de là on jouit d'un coup d'œil exceptionnel.

On distingue dans l'ensemble des habitations de Fécamp, trois monuments représentant pour ainsi dire trois âges de son histoire. Vers l'Est, c'est le souvenir le plus important de l'époque normande, l'ancienne église abbatiale, avec son immense nef, sa haute tour massive et son portail non moins important, sinon gracieux.

Au milieu de la ville, c'est un point de repère de la fin du moyen âge, l'époque de la Renaissance symbolisée par l'Eglise Saint-Etienne, élevant dans les airs sa tour carrée, encore inachevée et sortant, à peine dégrossie, des mains du maître de l'œuvre moderne.

Enfin, presque à l'extrémité de Fécamp, vers l'Ouest, on aperçoit, dominant les constructions voisines, l'établissement de la Bénédictine, avec sa flèche élancée, ses vastes nefs parallèles, où se meut tout un monde d'ouvriers, deux fois plus

FALAISES DE FÉCAMP (SOURCE DE GRAINVAL)

(D'après une photographie de Ch. GOMBERT).

Pl. II.

nombreux que le personnel de l'ancienne abbaye de Fécamp.

Cet édifice, qui renaît aujourd'hui après un violent incendie, symbolise l'époque moderne, l'union de l'architecture avec l'industrie, le remplacement de la congrégation monastique par l'association commerciale ; c'est cet établissement qui produit la liqueur *Bénédictine,* portant le nom de Fécamp dans l'ancien et dans le nouveau Monde, beaucoup plus loin que ne s'étendait l'antique réputation du *hareng de Fesquant,* célébrée par les chroniqueurs du moyen-âge.

D'un côté, c'est le vieux Fécamp, l'antique station gallo-romaine, la ville du moyen-âge ; de l'autre, c'est le pays moderne avec son outillage maritime et commercial, sa plage avec son caractère mondain et ses habitués qui forment un contraste frappant avec les habitants de la Queue-de-Renard.

Et pour encadrer ce tableau varié, de gigantesques falaises, hautes de 100 mètres, offrent encore plusieurs curiosités naturelles fort intéressantes. Vers le vallon de Grainval, ce sont des sources qui s'échappent de la muraille de calcaires et de silex, creusent le roc de cent manières, se précipitent en petites cascades et glissent sur le rivage ; c'est un spectacle vraiment féerique, que rendent plus gracieux encore les masses imposantes qui le dominent.

Du côté de la côte de la Vierge, les roches du

Cap Faguet nous offrent un spectacle plus grandiose. D'énormes masses de pierres, détachées de la falaise ayant roulé sur le plateau qui formait la base de la montagne, ont été creusées ou sculptées d'une façon bizarre par les vagues. Ce sont le *Trou-au-Chien*, la *Porte-au-Roi*, la *Porte-à-la-Reine*, etc., toutes dénominations qui ont fourni matière à des récits aussi légendaires que terrifiants.

L'étymologie du nom de *Fécamp* et l'explication de son blason, sont deux points difficiles à élucider, et nous n'avons point la prétention d'y arriver.

D'après l'*Armorial de France*, le blason de Fécamp, porte : *de sinople, à trois tentes, deux et une d'argent, ouvertes du champ, celle de la pointe plus haute, au chef cousu d'azur, chargé d'un faucon essorant, tenant dans ses serres une corne d'abondance d'où s'échappent des grains qui brochent sur le champ.* Sur le sceau de la Ville, se trouve *une ancre au naturel passée en pal derrière l'écu.*

Les trois tentes paraissent avoir été inspirées par la syllabe finale de *Fécamp*. La corne d'abondance versant des grains, ou peut-être des pièces de monnaie, semble faire allusion à l'étymologie provenant de la traduction de Fécamp par *Fisci campus, champ du Fisc,* parce que, d'après les uns, c'était l'endroit ou un fonctionnaire romain percevait les redevances dues au fisc, pour

LE TROU-AU-CHIEN

(D'après un dessin de V. Hamel)

Pl. III.

l'entretien de l'Empire. Cette explication nous paraît invraisemblable, car ce n'est pas habituellement dans un champ que se font les recettes des impôts, en nature ou en argent.

On propose aussi l'explication de *Fici campus*, *champ du figuier*, à cause du figuier planté à cet endroit et dont il est parlé dans la célèbre légende du *Précieux-Sang*. Cette opinion n'est peut-être pas sans valeur, car cet arbre était assez rare, mais se rencontrait au moyen-âge, dans le pays de Caux. On peut citer notamment le *figuier d'Orcher*, planté dans la falaise, à une époque fort reculée et servant de limite aux possessions maritimes des seigneurs d'Orcher et de Tancarville.

Le nom de *Fécamp* ne peut provenir de la situation topographique de la ville, ni signifier un endroit humide et marécageux, à l'instar de la rue de la Vallée de Fécamp, dans le quartier de Saint-Antoine, à Paris, qui porte le même nom, mais avec une orthographe différente : *Fecan*, et que l'on rencontre dans quelques documents concernant notre ville. « La rue de la Vallée de « Fécan, dit Jaillot (1), fait la continuation de « la rue de la Planchette, et conduit au chemin « de Charenton. Son nom est dû au terrain sur « lequel elle est située ; on l'appelait le *bas de* « *Fecant* au xvᵉ siècle ; il est ainsi nommé dans « un titre nouvel du 16 février 1498. Dans une « déclaration rendue au Terrier du Roi, en 1540,

« il est fait mention d'une ville, hors la porte
« Saint-Antoine, au *Val de Fesquant*, *lieu dit*
« *Beauregard.* »

Il serait difficile de concilier cette origine
avec les textes primitifs, qui mentionnent le nom
de notre ville. En effet le plus ancien texte connu
où le nom de Fécamp soit mentionné, est le
diplôme de Charles le Chauve portant confirmation
des biens de l'église de Rouen. D'après un *Vidimus*
de cette charte, conservé aux archives de la Seine-
Inférieure, le roi de France confirme la donation
au pays de Talou des : *Fontanas quoque super
fluviam Fiscannum.* Le document originaire serait
de l'an 860 ou environ.

Il ne faut pas oublier non plus qu'il existe
auprès de Montdidier une commune de *Fescamp*
qui se trouve à 93 mètres d'altitude au-dessus de
la mer et nullement dans un endroit marécageux.

La solution de cette question, importe peu
pour les époques plus anciennes, c'est-à-dire pour
les temps préhistoriques, car il est bien probable
que l'emplacement de Fécamp, quoique habité, ne
portait alors aucune dénomination particulière.

Aussi loin que notre imagination peut remonter, dirons-nous avec M. de Pulligny (2);
au-delà de ce que la tradition et l'histoire nous
ont fourni de preuves écrites, la science nous fait
entrevoir, à l'emplacement de Fécamp, un paysage
rustique tel que l'on en cite encore chez les
peuplades sauvages de l'Amérique et de l'Afrique.

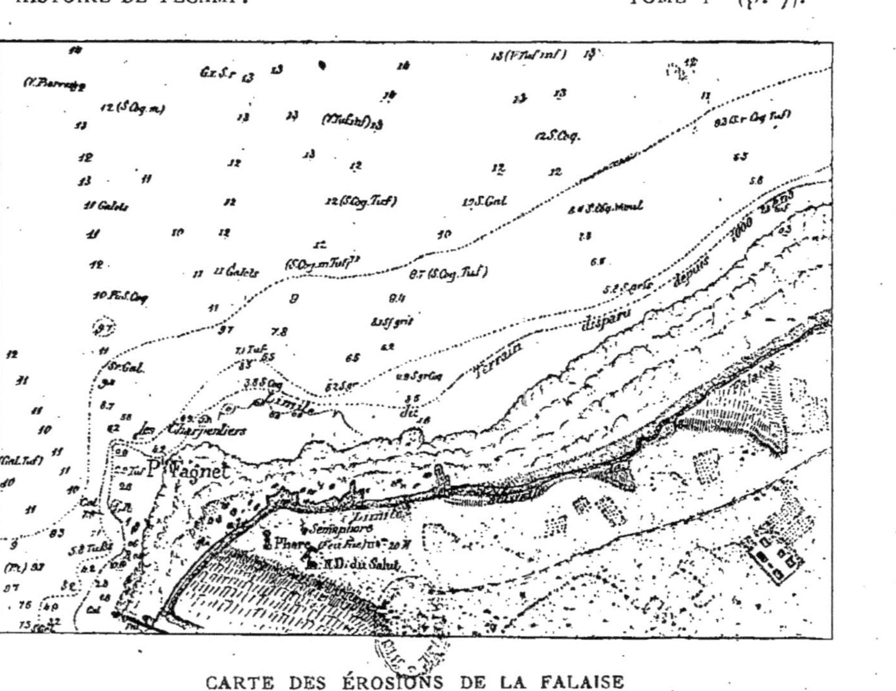

CARTE DES ÉROSIONS DE LA FALAISE

Pl. IV.

Vers le Nord, se trouvait un plateau, limité d'un côté par la mer et de l'autre par le coteau dit de la Vierge. Ce plateau était beaucoup plus étendu qu'il ne l'est de nos jours, des centaines de mètres ont été englouties dans les flots et l'on peut s'en rendre compte, en vérifiant sur les cartes marines, le niveau de la mer, le long du littoral qui formait la base de cette partie de terrain.

Si nous prenons, en effet, la carte du port de Fécamp, nous remarquons au pied des falaises actuelles, une plate-forme de terrain, se trouvant à moins d'un mètre au-dessus du niveau des plus basses mers, c'est-à-dire du zéro des cartes, puis un seuil se trouvant en contre-bas de moins d'un mètre du même niveau.

Les limites de ces deux zônes de terrain, qui occupent ensemble une largeur de 400 mètres environ, suivent les contours de la falaise actuelle de Fécamp et l'on observe au-delà de ce sous-sol un chenal où le fond varie de 3 à 9 mètres au-dessous du zéro des cartes, sur une largeur moyenne de 100 mètres. Il est probable que les premières zônes de terrain, presque horizontales, ont formé autrefois la base de la falaise, que le chenal s'est creusé naturellement à la limite extrême de cette plate-forme, car on ne s'expliquerait pas autrement cet abaissement du rivage à plusieurs centaines de mètres du rivage actuel.

On peut conjecturer de ces constatations, la diminution du littoral, sur une largeur de 400 mètres au Nord des falaises de Fécamp et de Senneville. En prenant pour base une érosion annuelle de vingt-cinq centimètres, c'est-à-dire la moyenne des évaluations de MM. de Lamblardie et Lennier, il aura fallu mille ans pour arriver à ce résultat. La nature de la falaise, formée de craie très tendre et non protégée par des basses-falaises, explique d'ailleurs ces érosions constatées partout.

Toutefois, la diminution paraît avoir été moins considérable vers le Nord-Ouest, car la plate-forme dont nous avons parlé, atteint seulement 250 mètres au-delà des jetées de Fécamp ; ces jetées ont éloigné le courant et protégé la côte sur ce point.

Cette zône de terrain disparue, était sans doute complètement dénudée, à cause des vents violents du Nord et de l'Ouest, qui la balayaient ; mais le coteau était couvert d'arbres, d'une petite forêt mentionnée encore au xvie siècle. Un bois de cerf trouvé par M. Huet, dans la tourbe formée au pied du coteau, indique peut-être une des espèces d'animaux qui s'y réfugiaient.

Une large rivière occupait tout le fond de la vallée ; les eaux de la mer, lorsquelles avaient un niveau supérieur à celui de notre temps, y pénétraient à chaque marée, tant que le limon de ces eaux et les débris de végétaux n'avaient pas formé ces couches de tourbe et de vase que l'on y remarque en creusant le sol.

Examinons comment se sont formées, à cet

endroit, les premières agglomérations humaines ; comment l'homme issu d'un couple unique, selon la doctrine de la Genèse, après s'être répandu autour de son centre d'apparition a, peu à peu, occupé cette contrée si éloignée ; comment enfin, l'homme a vécu à l'état sauvage, c'est-à-dire de la même manière que les peuplades de l'Amérique et de l'Océanie.

L'occupation du territoire à l'ouverture de la vallée, s'explique déjà par la tendance des différentes migrations humaines à se fixer sur les bords des eaux. On ne doit pas s'étonner du rôle important que les fleuves ou leurs affluents, les lacs, les rivages de la mer, ont joué dans la vie d'un peuple. Première source d'alimentation des tribus riveraines, ils sont devenus ensuite la défense naturelle et, après avoir servi à amener le Conquérant, ils lui ont procuré aussi le moyen de maintenir sa prépondérance (3).

Ces hommes primitifs, assez clair semés, n'avaient pour se défendre contre les bêtes sauvages, que des morceaux de silex, qu'ils brisaient par éclats et dont ils faisaient des massues, des têtes de flèches, des racloirs et des couteaux. Ces objets, par leur nature indestructible, ont subsisté à travers les siècles et ils viennent aujourd'hui attester la présence de l'homme aux temps préhistoriques, dans les endroits où ils ont été laissés par lui.

Les armes et ustensiles de silex découverts et recueillis par MM. Tesson et Savalle, membres de la Société de Géologie de Normandie, sur la côte de la Vierge et sur l'autre coteau, vers le quartier Saint-Ouen, ne peuvent laisser aucun doute sur l'occupation de la vallée de Fécamp par les Gaulois, avant la conquête romaine.

Nous offrons ici de curieux spécimens de l'art primitif de nos ancêtres. L'authenticité de leur origine est constatée dans les procès-verbaux des séances de la Société de Géologie de Normandie, tenues le 4 août 1884 et le 4 décembre 1889.

Dans la première de ces séances, M. Savalle annonçait que M. Tesson avait trouvé des lames, des éclats, des grattoirs à Fécamp ; à Senneville, un grattoir très remarquable ; à Saint-Léonard, un poinçon, entre autres objets. Pareillement, dans une pièce de terre, voisine du Champ de Courses, à Fécamp, il avait récolté de nombreux échantillons, quelques-uns en silex noir, d'un fort beau type et dont la taille était identique à celle des grattoirs et racloirs retrouvés à Montivilliers.

Dans la séance du 4 décembre 1889, M. Savalle présentait une série de grattoirs et de pointes de silex provenant de Fécamp, sur le plateau nord non loin et au-delà du Champ de Courses.

M. Bucaille, savant géologue normand, avait constaté dans ces termes, en 1886, au cours d'une excursion à Fécamp, les mêmes vestiges du séjour de l'homme primitif :

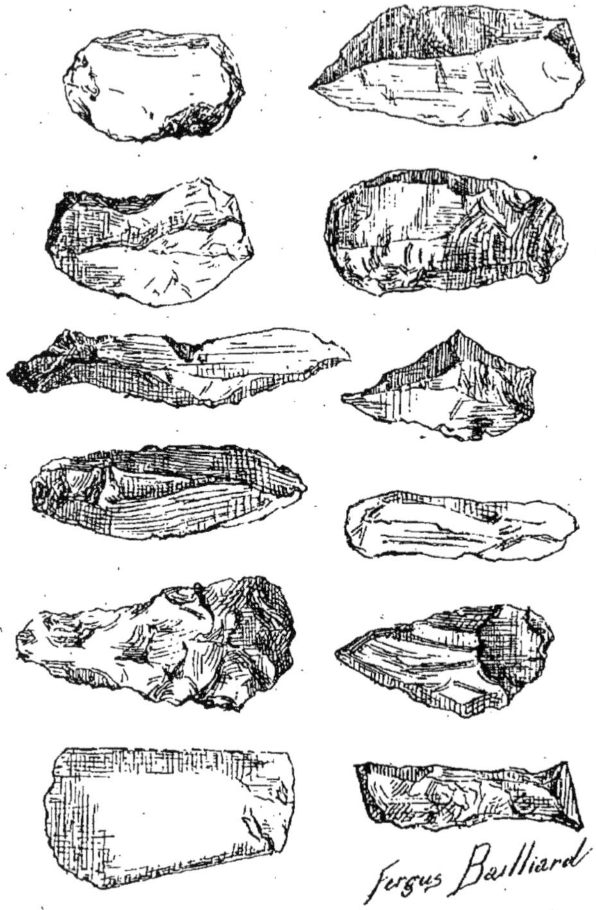

AGE DE LA PIERRE. — ARMES ET OUTILS

Trouvés à Fécamp, par MM. Tesson et Savalle

(D'après une photographie de M. Dorey)

« Les briqueteries de Saint-Léonard (altitude de
« 90 mètres) et de Senneville (altitude de 110 mètres),
« ne nous ont rien offert de remarquable, ni aucun
« indice de silex travaillés. Dans les deux brique-
« teries de Fécamp, situées, l'une à flanc de coteau,
« l'autre au fond de la vallée, et toutes les deux
« à une altitude peu élevée, nous avons au contraire
« recueilli des silex travaillés et appartenant à
« l'époque néolithique. L'exploitation Basile,
« située à l'extrémité du faubourg Saint-Ouen,
« nous a fourni une ample récolte de ces outils de
« formes variées et finement travaillés ; la plupart
« d'entr'eux sont d'un beau silex noir turonien,
« rarement en silex cenomanien (4) ».

Pour reconnaitre l'antiquité de ces vestiges de
l'âge de la pierre polie, il faut observer avec
M. Bertrand (5), qu'ils se rapportent à une période
antérieure de 10 à 12 siècles à Jésus-Christ, c'est-
à-dire avant l'importation en Europe du bronze
oriental, puisque ce métal a remplacé le silex dans
la fabrication des armes et ustensiles des Gaulois.

Mais la preuve la plus évidente de la présence
de l'homme sur l'emplacement de Fécamp dans
les siècles qui ont précédé l'ère chrétienne, est
démontrée par le vaste camp Gaulois établi à la
jonction des vallées de Ganzeville et de Valmont.

A une époque où les ressources de la balistique
moderne étaient complètement inconnues, ces
ouvrages en terre jouaient un grand rôle dans la
défense des armées. Les Romains y attachaient

une telle importance qu'ils ne s'établissaient jamais dans une position, sans y élever un retranchement. Leurs successeurs, les Francs et les Normands, occupèrent sans doute, tour à tour, des positions aussi fortes et surtout aussi avantageusement situées (6).

M. de Pulligny signale l'enceinte de Fécamp, contenant 60 hectares de superficie, désignée par le peuple sous le nom de *Canada*, comme appartenant à la période Gauloise, car on y a trouvé des monnaies d'or de ce type, déposées au Musée de Rouen, ainsi qu'une hachette en bronze.

Aux temps gaulois, enveloppés dans une si profonde obscurité, succède la période romaine, commencée avec le premier siècle de l'ère chrétienne. Les vestiges de cette époque attestent, non pas le simple passage ou le séjour accidentel de l'homme dans ces parages, mais l'existence d'une agglomération d'individus déjà civilisés par le contact des conquérants romains ; la présence d'habitations aux couvertures en tuiles à rebords et convexes ; un quartier habité par la classe pauvre et dont les sépultures indiquent la condition ; d'autres habitations occupées par la classe aisée qui avait pour habitude de porter des parures et des bijoux précieux.

S'il faut en croire quelques antiquaires (7), Fécamp aurait été occupé par le Préfet romain de la province de Bretagne et les tributs que l'on percevait à cet endroit, auraient été, avons nous

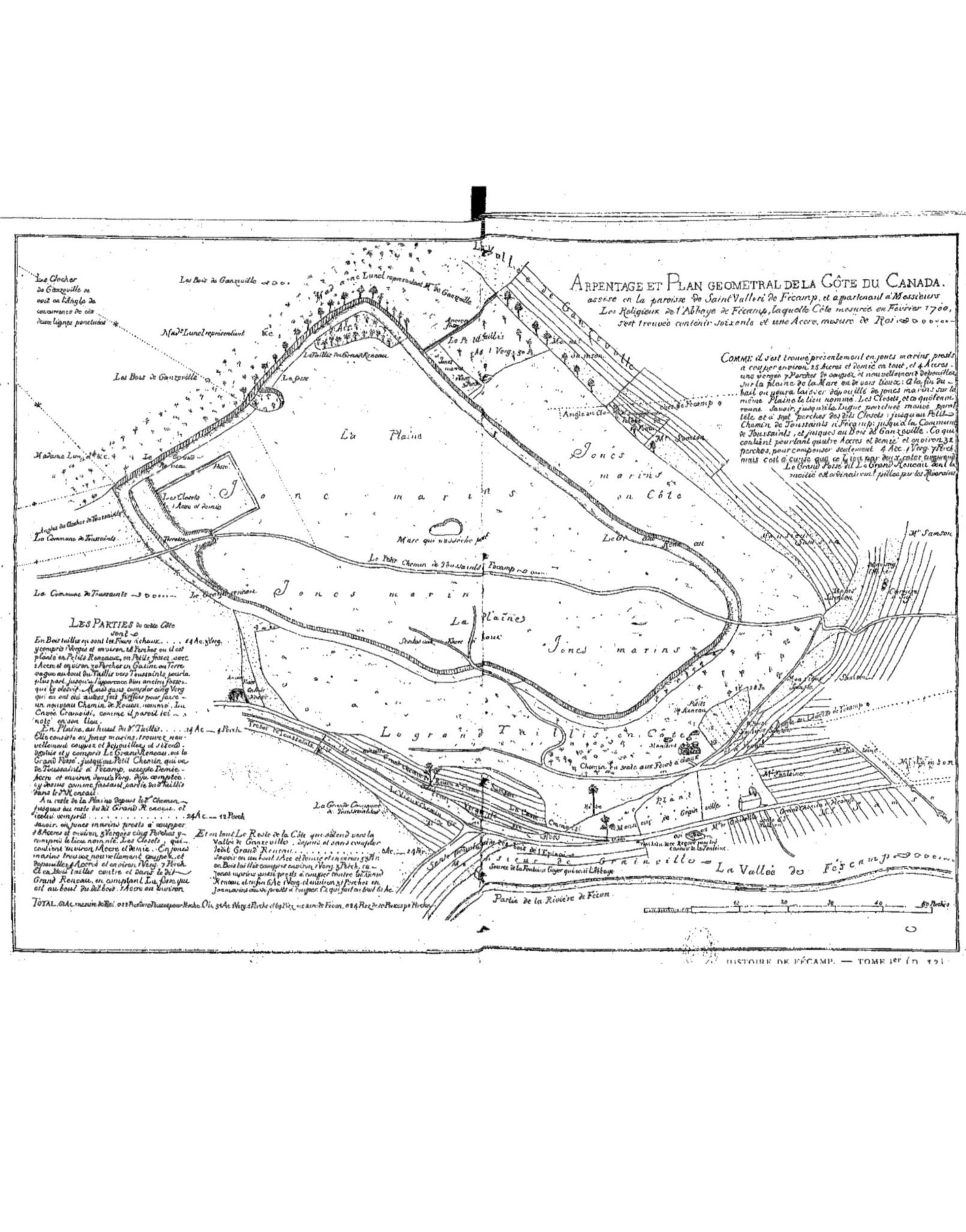

ARPENTAGE ET PLAN GEOMETRAL DE LA CÔTE DU CANADA.
assise en la paroisse de Saint Valleri de Fécamp, et apartenant à Messieurs
Les Religieux de l'Abbaye de Fécamp, laquelle Côte mesurée en Février 1700,
s'est trouvée contenir soixante et une Acere, mesure de Roi
COMME il s'est trouvé presentement en jones marins prests
à couper environ 25 Aceres et demie en tout, et 4 Aceres
une verge 7 Perches de couper, et nouvellement depouillez
sur la plaine de la Mare en devers lieux: A la fin du
bail on pourra laisser depouillé de jones marins sur la
même Plaine le lieu nommé Les Closets, et ce qu'il en re-
tonne Savoir, jusqu'à la Ligne perelueé monté paral-
lele et à sept perches des dits Closets jusqu'au Petit
Chemin de Toussaints à Fécamp; jusqu'à la Commune
de Toussaints, et jusques au Bois de Ganzeville. Ce qui
Les Bois de Ganzeville
Mad. Lunel representant M. de Ganzeville
Le Clocher de Ganzeville
Les Bois de Ganzeville
La fosse
Madame Lunel
Les Closets 1 Acere et demie
Anglie du Clocher de Toussaints
Les Commune de Toussaints
La Commune de Toussaints
La Plaine
Jonc marins
Jones marins en Côte
Mare qui se seche
Le Petit Chemin de Toussaints à Fécamp
Jones marin
La Plaine
Jones marins
M. Samson
LES PARTIES de cette Côte sont
Le grand Tallis en Côte
Le Vieux Chemin
La Vallée de Grainville
La Vallée de Fécamp
Partie de la Rivière de Fécan
HISTOIRE DE FÉCAMP. — TOME 1er

dit, la cause du nom qu'il porte aujourd'hui : *Fisci Campum*, champ du fisc.

Rien ne justifie cette supposition de la résidence d'un haut fonctionnaire romain à Fécamp, qui aurait été bien mieux placé à Lillebonne, la capitale du pays des Calètes, située à 34 kilomètres de là, ou à *Gravinum* (Grainville-la-Teinturière), station romaine située au milieu du pays de Caux, sur la grande voie militaire qui allait de la Loire et de la Seine à Boulogne-sur-Mer. Quoi qu'il en soi', la meilleure preuve de l'existence d'une bourgade gallo-romaine dans la période du 1er au 4e siècle de l'ère chrétienne, ressort des sépultures et du cimetière retrouvés en 1852 par M. l'abbé Cochet.

Ce cimetière se trouvait à l'extrémité de la *Queue-de-Renard* sur la pente du vallon longeant la route nationale du Havre à Dieppe, laquelle a succédé à l'ancienne rue Arquaise, vieux chemin d'Arques, connu sous le nom de *Vicus Archensis* dans les chartes du moyen-âge.

Le savant abbé Cochet a raconté ainsi, dans son ouvrage « *La Normandie Souterraine* », le récit de ses découvertes si précieuses pour l'histoire des origines de Fécamp (8):

« En octobre 1848, la municipalité de Fécamp faisait réparer le chemin qui mène à Senneville par le vallon désert appelé le *Val-aux-Vaches*. En abattant les terrains élevés qui encaissent cette route, cavée par les eaux, les ouvriers découvrirent des vases, dont quelques-uns furent recueillis entiers par MM. Delaporte, Le Bouteiller et Vasselin.

. « Ayant connu cette nouvelle par les journaux, je me transportai à Fécamp et il me fut aisé de reconnaitre, dans ces poteries, des vases funéraires provenant de sépultures antiques. Les renseignements que je pris et l'aspect du terrain m'ayant confirmé dans ces conjectures, je n'attendis plus que le moment favorable pour y pratiquer une fouille archéologique.

« Ajoutons qu'au mois de février 1851, M. Lanchon, marchand drapier à Fécamp, ayant fait bêcher la côte qui est vers Senneville, pour y planter 1,200 pommiers, découvrit des tuiles à rebords et des tuiles convexes, des fragments de poteries, une couche épaisse de terre noire formée avec de la cendre et des charbons et deux jolies soucoupes rouges d'un vernis très brillant.

« J'appris aussi que dans le cours du dernier siècle, le propriétaire de ces terrains, établissant un four à chaux que tout le monde a connu, avait exhumé 2 ou 3 cercueils en pierre contenant des squelettes, des vases et des médailles qui furent données au curé de Saint-Benoît pour ses pauvres.

« Le 1er septembre 1852, j'étais à Fécamp, et avec la permission du propriétaire et un crédit de 500 fr., alloué par le Préfet de la Seine-Inférieure, je commençais des fouilles au *Val-aux-Vaches*. J'y restai trois jours avec dix ouvriers,

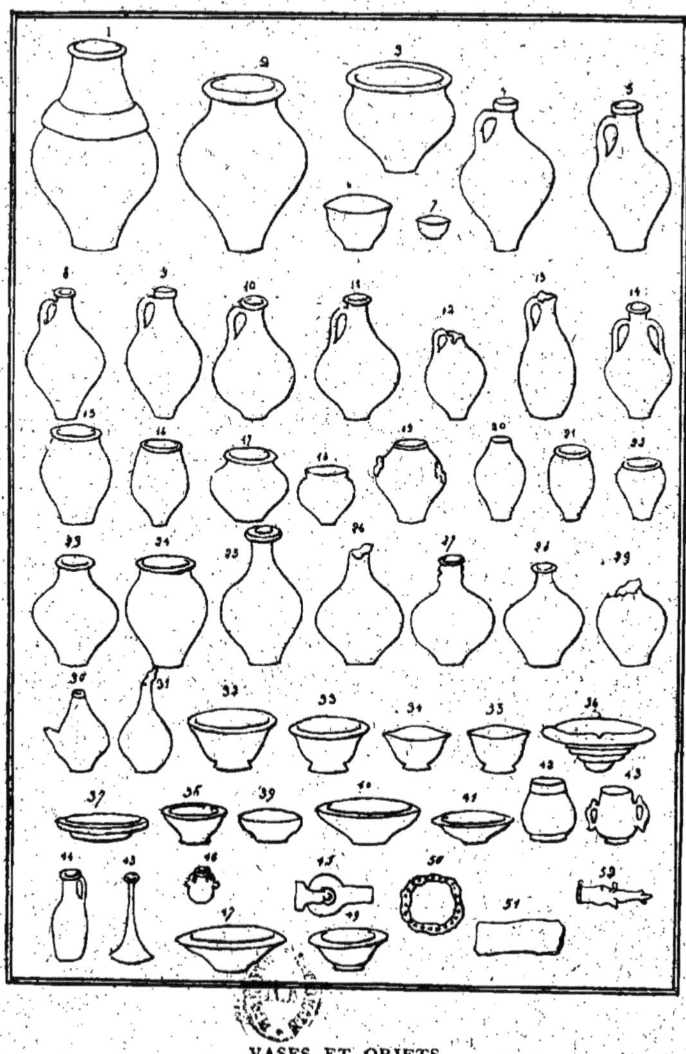

VASES ET OBJETS

Trouvés dans le Cimetière gallo-romain de Fécamp
découvert en 1852

mais là ne fût pas ma meilleure découverte. Assurément le terrain était charbonné et de bon augure, cependant il me sembla que c'était plutôt la fin que le commencement d'un cimetière ; 12 sépultures et 22 vases, presque tous cassés, furent tout le fruit que je tirai de cette première campagne. Ce qui me prouva combien le terrain sur lequel je m'étais placé était mauvais, c'est que plus nous avancions, moins nous trouvions de vases, et plus il était évident que nous touchions la bordure d'un champ de repos.

« Ici, j'ai appris à connaître la sépulture du pauvre calète. Elle se composait parfois d'une urne en forme de *pot-au-feu* avec une cruche vide, mais le plus souvent d'un simple fragment d'urne cassée dans laquelle on avait déposé la cendre du colon indigent. Quelques-uns même avaient été si misérables, que n'ayant pas le moyen de se procurer un reste d'amphore, on avait déposé leurs cendres et leurs os brûlés dans un coffret en bois, et on les avait ainsi confiés à la terre.

« Ce secret de l'indigence antique nous était clairement révélé par la présence d'os brûlés, accompagnés de clous à têtes plates, dans un sol noir et charbonné. J'ai su depuis qu'une observation semblable avait été faite par M. de Saulcy, dans le cimetière romain de Dieulouard, en Lorraine.

« Ce résultat presque négatif m'avait un peu découragé, lorsque j'appris par M. Lanchon que peu de temps auparavant il avait trouvé dans sa côte de nouveaux vases, que je reconnus, à ne pas m'y tromper, pour des vases cinéraires. Alors je pris courage, et le 4 je commençai dans un champ semé d'avoine la fructueuse campagne que je vais raconter :

« Le champ que j'ai exploré pendant dix jours, était situé au penchant de la colline, sur le bord du vieux chemin d'Arques. Il n'avait guère plus de 3o mètres de long sur 12 mètres de large. Dans cet étroit espace j'ai compté jusqu'à 85 sépultures et 25o vases, tant en terre qu'en verre. A en juger par l'abondance de ce seul coin de terre, je ne balance pas d'affirmer que cette côte est remplie de sépultures.

« Le cimetière de Fécamp avait ceci de différent des autres, qu'il paraissait avoir été divisé par quartiers au moyen de murs en pierres sèches dont l'épaisseur était considérable. Ces murs, qui couraient dans plusieurs sens et dans des directions opposées, semblaient avoir formé comme la séparation des familles.

« Un grand nombre de sépultures consistaient simplement dans une urne en terre grise, imitant la forme de nos *pot-au-feu* (fig. 1 et 2). Cette urne, toujours remplie d'os brûlés, était constamment recouverte par une assiette noire, un trépied gris, une tuile à rebords ou une pierre plate. Presque toujours ce couvercle, quand il était en terre cuite, avait été brisé par la pression des terres et les morceaux étaient entrés dans l'urne.

« L'urne la moins riche et la plus simple était invariablement accompagnée d'une cruche vide, placée à côté d'elle. Cette cruche en terre, était tantôt rouge, tantôt blanche, tantôt noire (fig. 4, 5, 8, 9, 10, 11, 12 et 13); quelques-unes étaient d'une pâte légère et d'une forme élégante.

« J'ai remarqué une lagène fort gracieuse (fig. 13) et un vase à deux anses d'une forme plus grecque que romaine (fig. 14).

« Les sépultures les plus riches comptaient 5, 6 ou 8 vases. Alors, outre le cruchon de rigueur, on trouvait, soit dans l'urne, soit autour d'elle, des plateaux (fig. 37, 40, 41, 47), des coupes, des verres (fig. 42, 43), des assiettes, des tasses et des écuelles (fig. 3, 6, 7, 32, 33, 34, 35, 38, 49). Plusieurs de ces plateaux étaient en belle terre rouge, du genre de celle que les anglais appellent *terre de Samos* (fig. 32, 33, 34, 35, 37, 38), mais qui n'est qu'une composition faite en Gaule, surtout dans les pays volcaniques.

« Quelques vases présentaient des feuilles sur les bords et au fond le nom du fabricant ; nous y avons lu les cinq noms suivants : dans une tasse, MACRINV, nom déjà rencontré à Amiens, à Bavay et à Londres ; au fond d'un plateau cassé, O. SEVERI (officina Severi). Le nom de *Severus* avait déjà été exhumé à Epinay, près de Neufchâtel, à Tours, à Amiens, au Mans, à Paris et à Londres.

Sur un plateau entier (fig. 37) VERO (N) ISSA ; sur le fond des deux soucoupes, O S B. MAI BVRDIVI.

« Le vase le plus curieux était un petit pot rougeâtre couvert d'un verni noir imitant celui des *Etrusques* ; sa panse arrondie est décorée de quatre mascarons en relief, dont deux représentent des têtes humaines, un troisième un Cerf assis, le quatrième un *obscena* (fig. 19).

« Les vases de verre, au nombre de 25, étaient généralement remarquables. La majeure partie consistait en des verres de cristal blanc renfermés dans des urnes, mais trop fins pour avoir été conservés, à l'exception d'un seul qui est d'une jolie forme et d'une grande legèreté (fig. 43). Les autres objets de verre avaient une teinte verdâtre ; témoin les trois fioles lacrymatoires que les ouvriers comparaient pour la forme à des chandeliers (fig. 45) ; deux plateaux à bords évasés comme ceux dont on se sert sur nos tables pour mettre des confitures (fig. 47 et 49). Mais les pièces les plus curieuses sont une urne pomiforme en verre coloré d'un bleu clair et une grande urne hexagone d'une épaisseur extraordinaire, qui n'a pas moins de 0 m. 40 c. de hauteur, sur 0 m. 15 c. de largeur.

« A côté de l'urne en verre qui était pleine d'ossements brûlés, se trouvait une grande urne de terre qui contenait dans son sein sept petits vases jadis remplis d'offrandes funèbres. Sur les sept, deux étaient gris, deux noirs et trois rouges, parmi ces derniers étaient un plateau et sa soucoupe encore placés l'un dans l'autre (fig. 37, 38).

« On reconnaissait l'existence des coffrets de bois par la présence dans les charbons ou le lignite, de plusieurs clous et d'une serrure en fer, dans des garnitures et une clé en bronze, mais surtout dans un moraillon de bronze fort élégamment fait (fig. 52). M. Baudot en fouillant, en 1836, les restes romains du temple de la déesse *Sequana*, à Saint-Seine, en Bourgogne, a trouvé un moraillon en bronze entièrement semblable au nôtre.

« Les objets en métal étaient peu nombreux à Fécamp, suivant l'usage du Haut-Empire, dans nos cimetières romains de la Normandie. Une urne seule a été productive d'objets métalliques. De cette urne en terre noire nous avons extrait, avec des os brûlés, une fibule en bronze (fig. 48), un miroir en alliage d'argent (fig. 50), et une tablette en schiste (fig. 51).

« Quant à la fibule, elle est romaine dans sa forme comme dans son origine. Sa partie haute, qui est ronde, présente une saillie qui ressemble assez bien à une anse (fig. 48); la partie basse, qui reproduit à peu près la queue d'un oiseau, porte à la surface des raies en relief.

« Avec cette fibule se trouvait une petite tablette de schiste ou d'ardoise, dont la couleur noire et la nature lamellée imitaient assez bien le cuir bouilli. Cette tablette longue de o m. 12 c. et large de o m. 07 c., avait ses deux surfaces très lisses ; mais d'un côté, que je regarde comme l'endroit, les angles avaient été abattus, tandis que de l'autre ils avaient été conservés.

« Enfin, avec la fibule et la tablette, on trouvait encore dans cette urne un miroir de forme ronde (fig. 50), composé d'un alliage de cuivre et d'argent. La face principale que l'on croirait d'argent, ou tout au moins argentée, présente un poli tellement brillant que l'on pourrait s'y contempler encore comme il y a quinze siècles. Cette forme de miroir était très commune à l'époque gallo-romaine. Celui de Fécamp présentait sur ses bords une série de petits trous circulaires évidemment destinés à passer un fil pour soutenir une étoffe ou une peau qui en doublant le fond devait le rendre portatif (fig. 50).

« Dans une autre urne, s'est rencontré un autre miroir, d'un alliage plus commun où il semblait être entré moins d'argent. Aussi le poli était loin d'en être aussi bien conservé. Ce miroir portait un manche en métal qui permettait de le tenir à la main.

« Enfin, en ce qui concerne la partie métallique, je dois mentionner trois monnaies du Haut-Empire, dont une, moyen bronze, devait représenter un Néron ; des deux autres en grand bronze, l'une avait été frappée pour Faustine la jeune, femme de Marc Aurèle, 161-180 après Jésus-Christ ; l'autre était un *As* d'Auguste, frappé à Vienne, en Dauphiné, avec le type de la proue d'un navire et les lettres C. I. V. (*Colonia Julia Viennensis*). Ces trois médailles n'étaient point dans les vases, mais à côté. »

« La dernière découverte du cimetière romain de Fécamp, a été le squelette d'un jeune enfant de six ans, que l'on avait inhumé le long du mur qui formait probablement la clôture du *cinerarium* de sa famille. Ce petit enfant, qui avait été enterré assis, possédait au côté gauche de sa tête, une assiette, une cruche et un petit pot noir ; c'étaient là les provisions du voyage, déposées par la sollicitude maternelle. Son corps n'avait pas été passé au feu comme les autres, parce que la loi romaine défendait de brûler les enfants au-dessous de sept ans. »

Des détails que nous venons de donner, conclut M. l'abbé Cochet, il résulte que le cimetière gallo-romain de Fécamp doit remonter à la seconde moitié du premier siècle de notre ère, au second siècle tout entier et à la première moitié du troisième. Ce qui lui fait reporter ce cimetière jusqu'au troisième siècle, c'était la présence d'un *jars* ou *dolium* trouvé par morceaux et dont l'usage a duré dans les Gaules jusqu'en 260.

Comme un cimetière atteste l'existence d'une population à proximité, cette partie du territoire de Fécamp était habitée à l'époque gallo-romaine ; l'endroit où se trouvaient ces sépultures gallo-romaines, situé à proximité du camp dont nous avons parlé, établit que les habitants s'étaient éloignés de plus de deux kilomètres de la mer pour être à l'abri des intempéries des vents d'ouest si violents à l'ouverture de la vallée, à l'ombre des arbres de la côte de là vierge.

Toutefois, il faut présumer que ces individus fréquentaient le rivage de la mer, en suivant une voie connue sous le nom de rue de la mer et qui existe encore. M. l'abbé Cochet a recueilli en effet, en 1863, dans les jardins de cette rue, plusieurs monnaies romaines en argent et en bronze aux types de Néron (années 54-68), Antonin, Claude le Gothique (années 268-270), et depuis Trajan jusqu'à Tetricus.

L'antiquité de cette voie est encore appuyée par cette circonstance qu'à Etretat, de même qu'à Fécamp, on retrouve depuis des siècles la mention de la *rue de la mer*, pour communiquer de l'intérieur des terres au rivage.

Ajoutons qu'il y avait encore de ce côté quelques familles et des habitations isolées, comme le constate d'abord la découverte, dans le quartier de la Vicomté, à 3 mètres de profondeur, de murailles épaisses reliées de briques romaines, de fragments de vases en poterie rouge et grise et de cintres de portes restées debout.

M. Fallue, qui mentionne cette découverte, a recueilli une meule romaine en poudingue, divers instruments de cuivre provenant des jardins de la côte de Renéville.

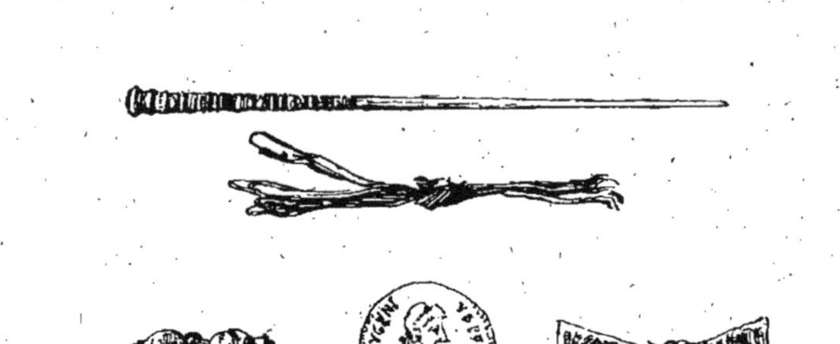

SÉPULTURE ROMAINE, DÉCOUVERTE EN 1873

Pl. VIII.

Enfin, il faut citer la sépulture romaine découverte en 1872 dans la rue Charles-Le Borgne (ancienne rue des Capucins).

Cette sépulture occupait, à la profondeur de .1 mètres 50 centimètres environ, un encaissement de 2 mètres de longueur. Elle contenait le squelette d'une jeune femme, accompagné d'une foule d'objets précieux, qui ont été d'abord saisis par les ouvriers, vendus, puis récupérés par le propriétaire du terrain, M. Emile Leborgne.

Ces objets, qu'à visités M. l'abbé Cochet, consistent en deux ou trois vases de terre, un en verre, des cisailles, attribut également commun des sépultures romaines et franques, une belle épingle en argent, une fibule en bronze, deux attaches en or, formées d'une sorte de tête de tigre, avec les yeux vides, une pinçée de fils d'or retenus par un coulant d'autre métal, deux bracelets d'argent et des fragments de coffret ornés de plaquettes en os. Nous les reproduisons ici.

Un plateau en bronze, caché à Fécamp, reposait, dit-on, près de la tête de la jeune fille. Mais aucun des objets n'a été vu en place.

On a trouvé aussi, parmi ces objets, une monnaie romaine d'argent. « Pour moi, dit M. « l'abbé Cochet, en général la monnaie de bronze « ne date pas. La monnaie d'or date, au contraire. « La monnaie d'argent est souvent incertaine, mais « celle-ci, admirablement conservée et fleur de

« coin, pour ainsi dire, peut être invoquée pour
« dater le tombeau. »

D'après M. P. Baudry, cette monnaie porte à
l'avers, D. N. EVGENIVS. P. F. AVG. *(Dominus
noster Eug. Pius, Felix, Augustus)*, et au revers,
VIRTVS ROMANORUM. Or, Eugène, l'un des
tyrans de l'Empire, maître du palais de Valentinien
II, fut reconnu empereur à Vienne, vers la fin de
mai 392, par les soins d'Arbogaste, meurtrier de
ce prince. L'an 394, Théodose, l'ayant battu auprès
des Alpes Juliennes, lui fit trancher la tête le
6 septembre, sur le champ de bataille. Une médaille
de ce prince est chose excessivement rare. Son état
de conservation porte à l'admettre pour dater la
sépulture. Le squelette trouvé dans le tombeau de
Fécamp appartient donc, selon l'abbé Cochet, à une
jeune femme morte vers l'an 400, à la veille des
grandes invasions de barbares décrites par Saint-
Jérôme (9).

Nous arrivons ainsi aux invasions des Saxons
qui à leur tour expulsèrent de la Gaule les
conquérants romains qui l'occupaient depuis
plusieurs siècles. Ces précurseurs des Normands
ruinèrent le pays des Calètes, détruisirent la ville
de *Juliobona*, brûlèrent les édifices publics et
privés qui existaient sur le littoral. Il est permis
de penser qu'ils n'épargnèrent pas la bourgade de
Fécamp et qu'ils incendièrent les constructions des
gallo-romains de ce lieu, si l'on en juge par les
cendres et le charbon retrouvés par M. l'abbé

Cochet dans le voisinage des sépultures se rattachant à cette époque.

Cette agglomération d'habitants était entourée de tous côtés par la forêt de Fécamp, mentionnée au vi⁰ siècle comme s'étendant sur toute cette région, et il fallait la fondation d'une abbaye pour transformer et développer cet embryon de ville. Si les traces d'habitations dans la vallée peuvent être reportées à l'époque gallo-romaine, on doit ajouter que la ville proprement dite est d'origine franque.

Cette population était-elle restée païenne ou convertie au catholicisme ? La question est difficile à élucider, et nous citerons à ce sujet l'opinion de M. Fallue, d'après lequel, à l'époque de l'arrivée dans les Gaules de Saint-Denis et de Saint-Taurin, le romain Boso aurait été envoyé évangéliser les peuplades du pays des Calètes, encore livrées au paganisme. Il aurait jeté les yeux sur la vallée de Fécamp, et après quelques années de séjour, il se serait marié avec une jeune gauloise nommée Merca, qu'il aurait convertie. Après avoir construit quelques maisons dans un lieu nommé Boléra, à 4 kilomètres de la mer, Boso aurait fait élever un oratoire rustique sous l'invocation de la Sainte-Trinité.

Cette hypothèse ferait remonter l'origine de Fécamp, en tant que pays chrétien, bien avant le projet du duc Ansegise, dont nous allons parler, et antérieurement à Saint-Waneng, que l'on regarde comme le fondateur de l'Abbaye et de la ville proprement dite. Il faudrait en conclure que l'érection de l'Abbaye n'a pas été la cause déterminante de la fondation de la ville, contrairement à l'opinion généralement adoptée sur l'influence et le rôle des abbayes.

Piganiol de la Force écrivait déjà en 1718, en parlant de Fécamp, que « l'objet le plus digne « d'attention c'était que l'Abbaye avait donné « naissance à la ville ». Les circonstances qui vont être rappelées appuient cette opinion.

Toutes les anciennes chroniques de l'Abbaye de Fécamp, et les légendes qui sont en réalité l'écho de la tradition dont il faut tenir un certain compte, sont unanimes à rappeler tout d'abord que, au commencement du vi⁰ siècle, le duc Angesise (ou Ansegise), trisaïeul de Charlemagne et oncle de Saint-Wandrille, venant chasser dans la vallée ou forêt de Fécamp, rencontra un cerf qui s'arrêta auprès d'un tronc d'arbre et en fit le tour.

Le pieux duc ayant compris que Dieu indiquait, par ce fait extraordinaire, le lieu où devait être élevé une église, fit couper plusieurs branches d'arbres pour marquer l'emplacement de l'édifice qu'il se proposait de faire construire, mais sa mort fit ajourner le projet et les ronces et les épines ne tardèrent pas à couvrir le tronc aux verts rameaux.

Nous ne retiendrons de cette légende, pour le sujet que nous traitons, que ce fait : la vallée de Fécamp était redevenue à l'état sauvage au commencement du vi⁰ siècle de l'ère chrétienne.

LE FONDATEUR DE FÉCAMP

Pl. IX.

Personne ne songeait à ce lieu resté longtemps caché au milieu de la forêt, lorsque vers 662, sous le règne de Clotaire III, le Pays de Caux fut soumis à Waneng, secrétaire et favori du roi de France, chargé du gouvernement de la Neustrie et des vastes forêts qui couvraient alors son territoire.

Etant tombé en extase pendant une grave maladie, Waneng comprit que la vallée de Fécamp était consacrée à Dieu et que la Sainte-Trinité y voulait manifester sa puissance. A force de recherches et guidé par les anciens du pays, il retrouva le tronc miraculeux; il appela de nombreux ouvriers, fit abattre une partie de la forêt et élever le temple de la Trinité. Clotaire et les grands personnages du pays assistèrent à la dédicace, puis l'Abbaye fut occupée par des religieuses, sous la protection de Saint-Ouen et de Saint-Wandrille.

On comprendra sans peine que les ouvriers qui avaient construit l'église et les dépendances du monastère furent les premiers habitants de l'endroit défriché dans la forêt de Fécamp, qu'ils s'établirent autour de l'Abbaye pour procurer, contre les animaux sauvages et les malfaiteurs, aide et protection aux 366 religieuses qui s'y trouvaient; et aussi pour s'occuper de travaux agricoles et industriels, sans lesquels ces religieuses n'auraient pu subsister.

Des habitations se groupèrent donc autour du monastère, sur le bord de la rivière, vers l'est, à l'abri des vents de la mer. Au milieu de ces maisons, qui étaient sans doute la propriété de l'Abbaye, se trouvait une construction plus importante, c'est-à-dire le *Château* de Waneng, comme l'appelle le biographe de celui-ci, devenu aussi le protecteur des religieuses de l'Abbaye de Fécamp.

Ces premiers habitants de Fécamp étaient de condition très modeste. C'était, dit M. P. Labbé, biographe de Saint-Waneng, « des domestiques et « des serviteurs employés aux gros ouvrages et à « tout ce qu'il y avait de plus bas et de plus « pénible dans une maison. C'était, pour la plu-« part, des esclaves et des serfs, que des personnes « riches et pieuses, après les avoir rachetés, « donnaient aux monastères ou que ces établisse-« ments rachetaient eux-mêmes par charité pour « les tirer des mains des idolâtres ».

L'histoire nous a laissé l'indication des principaux personnages qui avaient assisté à la dédicace de l'église et de l'Abbaye de Fécamp, c'est-à-dire à l'inauguration de la cité. On y remarquait le roi Clotaire III ; Wandrille, abbé de Fontenelle, et une infinité de seigneurs, d'habitants, d'abbés, de prêtres et de religieux de tous ordres (10).

De plus, on connaît le nom d'un grand personnage venu résider à Fécamp à cette époque, dans les circonstances les plus tristes et les plus déplorables, qui contrastaient vivement avec l'enthousiasme et l'allégresse qui avaient régné lors de la dédicace du monastère.

Il s'agit de l'internement à Fécamp, de saint

Léger, évêque d'Autun, qui, après avoir été conseiller de la Reine Bathilde, régente du royaume de France, pendant la minorité de Clotaire, était tombé en disgrâce pendant l'administration d'Ebroïn, maire du Palais, célèbre par sa cruauté et sa cupidité.

Vers l'année 674, saint Léger, déjà prisonnier d'Ebroïn, à Autun, était privé de la vue depuis deux ans. Son geôlier lui fit couper la langue et les deux lèvres, et l'envoya, dans ce triste état, au château de Waneng à Fécamp, où il arriva sur un méchant cheval (11), et où Ebroïn vint le voir.

Loin de considérer saint Léger comme un criminel, Waneng le traita, au contraire, comme un martyr, jusqu'au moment où Ebroïn le rappela pour le mettre à mort, en 678.

La prison qui avait reçu saint Léger (12), devint un lieu consacré et voué au respect des chrétiens. Plus tard, les habitants de la ville placèrent sous son patronage une église élevée sur le lieu le plus rapproché de sa prison.

Saint Waneng, que l'on peut appeler le fondateur de Fécamp et de sa première abbaye, mourut le 9 janvier 683, en léguant ses biens, notamment les maisons des serviteurs de l'Abbaye, aux religieuses qu'il y avait établies, resserrant ainsi les liens qui rattachaient le monastère à la ville.

Au milieu de la confusion qui règne dans les annales de l'histoire, à cette époque reculée, on est heureux de rencontrer dans la vie de saint

Wandrille, dit M. Fallue, la preuve que la ville naissante de Fécamp avait alors une certaine importance ; qu'elle possédait un château-fort, avec des maisons d'habitation ; qu'elle était devenue le séjour ordinaire des gouverneurs du Pays de Caux et recevait souvent la visite des fils de Mérovée.

L'histoire écrite nous apprend peu de choses intéressantes sur Fécamp pendant le VIIIe siècle, si ce n'est que le roi Pépin le Bref, après avoir fait nommer, en 753, son frère à l'Archevêché de Rouen, se rendit dans le pays des Calètes et visita notamment le monastère de Fécamp.

On ne voit pas, ajoute M. Fallue, que le règne de Charlemagne ait eu quelque influence sur la destinée de Fécamp. Cependant, cette ville dut recevoir de son temps un certain accroissement, si l'on en juge par les médailles de ce prince qui ont été trouvées sur plusieurs points de la ville.

Il y avait 180 ans que les religieuses étaient à Fécamp, lorsque les pirates Danois ruinèrent le Pays de Caux, les villes, les châteaux, les métairies et surtout les monastères qui furent pillés, saccagés et incendiés. La Communauté de Fécamp n'y échappa pas, mais les sœurs, martyres volontaires, s'étaient mutilé la figure ; les Normands les massacrèrent sans pitié et ruinèrent de fond en comble l'église et l'Abbaye.

Pendant toutes les guerres du IXe au Xe siècle, qui signalèrent l'établissement des Normands en Neustrie, le monastère de la Sainte-Trinité ne se releva pas. Tant de beaux édifices, qui devaient être des monuments perpétuels de la piété de saint Waneng, ne laissèrent subsister que de grandes et tristes ruines ; encore ne tardèrent-elles pas à être ensevelies sous les ronces et les herbes de la forêt, où les ouvriers chargés par Guillaume de Longue-Epée de lui élever une demeure, choisirent les pierres qui leur étaient nécessaires.

Cependant le nom de Fécamp avait survécu à cette ruine presque totale, car avons-nous dit, il est cité vers 860, dans la charte de confirmation par Charles le Chauve, à la requête de Riculphe, archevêque de Rouen, de tous les biens de l'Archevêché. Parmi les propriétés mentionnées dans cet acte, on trouve les fontaines situées sur la rivière de Fécamp, *Fontanas super fluvium Fiscannum.*

On sait que les Normands, après avoir ravagé la France, pendant de longues années, obtinrent du roi Charles le Simple la cession de sept provinces le long de la côte de la mer, où était situé Fécamp, qui fut appelé à jouer un rôle important dans le gouvernement de la Normandie, avant sa réunion à la France.

CHAPITRE II

*Fécamp, possession ducale — La forêt de Fécamp —
Défrichements — Principaux habitants — Le
Château-Fort — Les Fortifications — Naissance à
Fécamp de Richard Ier — Arrivée des Chanoines —
Guerre avec les Francs — Nouvelle église — Mort
de Richard Ier — Arrivée des Bénédictins —
Adduction de l'eau douce à Fécamp. Conditions de
la concession — Fécamp résidence princière — La
Cour du duc — Démêlés avec l'Angleterre —
Conquête de ce pays en 1066 — Retour à Fécamp
de Guillaume-le-Conquérant — Fécamp réuni à
la Couronne de France — Conséquence de cet
événement.*

APRÈS un sommeil de près de deux
siècles, lors de l'établissement des Normands, la vallée de Fécamp reprit son
activité d'autrefois et le bourg de ce nom devint
une ville maritime et militaire du pays de Caux.
Son territoire, ses bois, ses prairies, firent partie
du lot du duc de Normandie.

Fécamp était en effet un des ports ordinaires de la flotte des ducs de Normandie ; mais il ne faudrait pas exagérer pour cela son importance hydrographique : c'était simplement une profonde et vaste plage d'échouage, protégée sans doute par le cap Faguet qui n'avait pas encore été rongé par la mer jusqu'au point où nous le voyons actuellement. Sur cette plage se jetaient les rivières de Valmont et de Ganzeville, dont les eaux, grossies par la marée montante, formaient au fond de la vallée un bassin naturel qui se remplissait et s'asséchait alternativement.

Le premier duc de Normandie, avons-nous dit, s'était réservé le territoire du bourg de Fécamp et spécialement la forêt de ce nom, et ce ne fut que cinquante ans plus tard qu'il commença à morceler cette forêt au profit de l'Abbaye de Fécamp. En 1006 (1), Richard II, duc de Normandie, fit don aux religieux qu'il affectionnait, du bois excru le long de la côte de la Vierge, depuis le chemin jusqu'à la mer ; c'est-à-dire depuis la rue dite sous le bois jusqu'à la limite de la côte vers le nord, sur le bord du coteau.

Disons tout de suite que cette partie du territoire de Fécamp est restée longtemps à l'état primitif ; le bois ne fut défriché et vendu qu'au xvie siècle, par l'Abbaye, afin de se procurer de l'argent. D'après Dom Mareste, cet argent était nécessaire à la contribution levée pour la rançon de François Ier. Sans contester cette opinion, nous pensons que cette

LES DUCS DE NORMANDIE

A FÉCAMP

Pl. X.

forêt fut aliénée en vertu des lettres données par François Ier, le 11 avril $\frac{1543}{1544}$, autorisant l'abbé de Fécamp à faire des coupes extraordinaires dans la forêt dépendant de l'Abbaye, pour acquitter les décimes dûs par cette Abbaye et employer ces fonds à la construction des galères du roi (2). Quoiqu'il en soit, on appelait encore au xviiᵉ siècle cette côte, où il n'y avait plus que des joncs-marins et quelques endroits cultivés en labour, la *Côte du Bois*.

Les prairies et les salines bordant la rivière dans la vallée fluviale et maritime de Fécamp, faisaient partie du domaine ducal ; elles y étaient encore à la fin du xiiᵉ siècle, car elles figurent, comme produit de l'Etat, dans les rôles de l'Echiquier de Normandie pour l'année 1180. On y voit notamment que Robert d'Estouteville était détenteur ou fermier des prés du roi d'Angleterre et duc de Normandie, avec une partie de la forêt de Fécamp :

Robertus de Stotevilla habet prata Regis de Fiscanno et salinas et furnum et salam. Idem habet quatuor millia et quatuor acras et demid terre de terris foreste de Fiscanno (3).

D'après M. Fallue (4), quelques portions de terre et plusieurs petits manoirs furent concédés par le duc Rollon à ses fidèles. Ainsi, le chef de mer Baillol, eut plusieurs fermes dans la vallée de Fécamp. Baudouin eut un manoir dans le Burgus ou Fort romain (?) qui a porté depuis le nom de

Beaudouin-Bourg. L'aïeul de Gérard de Tancarville eut une portion de bois sur le territoire de Fécamp. Nighel, parent de Rollon, eut une terre près de Fécamp et *quelques maisons dans la ville.*

Le premier duc de Normandie n'eut pas le temps de rétablir la ville de Fécamp, car, à peine était-il installé dans le duché, qu'il abdiquait en faveur de son fils Guillaume Longue-Epée, lequel a été le véritable restaurateur de la cité et de son abbaye, vers la moitié du xe siècle. C'est lui qui avait établi d'abord les fortifications pour protéger l'agglomération contre une nouvelle invasion.

Ce prince s'étant rendu à Fécamp, donna l'ordre d'y élever un fort (5), en choisissant lui-même l'emplacement à l'endroit où Waneng et les gouverneurs francs du pays de Caux avaient précédemment leur demeure. Il fit d'abord élever un bâtiment de forme rectangulaire, ayant une muraille de six à huit pieds d'épaisseur, soutenue à l'extérieur par des contreforts en solide maçonnerie : nous reproduisons les parties de murailles qui ont subsisté jusqu'à ce jour. Aux extrémités de ce bâtiment, Guillaume plaça deux tours carrées : c'était le donjon de sa forteresse, le lieu qu'il se proposait d'habiter. Ensuite il fit une nouvelle muraille partant des deux tours de ce donjon et renfermant un terrain assez vaste pour servir de place d'armes.

Cette seconde enceinte était flanquée de fortes tours ; pour recevoir les hommes de la garnison,

ANCIENNES FORTIFICATIONS — ÉPOQUE NORMANDE

TOUR VUE DE LA TRANCHÉE DU CHEMIN DE FER, RUE DE LA GRANDE-ÉCOLE

(D'après une photographie de Ch. GOMBERT)

Pl. XI.

l'on communiquait de l'une à l'autre par des galeries ou chemins de ronde, pratiqués dans l'épaisseur des murailles qui devaient être crénelées.

La partie de cette forteresse, exposée au sud, est encore debout. On reconnaît à l'extérieur le donjon de Guillaume, les tours qu'il habitait dans ses fréquents voyages à Fécamp ; enfin l'on remarque encore la trace de plusieurs fenêtres cintrées. Les murailles en pierres brutes portant le cachet de l'époque, nous font considérer, ajoute M. Fallue, ce qui reste de ce monument comme une des reliques les plus précieuses du moyen-âge.

Ces normands convertis, dit Dom Mareste (6), bâtissant à Fécamp le palais de leur duc, trouvèrent les ruines de l'église et du monastère des religieuses. Ils s'informèrent auprès des anciens habitants du pays sous quel prince on avait édifié, là, un palais. Ayant appris qu'il y avait eu à cet endroit un monastère de religieuses, ils cherchèrent ailleurs des matériaux pour la nouvelle construction.

On fit part de cette découverte à Guillaume Longue-Epée, dit M. Fallue ; celui-ci s'étant transporté sur les lieux, résolut de faire rebâtir une nouvelle église dans *l'enceinte de la forteresse*. Ces derniers mots sont assez remarquables puisqu'ils prouvent le caractère militaire et monastique de Fécamp à son origine ; cette opinion est corroborée par le récit de Baudri, archevêque de Dol, qui, en 1120, qualifie cette forteresse de *très noble*.

Le duc Guillaume Longue-Epée, obligé de surveiller les menées de ses anciens compagnons d'armes, mit dans la place de Fécamp qu'il venait de fortifier, un gouverneur et une garnison auxquels il confia sa femme Sprota. C'est à Fécamp que naquit son fils Richard, qui, selon les uns, fut envoyé à Bayeux pour être baptisé ; selon les autres, il reçut ce sacrement à Fécamp des mains de l'évêque de Bayeux, qui s'y trouvait alors.

Les habitants de Fécamp furent témoins pendant huit années de l'éducation du jeune Richard, qui devait plus tard être leur bienfaiteur à tant de titres. Il faut présumer que pendant ce temps le duc Guillaume Longue-Epée faisait de fréquents voyages à Fécamp et que cette ville devint aussi l'objet de sa sollicitude.

C'est ainsi que vers 938 il fit réédifier l'ancien monastère pour y rétablir des religieuses, comme on l'a vu au viie siècle. Tous les habitants du bourg prirent part à ce travail avec d'autant plus d'activité qu'ils étaient les serviteurs et tenanciers directs du duc.

L'Abbaye étant achevée et les religieuses installées, les habitants de Fécamp restèrent sous leur juridiction pendant un demi-siècle, c'est-à-dire jusqu'en l'année 990, époque où ces religieuses, transférées à Montivilliers, furent remplacées par des chanoines formant la collégiale de Fécamp.

D'après M. Fallue (7), cette période de l'histoire de notre ville fut assez agitée. Le Roi de

ANCIENNES FORTIFICATIONS — ÉPOQUE NORMANDE

TOUR VUE DE LA RUE D'ESTOUTTEVILLE

(D'après une photogr. de Ch. GOMBERT)

Pl. XII.

France ayant cru le moment propice pour chasser les Normands, fit approcher, à cet effet, une armée qui s'empara de Rouen et d'une partie des forteresses du Pays de Caux. La place de Fécamp devint le refuge des Normands fidèles, et ce fut de ce port que partirent les messagers qui allèrent en Norwège demander des secours et réclamer l'intervention du roi Harold, qui arriva avec une flotte de 60 voiles. L'armée franque ayant été défaite, Richard Ier revint à Fécamp que sa mère venait de quitter pour épouser un propriétaire de grandes terres et de moulins dans la vallée de la Risle.

Un moment de calme ayant succédé à cette agitation, Richard s'établit de nouveau, avec sa cour, dans la forteresse de Fécamp. Dom Mareste raconte que, voyant d'une des fenêtres de son palais la petite église de Fécamp, il versa des larmes, et pour que Dieu ne fût pas plus mal logé que lui, il commanda sur un plan grandiose et magnifique, la reconstruction de l'église de la Sainte-Trinité.

Cet édifice, qui existe encore en partie, fut dédié en grandes cérémonie, magnificence et réjouissance, le 13 juin 990. En ce jour, célèbre dans les annales de Fécamp, on vit réunis, dans cet endroit, quatorze évêques, tant de la province de Normandie que des provinces voisines, et quantité de personnes nobles attirées par la présence du duc de Normandie.

Richard Ier, en même temps qu'il établissait

des chanoines pour le service de l'église qu'il venait de faire bâtir, leur avait donné des revenus considérables dont ils ne firent point bon usage, si bien que dix ans après, vers l'an 1001, ces chanoines furent remplacés, comme nous le dirons plus loin, par des religieux de l'ordre de Saint-Benoît, c'est-à-dire par ces bénédictins qui ont fait la célébrité de Fécamp, pendant près de huit siècles.

Les religieux de l'Abbaye et les habitants du bourg de Fécamp, comblés des largesses du pieux duc Richard, le virent un jour arriver parmi eux, accablé d'années et miné par une fièvre lente ; il arrivait de Bayeux et voulait mourir à Fécamp, parce qu'il sentait venir sa fin prochaine.

On vit ce fier duc, qui avait présidé aux fêtes magnifiques de la dédicace de l'église de Fécamp, pratiquer les exercices de piété les plus humiliants, aller pieds nus, appuyé d'un bâton, vêtu d'un cilice, recevoir le saint viatique (9). « Puis, de retour « dans son palais, voyant que son mal le pressait « de plus en plus, les forces lui manquant, il « appela près de lui les premiers et principaux « seigneurs de Normandie, et ayant fait venir son « fils Richard, il le déclara, en leur présence, « héritier et successeur de tous ses biens et de « ses États. »

Parmi les recommandations du duc Richard se trouvait celle-ci : « Vous ne fairez pas ensevelir « mon corps dans l'enclos de ce temple, mais ce

« sera dehors, sous les esgouts du toict, afin que
« l'eau qui en tombera lave les os de mon corps,
« .que ma vie par trop négligente a souillé de tant
« de péchés (10). »

Le prince pénitent mourut la nuit suivante
et ses obsèques durèrent plusieurs jours, avec la
pompe et la magnificence que comportait un
évènement de cette importance. Le corps du défunt
fut inhumé à l'endroit indiqué, sous une gouttière
de l'église, mais plus tard cette sépulture se trouva
renfermée dans la chapelle Saint-Thomas, construite en cet endroit.

Pour remplacer par un monastère de Bénédictins la collégiale des chanoines de Fécamp,
Richard II ayant appelé plusieurs ouvriers expéri-
mentés, leur traça l'emplacement d'un cloître, d'un
dortoir et des autres bâtiments claustraux. Puis,
ayant remarqué que l'eau manquait à proximité de
cet endroit, il fit établir, dans l'intérêt des religieux et des habitants, une dérivation de la rivière
de Ganzeville, par un canal appelé encore aujour-
d'hui *la Voûte*.

Les conditions de cette concession d'eau constatées par l'Echiquier de Rouen en 1459 et 1464,
sont trop curieuses pour être omises ici :

« Au sieur de Ganzeville, l'abbé de Fécamp
« doit pour la *cession du cours d'eau* traversant
« l'Abbaye : pension et livrée de quatre gallons
« (8 pots) de vin ; quatre pains blancs doubles tous

« les jours que lui et sa femme ou enfant aîné, fils
« ou fille, seront à Ganzeville ; le double de cette
« livrée aux fêtes doubles ; le double encore aux
« fêtes de Noël, Pâques et Toussaint, même au
« cas où ni le sieur de Ganzeville, ni les siens, ne
« seraient en leur manoir ; le double aussi aux
« jours où le sieur de Ganzeville, sa femme ou
« son enfant se baigne ou seigne au dit lieu de
« Ganzeville. Le vin devait être semblable à celui
« que l'abbé *beuvoit* et devoit être tiré au-dessous
« de la barre (11). »

Tout étant prêt pour recevoir les nouveaux
religieux de Fécamp, le bienheureux Guillaume
forma, dès le commencement du onzième siècle,
une communauté de cent individus.

Quoique les documents historiques soient
encore bien rares et trop disséminés à travers de
longs espaces d'années, on peut néanmoins se
figurer l'aspect du bourg de Fécamp, au xi⁰ siècle
de l'ère chrétienne, lorsque l'on se rappelle les
principaux évènements qui s'y sont passés.

C'était toujours la résidence princière des ducs
de Normandie, car, selon le texte d'un ancien
cartulaire cité par Dom Le Hule (12), « le Duc
« Richard II estoit presque toujours en ce lieu et
« avoit accoustume d'y être avec toute sa Cour
« pour le temps de la feste de Pasques ».

Ce séjour de la Cour amenait souvent à Fécamp
d'illustres visiteurs laïques ou ecclésiastiques ; les
habitants du bourg ou de la ville de Fécamp étaient

ANCIENNES FORTIFICATIONS — ÉPOQUE NORMANDE

MURAILLE D'ENCEINTE RELIANT LES TOURS DU CHATEAU

(D'après une photographie de Ch. GOMBERT)

Pl. XIII.

témoins oculaires des grands évènements heureux ou malheureux de cette époque. Pour ne nous occuper ici que du xi⁰ siècle, nous citerons parmi les faits principaux de l'histoire de Fécamp, d'abord la mort de Richard II, arrivée en ce lieu le 22 août 1026.

Dès que la nouvelle de la maladie du duc Richard se fut répandue dans la ville, tous les habitants furent saisis d'une douleur intolérable ; les moines et les clercs se lamentaient tristement sur le point de devenir orphelins d'un père si chéri ; des bandes de pauvres qui étaient ordinairement attirés dans la ville par les aumônes de Richard, remplirent les rues et se livrèrent à la désolation. Il expira et fut inhumé, selon sa volonté, dans la chapelle qu'il avait élevée au-dessus des restes de son père (13).

Vers le même temps, la ville de Fécamp servit de refuge au roi d'Angleterre Ethelred, et à ses deux enfants Alfred et Edouard, qui fuyaient les danois entrés dans son royaume où ils faisaient chaque jour de nouvelles conquêtes. La vie déréglée de ce monarque anglais déchu, ses cruautés qui l'avaient rendu odieux à toute l'Angleterre, contrastaient vivement avec les sentiments de piété et de douceur du duc Richard qui s'était fait estimer de tous ses sujets.

Plusieurs seigneurs tenant un rang très élevé, se retirèrent à Fécamp où était la Cour des ducs de Normandie, dit Guillaume Le Hule (14), quelques-

uns y moururent et y furent inhumés, entr'autres
Allain, comte de Bretagne, mort vers l'an 1039,
inhumé avec sa femme Judith dans l'église abbatiale;
ces derniers avaient été chargés de l'administration
du duché de Normandie et du soin de Guillaume,
devenu plus tard le Conquérant, encore enfant,
pendant le voyage en Terre-Sainte du duc Robert,
vers 1035.

D'autres personnages de l'ordre ecclésiastique,
attirés par la réputation de l'abbaye naissante,
vinrent aussi se fixer à Fécamp, notamment l'évêque
Osmond, un religieux du nom de Clément, issu
de la famille royale d'Angleterre, etc.

Fécamp reçut, en 1032, la visite du roi de
France, Henri Ier, qui venait se soumettre à l'arbi-
trage du duc de Normandie, dans son différend
avec son frère. Les habitants de Fécamp le virent
arriver, accompagné de 12 chevaliers. (15) ; il se
rendit à la Cour et en repartit bientôt avec le duc
Robert, qui l'accompagna jusqu'à Gisors. Un
secours des Normands le mit à même de remonter
sur le trône de ses pères.

Ce fut à Fécamp que l'on décida le voyage en
Terre-Sainte du duc Robert, qui en avait conçu le
projet longtemps auparavant. Quand sa résolution
fut définitive, il convoqua à Fécamp l'Archevêque
de Rouen, les abbés et les grands de la province,
et il leur présenta son fils Guillaume pour lui
succéder, dans le cas où il lui arriverait malheur
dans ce voyage lointain.

LES DUCS DE NORMANDIE

A FÉCAMP

Pl. XIV.

Il faut ajouter ici que depuis quelques années on voyait, dans le palais de Fécamp, un enfant extraordinaire, élevé avec le plus grand soin, dont la naissance était un mystère pour la Normandie. C'était un fils de Robert, qu'il avait eu de la fille d'un bourgeois de Falaise, et qui avait été transporté à Fécamp aussitôt après sa naissance. L'assemblée convoquée par Robert, accueillit avec faveur le successeur futur de celui-ci, et il y eut de grandes réjouissances à l'occasion de cette cérémonie, en attendant la proclamation du nouveau duc qui eut lieu en 1035, après la mort de Robert.

Les affaires d'Angleterre, auxquelles le duc Robert s'était intéressé, lorsqu'il recueillit dans son palais de Fécamp le roi détrôné et sa famille, donnèrent l'occasion à son successeur, Guillaume-le-Bâtard, d'intervenir après la mort du roi Canut dans le conflit soulevé à propos de la succession au trône d'Angleterre.

D'après M. Fallue, ce serait du port de Fécamp que seraient parties les nefs armées, soit par les ducs de Normandie, soit par les enfants d'Ethelred, pour reconquérir leurs droits à la couronne d'Angleterre.

Tout d'abord, Robert avait convoqué ses barons et ordonné de réunir un très grand nombre de nefs dans le port de Fécamp ; cette flotte, montée en majeure partie par les mariniers de cette ville et de la côte voisine, avait quitté le port avec le duc Robert, mais une furieuse tempête l'obligea à relâcher à Jersey, où elle fut dispersée, une partie seulement étant revenue au port de Fécamp.

Quelques années après, c'est-à-dire lors de la mort du roi Canut, Alfred, l'un des enfants d'Ethelred, s'étant aventuré dans un nouveau projet de débarquer en Angleterre, avait réuni 40 navires dans le port de Fécamp. Il parvint à son but, mais il tomba entre les mains du comte Godwin, autre compétiteur au trône d'Angleterre, qui fit massacrer les partisans de son concurrent et enfermer celui-ci dans un monastère après lui avoir ôté la vue.

Edouard, frère de l'infortuné Alfred, ayant attendu patiemment la mort de Harold, roi d'Angleterre, quitta Fécamp à l'annonce de cet évènement et fut proclamé roi d'Angleterre. Il fit venir près de lui, pour le mettre à la tête des églises de Londres et de Cantorbéry, le moine Robert, élève de Théodorick, de Fécamp, et conseiller intime du jeune roi Edouard ; mais cette heureuse fortune dura peu pour le nouvel archevêque, qui devint le point de mire des récriminations des adversaires du roi Edouard.

L'archevêque de Cantorbéry ayant été banni par sentence des Grands du royaume, assemblés par l'autorité de Godwin, il fallut partir malgré la résistance d'Edouard, roi d'Angleterre, à se rendre sur cet article. Robert quitta l'Angleterre, ne voulant pas être la cause d'une guerre civile ; il prit la route de Rome, en 1050, et passa par

LES DUCS DE NORMANDIE

A FÉCAMP

Pl. XV.

Fécamp où on le vit arriver avec plusieurs navires qui le transportaient, lui, ses moines et tous les personnages qui, depuis plusieurs années, étaient allés se fixer en Angleterre, encouragés par le bon accueil du roi Edouard (16).

Le calme revint, et pendant quelques années les Normands reprirent un certain ascendant en Angleterre, ce qui permit aux abbayes, notamment à celle de Fécamp, de recouvrer une partie de leurs biens dans ce pays ; mais en 1066, des messagers d'Angleterre, arrivés à Fécamp, annonçaient en même temps, et la mort d'Edouard et l'usurpation de son trône par Harold, fils du comte Godwin.

Le duc Guillaume, voyant le moment favorable pour réclamer la couronne d'Angleterre qui lui avait été promise par le feu roi Edouard, résolut une expédition pour la conquérir. Toutes les classes s'empressèrent de le seconder, en faisant équiper des vaisseaux pour la flotte normande. Les monastères ne furent pas les derniers à fournir leur contingent. Nicolas, abbé de Saint-Ouen, fit armer à Rouen et à Fécamp quarante navires. Remi, de Fécamp, en fournit un et vingt soldats (17).

Après s'être occupé des détails de l'armement, Guillaume se rendit à Fécamp, à Bonneville et de là sur la Dives, où il donna le signal du départ. On pense en effet que c'était à cet endroit que furent réunis les navires de Cayeux, du Tréport, de Dieppe, de Honfleur, de Lillebonne, de Caen, de Fécamp (18). Après la bataille d'Hastings,

Guillaume fit son entrée à Londres, à Noël 1066.

Les principaux habitants de Fécamp qui avaient suivi Guillaume dans son expédition victorieuse, reçurent la récompense de leur concours (19). Ainsi, Bailliol fut doté de plusieurs grands fiefs en Angleterre, et ses descendants parvinrent à se créer une royauté dans le nord de ce pays. Giffard, eut les terres de Sudrie, Stoninghs, Roteland et Lincoln. Nighel eut celle de Statford. Manassés, reçut un domaine dans le pays de Sommerset, et Remi, qui avait fourni, comme nous l'avons vu, un navire et vingt soldats, eut l'évêché de Dorchester.

Comme on le pense bien, le retour de Guillaume à Fécamp fut un véritable triomphe ; il y arriva au mois de mars de l'année 1067 ; toutes les populations se portèrent à sa rencontre. « Jamais, dit « un ancien annaliste (20), Titus, entrant à Rome, « ne fut accueillit avec plus de joie que n'en montra « la Normandie à l'arrivée du Roi Guillaume. « Malgré le Carême, le Clergé suspendit les jeûnes « et les abstinences, pour fêter dignement ce « retour. »

Guillaume, ayant traversé toute la Basse-Normandie, arriva donc à Fécamp à la fin du Carême ; il fut reçu à l'abbaye avec toute sa Cour et les otages Saxons qu'il avait ramenés d'Angleterre, notamment l'archevêque Stigaud Adelin, parent du roi Edouard, les trois Comtes Edwin, Morcar, Guallève, etc.

Le nouveau roi d'Angleterre célébra à Fécamp,

la fête de Pâques, qui tombait en 1067 le 8 avril. Le comte Raoul, beau-père du roi de France, un grand nombre de nobles de France, tout le peuple des environs s'y étaient réunis pour assister à ces cérémonies, qui tirèrent un grand éclat de la présence de tous ces illustres personnages.

Le roi Guillaume revint à Fécamp en 1075 et en 1086, célébrer la fête de Pâques. En 1075, il profita de ces solennelles circonstances pour faire donner le voile à sa fille Cécile, par Jean, archevêque de Rouen, entre les mains duquel elle prononça ses vœux, pour aller ensuite gouverner l'abbaye de la Trinité, à Caen. A cette imposante cérémonie assistaient la Reine Mathilde, femme de Guillaume, et ses enfants.

Guillaume le Conquérant étant venu à mourir en 1087, ses deux fils se partagèrent ses Etats : Guillaume le Roux fut roi d'Angleterre, et Robert Courte-Heuze devint duc de Normandie. Mais ce partage n'ayant pas été ratifié par les seigneurs anglo-normands qui avaient des possessions dans les deux pays, des luttes intestines surgirent entre les enfants de Guillaume et leurs partisans.

Guillaume le Roux s'empara, en 1088, de plusieurs places qui lui furent livrées par l'infidélité des hommes du duc de Normandie ; celles qui se rendirent d'abord furent : Fécamp (21), et le Château d'Eu.

Fécamp était encore occupé par les partisans du roi d'Angleterre, en 1096, lorsque Robert, duc de Normandie abandonna son duché pour aller à la Croisade, accompagné d'un grand nombre de seigneurs normands parmi lesquels on remarquait (22): Guillaume de Fécamp ; Bailleul de Fécamp ; Crollard de Criquebeuf et Martel d'Angerville. Pendant l'absence de Robert, son frère, le roi d'Angleterre se trouva investi du gouvernement de la Normandie et cela dura jusqu'à la fin du XIe siècle.

L'histoire politique de Fécamp, pendant le siècle suivant, se réduit à peu de faits saillants. Parmi les événements à noter on peut rappeler le voyage que fit à Fécamp, en 1162, Henri II, roi d'Angleterre, pour remplir un devoir de piété filiale, celui de donner une sépulture convenable à ses ancêtres, les deux Richard, inhumés, comme l'on sait, presque en dehors de l'église abbatiale.

Les restes de ces princes, qui avaient joué un rôle si important dans les annales historiques de Fécamp, furent retirés de la chapelle Saint-Thomas pour être placés sous le grand autel de l'Abbaye. Cette cérémonie eut lieu en présence des évêques de la province, des principaux seigneurs de la Normandie, et d'une foule de gens que la curiosité avait attirés sur les lieux (23).

Après la mort de Henri II, en 1189, Richard-Cœur-de-Lion, qui lui succédait, se fit couronner à Rouen et partit ensuite, d'abord pour l'Angleterre, et après pour la Croisade, où il fut fait prisonnier. Pendant cette captivité, Jean-sans-Terre, son frère,

qui s'était emparé du pouvoir, passa un traité avec
Philippe-Auguste, roi de France, pour lui céder
toute la rive droite de la Seine et notamment
Fécamp et les autres places du pays de Caux. Ce
traité n'ayant pas été ratifié par ceux qui devaient
être démembrés de la Normandie, et Richard ayant
été mis en liberté, la convention fut annulée.

Mais en 1199, à la mort de Richard-Cœur-
de-Lion, Jean-sans-Terre s'empara de nouveau de
de la Normandie, au détriment de son neveu,
Arthur de Bretagne, qui eut une fin des plus
tragiques. Le roi de France, Philippe-Auguste,
ayant pris le parti d'Arthur, avait assiégé la
capitale de la Normandie, qui se rendit à lui en
1204. Le Château de Fécamp et toutes les places
du pays de Caux firent de même.

C'est ainsi que Fécamp rentra sous la domination des rois de France et que disparut à jamais
ce rôle de résidence royale, ce concours de princes et
de prélats qui avaient fait la splendeur de Fécamp,
pendant l'autonomie de la Normandie. Il ne lui
resta plus que l'Abbaye, et encore la disparition
de ses protecteurs la firent descendre au rang des
autres monastères de France.

CHAPITRE III

DESCRIPTION DE FÉCAMP A L'ÉPOQUE NORMANDE
(XIe ET XIIe SIÈCLES)

*Division Territoriale.— Vicomté — Administrations
financière et spirituelle — Colons et tenanciers —
Instruction publique — Associations fraternelles
— Santé publique — L'alimentation de Fécamp —
Vignobles — Hareng — Salaisons et fromages —
Le marché — Forêt de Fécamp — Défrichements
— Nouvelles églises — Description pittoresque —
Pèlerinages — Le Port et la Navigation — Ouvrages
maritimes — Concurrence avec Harfleur — Les
bâtisseurs au XIIe siècle.*

IL est intéressant, après cette première vue
chronologique de l'Histoire de Fécamp,
d'étudier quelle était l'organisation intérieure de cette ville ou de ce bourg, comme on
veut l'appeler ; quelles étaient la condition de ses
habitants, leurs mœurs et leurs coutumes :

Au point de vue politique, les habitants de
Fécamp étaient sous la domination des ducs de

Normandie ; sous le rapport municipal, leur ville était libre et ne dépendait d'aucune seigneurie ; les droits appartenant à l'abbaye, sur certains habitants et sur leurs habitations, avaient le caractère de droits territoriaux ayant leur origine dans la retrocession et le morcellement des propriétés données primitivement aux religieux de Fécamp par les ducs de Normandie.

L'ancien territoire des *Calètes* avait été divisé, après la conquête normande, en deux comtés, de Talou et de Caux, ayant leurs sièges à Arques et à Fécamp. Plus tard, le démembrement de ces administrations avait amené la création de *vicomtés* et l'institution d'officiers appelés d'abord *vicomtes* et ensuite *baillis*. La mission de ces fonctionnaires consistait d'abord dans la garde du territoire et le rassemblement des hommes d'armes qui devaient participer à cette défense, l'administration de la justice au nom du duc.

La *vicomté* était aussi une circonscription territoriale pour la perception de l'impôt, pour la recette des redevances dues au Roi, à raison des concessions de terrains ou portions de forêt, pour la gestion des biens domaniaux : prairies, salines et châteaux.

Ainsi, dans les grands rôles de l'Echiquier de Normandie pour l'année 1180, Robert d'Estouteville rendait compte au duc et roi du produit des salines, des prairies, du four et du palais ou résidence royale de Fécamp (1).

Henri de Pont-Audemer rendait compte dans les rôles de 1198, de la somme de dix livres pour tenir lieu d'un cheval et de ses harnais que le bourg et les bourgeois de Fécamp devaient au Roi quand l'armée de Normandie était convoquée, *summario cum apparatu quem burgenses Fiscanni deb. Regi quando exercitus Normanie subm.*

Le même Henri de Pont-Audemer, portait en recette, dans les rôles de 1198, quatre sols pour redevances sur les pourpretures de Fescamp, c'est-à-dire, sur les terrains pris ou enlevés successivement sur la forêt de Fécamp et enclos de manière à les protéger et à les délimiter.

Le duel judiciaire donnait lieu à une composition en argent au profit du souverain et des seigneurs. La coutume des duels existait à Fécamp au xiie siècle, car on voit, dans les rôles de l'Echiquier, pour 1180, le versement à la Vicomté par Guillaume Morel, d'une somme de trois sols pour un duel qui avait eu lieu à cet endroit, *pro duello Fiscanni.*

La recette de la Vicomté était employée à l'acquit des rentes ou pensions attribuées par le prince aux abbayes ou aux dignitaires de l'Etat, le surplus était versé au Trésor royal. Ainsi, en 1180 et sans doute auparavant, la comtesse de Boulogne (probablement Ida, fille de Mathieu de Flandre) touchait notamment une rente de 90 livres sur la ferme de la vicomté de Fécamp (2).

Par ce mot de *Ferme* on entendait la rente

moyennant laquelle les abbayes et les seigneurs se
chargeaient de la perception à forfait des taxes et
redevances dues par leurs tenanciers ou vassaux
inférieurs.

Il en était ainsi dans la seconde moitié du
XIIᵉ siècle, à Fécamp, où l'abbé de Fécamp payait
au Trésor royal, chaque année, une somme de
100 livres pour la ferme de la vicomté de Fécamp,
comme le constate cet extrait des rôles de l'Echiquier pour l'année 1180 : « *Abbas Fiscann,
redd. compot. per Reneildum Bladar de 100 lib.
de firma Vice comitisse de Fiscanno de anno
preterito.* » (3).

Il en était de même en 1195 et en 1198, car
les rôles de ces deux années mentionnent toujours
la rente de 100 livres due par l'abbé de Fécamp
pour la *Ferme* de la vicomté de Fécamp. En 1195
et en 1203 cette somme avait été versée, à concurrence de 90 livres, à un chevalier flamand nommé
Esturgeon de Ramberg, par l'abbé de Fécamp, en
exécution de cet ordre adressé par le roi Jean à
l'abbé de Fécamp : « Nous vous mandons que vous
« fassiez avoir à Sturgeon de Ramberg, le revenu
« annuel de cent livres d'Angers sur la vicomté
« de Fécamp, que nous lui avons donné. » (4)

Sous le rapport spirituel, les habitants de
Fécamp ne relevaient pas de l'archevêché de
Rouen, mais de l'*Exemption* ou juridiction accordée
à l'Abbaye, sur un territoire distrait de celui de
l'archevêché, au profit de l'abbé de Fécamp.

Cette faveur avait été accordée à l'abbaye de Fécamp, pour l'église ou abbatiale et paroissiale de Fécamp et toutes celles qui seraient érigées par la suite sur le territoire de la ville, par le duc Richard II, avec l'assentiment de son frère Robert, archevêque de Rouen, de plusieurs autres évêques et principaux seigneurs de la Normandie, et, enfin, avec l'agrément de Robert Ier, roi de France, venu à Fécamp sur ces entrefaites.

C'était donc l'abbé de Fécamp qui exerçait sur les habitants de la ville, les droits et prérogatives accordés ailleurs à l'archevêque de Rouen, notamment les droits de conférer les églises aux curés et autres prêtres, de surveiller l'administration des établissements religieux, d'accorder toutes autorisations pour l'administration des sacrements de l'Eglise.

Les institutions établies par l'autorité religieuse formèrent la base des règlements de police. Vers le milieu du XIe siècle, l'abbé de Fécamp ayant pris l'habitude de sonner la retraite le soir, comme cela se pratiquait d'ailleurs dans les autres villes de Normandie, Guillaume introduisit cet usage dans le gouvernement civil. Ainsi, pour la première fois, on vit tout une province obéissant comme un seul homme, se lever et se coucher au son de la cloche (5).

Les ducs de Normandie s'étaient réservés à l'origine, comme on l'a vu, le territoire du bourg de Fécamp, mais plus tard, ils en avaient fieffé ou concédé différentes fractions à des hôtes ou colons qui devaient les mettre en valeur. Richard II avait cédé à son tour, au commencemeut du xie siècle, la troisième partie de ces hôtes ou colons avec les terres qui leur appartenaient, mais en usufruit seulement.

Ces expressions *hôtes* ou *colons* nous indiquent la condition des habitants de Fécamp et les défrichements qui commençaient à s'effectuer dans la forêt de ce nom, autour de l'abbaye et du palais ducal. Lorsqu'on vendait ou donnait des terres, on vendait ou on donnait en même temps, à cette époque du moins, les serfs qui étaient assujettis aux grandes corvées, celles d'entretenir les chevaux, de fournir les charrois, de cultiver les terres.

Toutefois, ces serfs ou domestiques ne se considéraient point comme les esclaves de l'abbaye. Une difficulté s'étant élevée entre eux et les personnes de la suite de l'archevêque de Rouen, qui voulaient séjourner à Fécamp chaque année aux fêtes de Pâques, aux frais des tenanciers de l'abbaye, ces derniers, irrités d'une pareille prétention, s'y opposèrent de tout leur pouvoir. Du raisonnement on en vînt aux menaces et des menaces aux voies de fait.

Les autres habitants de Fécamp durent intervenir pour rétablir l'ordre. Les religieux de ce lieu, appuyés par le roi Guillaume-le-Conquérant, obtinrent de l'Archevêché une charte par laquelle le monastère était exempt de dépendance du clergé métropolitain et les habitants dispensés des frais de séjour (6).

D'après M. Léopold Delisle (7), les *hôtes* ne devaient jouir que d'un tènement assez restreint c'est-à-dire d'une petite cabane, d'une cour et d'un jardin. Il cite à ce sujet la charte de 1006, accordée à l'abbaye de Fécamp par Richard II, pour la donation dont nous venons de parler :

In ipsa villa Fiscanno tertiam partem hospitum quos colonos vocant cum terra arabili quæ ad ipsam tertiam partem pertinet.

Si l'on ne connaît point les noms de ces habitants de Fécamp, appartenant à la classe inférieure, on peut citer les noms de quelques-uns des principaux seigneurs ou bourgeois qui avaient obtenu, dans la ville, des concessions plus ou moins étendues et qui y avaient construit des habitations plus ou moins somptueuses.

C'est ainsi que, vers le milieu du xiie siècle, Raoul Recuchon, de Fécamp, possesseur de prairies dans la vallée, avait donné à l'abbaye 500 gerbes de fourrage à prendre chaque année dans son domaine. Charles-Martel avait remis à l'abbaye la maison qu'il possédait dans le *Château de Fécamp* (sic), moyennant la rente annuelle d'une livre de poivre, d'un septier de vin et de quatre pains, le tout livrable à Noël.

A la fin du même siècle, nous retrouvons Guillaume Lemoine qui avait donné une *masure*

située dans la *rue de Mer*. Raoul Gernet avait
fieffé, dans la même rue, une maison relevant du
fief de l'aumônerie de Fécamp (8).

La population de Fécamp devait être assez
restreinte au commencement du xie siècle, car il
n'y avait alors qu'une seule paroisse et une seule
église, tout à la fois abbatiale et paroissiale.
La vie intellectuelle des habitants se passait
donc à l'ombre du monastère, où les principaux et
les plus intelligents d'entr'eux recevaient l'instruction religieuse ou profane.

En effet, comme le rapportent les Bollandistes,
le premier abbé de Fécamp, Guillaume de Dijon,
avait établi dans son abbaye, au commencement
du xie siècle, une école publique et gratuite.

« Voyant que non seulement à Fécamp, mais
« dans toute la province de Normandie et même
« dans toute la Gaule, parmi les clercs des cam-
« pagnes principalement, la science du chant et
« de la lecture était négligée, Guillaume de Dijon
« institua, dans les monastères, des écoles sacrées
« où l'on distribuait gratuitement le bienfait de
« l'instruction à tous ceux qui se présentaient,
« sans exclusion de personne. Serfs et libres,
« pauvres et riches avaient une part égale à cet
« enseignement charitable. »

Un chroniqueur de la même abbaye, dom
Mareste, rapporte de son côté que : « Guillaume
« de Dijon avait établi des écoles pour les lettres
« et pour le chant, écoles où l'on venait étudier

« de tous côtés et où l'on recevait les pauvres
« comme les riches. »

Vers la fin du xɪᵉ siècle, cette école était dirigée par Richard d'Argences, neveu de l'abbé de
Fécamp. Comme il désirait agrandir son établissement avec une propriété voisine, son oncle acheta
d'un certain Roger Cannel « une maison et un
« terrain placés près des murs du château : *Juxta*
« *murum castelli*, entre la maison de l'école et
« l'hospice du monastère, dans le fief de Nicolas
« Gernet, chevalier ». (9)

D'après dom Mareste, cette école, dont on voit
encore quelques vestiges le long de la tranchée du
chemin de fer et perpendiculairement à la rue
de la Grande-Ecole, était fréquentée au milieu du
xɪvᵉ siècle, par des enfants pauvres dont les frais
d'éducation étaient fournis par des fondations et
des legs pieux.

Il est bien évident que les habitants de Fécamp
n'avaient pas atteint, à cette époque déjà reculée,
le degré actuel de civilisation, mais ils n'étaient
point restés à l'état sauvage. Pour se soutenir et
se rendre mutuellement les services dont ils avaient
besoin, ils avaient établi, dans la première église
paroissiale de la Sainte-Trinité, une confrérie ou
association.

On lit en effet dans un registre de la Confrérie
de Fécamp (10) l'extrait suivant d'une charte de
Guillaume Iᵉʳ, abbé de Fécamp :

« Vecy comment la Confrairie de la Sainte-
« Trinité de Fécamp fut commencée et établie :
« premièrement, Assestot après que le doux Jesus
« eut visité et dedié ceste église à l'honneur et
« louange de Dieu, le Père, le Fils et le Saint
« Esprit, en Trinité, deux preudhommes bour-
« geois de la ville de Fescamp estaient en la dite
« église et parlaient l'un à l'autre. Quelle belle
« chose serait à faire une confrairie de la Sainte-
« Trinité, etc. »

Une autre association excessivement curieuse,
sous l'invocation de Saint-Martin, existait également à Fécamp dès la première moitié du XIe
siècle, c'était celle des *Jongleurs* ou *Ménestrels* qui
durait encore au XVe siècle et dont une charte
latine, publiée pour la première fois par M.
Leroux de Lincy, nous explique l'organisation.

D'après cette charte, dont l'original fut écrit
sous Raoul d'Argences, 6e abbé de Fécamp, qui
vécut de 1190 à 1220, la confrérie des jongleurs
de Fécamp se composait, non seulement de jongleurs, mais encore de chevaliers et de clercs.

L'abbé donataire de la charte ne veut pas
refuser à cette confrérie, qui comporte déjà plus
d'un siècle d'existence, la confirmation de ses privilèges ; mais, s'autorisant des mœurs peu exemplaires et des occupations mondaines de ceux qui
composent la confrérie, il leur imposa les conditions assez dures que voici :

Après avoir dit que le bienheureux Guillaume, 1er abbé de Fécamp, avait autorisé cette confrérie et que Henri, 5e abbé, avait renouvelé cette autorisation, Raoul continue en ces termes :

« Donc moi Raoul abbé ne voulant pas « changer les usages reçus par mes illustrés « prédécesseurs, j'ai approuvé l'association de « ces hommes et je les ai admis à jouir de tous « les bienfaits que Dieu pourra nous accorder, la « faveur de nos messes, de nos veilles, de nos « jeûnes, de nos aumônes et de nos prières. C'est « pourquoi, soutenus par une charité mutuelle, « et nous réunissant avec joie et plaisir, pour « chanter en chœur, aux sons de l'orgue, du « *psalterion*, du tambour, tenant dans nos mains « l'encensoir rempli de parfum et la lyre, nous « oserons nous présenter devant le Roi des cieux.

« Tant pour nous, que pour le reste de nos « frères, nous célébrerons 3 messes à des jours « indiqués, une au Saint-Esprit, pour qu'il nous « recommande à Jésus-Christ, une à la Sainte-« Vierge pour qu'elle implore pour nous son fils, « une autre pour les morts, afin qu'ils reposent « dans une paix profonde

« Chaque fois qu'on nous annoncera la mort « d'un membre de la Confrérie, nous célébrerons « l'office pour demander l'absolution de ses « péchés. Tous les ans nous dirons pour eux deux « messes, l'une au jour de la Nativité, l'autre à la « Pentecôte.

« Voici l'ordre dans lequel doivent avoir lieu
« les réunions de la Confrérie : chaque année le
« jour de l'ordination du Bienheureux Martin, se
« réuniront non seulement les jongleurs, mais
« tous ceux qui font partie de la Confrérie et
« après une procession solennelle de tous les
« moines et de tous les jongleurs chacun des
« jongleurs paiera 5 deniers dont l'emploi est
« ainsi fixé :

« Deux pour l'entretien des léproseries de
« Fécamp ; un pour les pauvres ; un pour le
« luminaire ; un au profit des donataires afin
« qu'ils reçoivent l'extrême-onction.

« Chaque membre de la confrérie laissera en
« mourant, pour les besoins de notre église, quand
« il le pourra : 3 sous.

« Quand il sera pauvre : 2 sous ;

« Quand il sera très pauvre : 2 deniers ;

« Tout ce que les membres de la Confrérie,
« soit jongleurs, soit chevaliers, soit autres, lais-
« seront en mourant, pourra être employé aux
« besoins de l'église. »

Nous venons de mentionner des redevances
pour l'entretien des pauvres et des lépreux : l'assistance mutuelle était en effet, au moyen-âge, une
des principales préoccupations de l'Eglise et des
communautés religieuses qui, d'ailleurs, en recevant
les dons des princes et des seigneurs, étaient
chargées du soin des deshérités de la fortune.

Il y avait autrefois à l'abbaye de Fécamp un religieux appelé *l'aumônier*, à qui était réservé l'entretien de l'hôpital des lépreux et l'assistance des pauvres malades dans le bourg de Fécamp. C'était lui qui distribuait l'aumône générale de tous les jours, instituée par le troisième abbé de Fécamp, Guillaume II, dit de Ros.

La science médicale était sans doute encore dans l'enfance, mais on en possédait quelques notions à Fécamp. Guillaume Ier, abbé de Fécamp, notamment, avait fait apprendre la médecine à l'un de ses religieux, Jean d'Alic, qui fut le deuxième abbé de ce monastère. Les malades, en même temps qu'ils recouraient aux secours de cet art, imploraient la miséricorde divine par des manifestations pieuses ; c'est ainsi qu'en 1058, pendant une terrible épidémie de la peste, on avait porté processionnellement le corps de saint Wulfran à Fécamp et à Montivilliers.

S'il nous était donné de voir l'intérieur de l'habitation d'un bourgeois de Fécamp ou d'un officier du duc de Normandie au xie siècle, nous pourrions apercevoir sur sa table le vin de Fécamp, produit des vignobles de l'abbaye. Ce monastère était, en effet, le plus riche en vignobles cultivés le long des coteaux de la vallée. M. l'abbé Cochet (11) rappelle que dans les délibérations capitulaires de cette abbaye on trouve encore mentionnées, en 1700, les dimes de la *côte de la Vigne*, sur la paroisse de Saint-Valery de Fécamp, et, en 1706, celles de la *côte de la Vigne*, sur la paroisse de Saint-Nicolas. La tradition a conservé le nom de *côte des Vignes* à un coteau du Val-aux-Clercs, près du bois de Bosc-Long, sur la paroisse de Saint-Léonard.

Les vignes plantées à ces endroits étaient assez éloignées du rivage de la mer pour prospérer, comme celles qui se trouvaient à l'intérieur du pays.

Une autre preuve de l'existence de vignobles à cet endroit découle de la présence de l'escargot des vignes qui a été observé souvent par M. Gustave Lennier, conservateur du musée d'histoire naturelle du Havre.

Il est probable que chez les humbles, dans les ménages des serviteurs de l'abbaye et chez les mariniers de Fécamp, la boisson était moins délicate, et que l'on y buvait de la *cervoise*, sorte de bière citée dans les documents du moyen-âge et notamment au xiᵉ siècle, en 1314, 1420 et 1490, avec les moulins à *gru* de Fécamp, qui servaient à la fabrication de ce breuvage.

Indépendamment de ces moulins à gru, il y avait à Fécamp plusieurs autres moulins à farine dont un appelé moulin *corpus* ou *carpi* appartenait en 1277, à la famille d'Estoutteville, et paraît avoir été cédé alors par celle-ci à Roger de Hougueville, clerc. Un autre moulin, dit de *Bidoille*, existait aussi à Fécamp, en 1208, sur le cours d'eau appelé la *Voûte*.

Parmi les mets formant la nourriture des

Fécampois, contemporains des ducs de Normandie, on trouvait déjà le fameux *hareng de Fesquant* dont la réputation s'est maintenue jusqu'à nous. Dieppe, Pont-Audemer et Fécamp se partageaient l'exportation de ce produit renommé (12), mais notre port était celui où l'on préparait le mieux ce poisson.

Aujourd'hui, dans la classe aisée, on tient peu compte de cette pêche ; mais autrefois elle avait une valeur très appréciable et son produit se trouvait aussi bien sur la table du riche que sur celle du pauvre. Henri II, roi d'Angleterre et duc de Normandie, voulant expier le meurtre de l'archevêque de Contorbéry, dont il avait été l'instigateur, avait fait don à l'hôpital de Rouen d'une rente de *trois mille harengs* à fournir par les pêcheurs de Fécamp et d'Yport (13). Au xvie siècle, lorsque la municipalité du Havre voulait faire des cadeaux aux principaux fonctionnaires de la ville, elle achetait à Fécamp le hareng en *vrac* pour le distribuer à ses favoris. Nous lisons dans un mandement du 31 décembre 1583 que le receveur de la ville avait été chargé de payer une certaine somme « pour la fourniture de onze barils de « harengs dont il aurait été fait présent au nom « de la ville aux officiers d'icelle, ainsi qu'il est « accoutumé de faire chacun an » (14).

Le sel, qui est un accessoire indispensable pour la conservation du hareng, était autrefois un produit du sol de Fécamp, c'est-à-dire des salines formées à cet endroit. Ces salines étaient encore exploitées à la fin du xiie siècle, pour le compte du duc de Normandie et elles figurent dans les comptes de l'Echiquier normand, pour l'année 1180.

On voyait encore sur la table des habitants de Fécamp un autre produit du pays, les *fromages* de Ganzeville, provenant d'une paroisse limitrophe ; la dîme de cette denrée avait été donnée à l'abbaye, en 1085, par Goubert d'Auffay, avec celle des moulins de la même vallée, qui lui appartenait.

Les produits naturels de Fécamp faisaient sans doute l'objet d'un trafic important dans le le *marché* établi au milieu de la ville. L'existence de ce marché est attestée en 1070 par la donation qui en fut faite à l'abbaye. L'indication de *nouveau marché*, fait supposer qu'il y en avait eu un autre, devenu insuffisant à cause de l'accroissement de la population, et où l'on percevait les revenus de l'octroi du bourg de Fécamp avant 1026, sous le duc Richard (13).

Le marché de Fécamp était garni d'étaux couverts pour la vente du pain et de la viande. L'un de ces emplacements, c'est-à-dire un demi-étal de boulanger *in bolengeria Fiscanni*, fut fieffé en mars 1236, par l'administrateur des biens de l'hôpital de Fécamp, à Etienne Le Naufre, avec stipulation qu'en cas de chute ou d'incendie, le locataire le réédifierait à ses frais.

Ce marché n'était pas seulement réservé aux

produits alimentaires de l'homme, mais encore aux denrées pour les animaux domestiques. Un passage du *Cartulaire de l'abbaye de Valmont* cite une redevance d'orge due en 1266 à la *mesure courante du marché de Fécamp.*

On peut se représenter la topographie de Fécamp, pendant la première moitié du XIe siècle, d'après un passage de la donation faite en 1026 par le duc Richard à l'abbaye, *de la forêt de Fécamp* depuis les Plantis, *Fustus Plantati* (14) et plusieurs prairies dans la vallée. D'après ce texte, tout le coteau nord, c'est-à-dire la côte de la Vierge, était en nature de forêt et séparé de la ville par la rivière ; le fond de la vallée n'était point habité parce qu'il était en nature de prairie.

Cette forêt de Fécamp s'étendait jusqu'à l'emplacement de Goderville et de Criquetot, les défrichements n'ayant été exécutés, sur une grande étendue, que dans la seconde moitié du XIIe siècle, en commençant d'abord sur la lisière vers le sud et à l'ouest. Nous en trouvons la preuve dans la donation faite à Henri de Sully, abbé de Fécamp (1140-1188), par Hugues d'Amiens, archevêque de Rouen. Celui-ci lui accorde le droit d'établir des églises nouvelles dans la forêt de Fécamp, et celui de tenir canoniquement celles qui y ont déjà été élevées, soit les églises de Goderville et de Villainville, et celles qui seront élevées à l'avenir et ceux qui les desservent. Voici les termes de cette donation :

Ecclesias novas in foresta de Fiscanno cons-
tituere tibi concessimus et eas quæ jam edificatæ
sunt scilicet ecclesiam de Godarvilla et ecclesiam
de Villainvilla et eas que ædificabuntur et earum
personatum tibi et ecclesiæ Ficanni libere et quiete
in perpetuum tenendas canonice dedimus (15).

Les défrichements avaient été exécutés dans
la forêt de Fécamp, à la suite des concessions assez
nombreuses faites à cette époque par les ducs de
Normandie, rois d'Angleterre. Ainsi, en 1162,
Henri II avait donné le *bois des Hogues* à
l'abbaye de Fécamp, en considération de l'abbé
Henri Ier, son cousin, à l'occasion de la transla-
tion des corps des ducs, dont nous avons parlé (16).

Le même prince avait confirmé aux moines
de l'abbaye de Saint-Georges de Bocherville la
possession de 60 acres de terre dans la forêt de
Fécamp, qu'il avait précédemment données à
Godard Devaux, mais que ce dernier lui avait rétro-
cédées (17). Cette confirmation était antérieure à
l'année 1151, car, dès cette époque, l'abbaye de
Fécamp et celle de Saint-Georges avaient passé
une transaction au sujet de la dime de la forêt de
Fécamp (18).

Enfin, vers 1170, le roi Henri II confirmait à
l'abbaye du Bec, la possession d'une partie de la
forêt de Fécamp, dans les environs de Bénouville
et de Pierrefiques, laquelle lui avait été donnée par
l'impératrice Mathilde, sa mère, c'est-à-dire : *in*
foresta Fiscánni de dono Mathildis imperatricis

ANCIENNE ÉGLISE DE SAINT OUEN
Convertie en habitation
(D'après une photographie de M. ROUSSAUX)

Pl. XVI.

*matris meæ et meo, totum campum de Villerville
a profondo vallis Bernovilla usque in profundum
vallis de Petrafike* (19).

Si la population des environs de Fécamp
avait augmenté par suite des défrichements, celle
de la ville s'était progressivement étendue à l'Est
de l'abbaye. Des hameaux s'étant constitués loin
de l'église primitive, il fut nécessaire de créer de
nouvelles paroisses. On vit donc s'élever, dans la
première moitié du onzième siècle, les églises de
Saint-Benoit et de Saint-Valery, dues toutes deux
à l'initiative de Guillaume II, 3e abbé de Fécamp ;
ces églises furent dédiées, en 1051, par l'archevêque de Cantorbéry, lorsqu'il venait de quitter
l'Angleterre pour se rendre à Rome.

Les emplacements de ces deux paroisses, à
environ 1500 mètres de l'abbaye, indiquent une
tendance des colons à se placer à l'abri des vents de
la mer, protégés qu'ils étaient par les restes de la
forêt de Fécamp.

Les autres paroisses se formèrent successivement, toujours à l'Est de l'abbaye et du château
ducal. L'église de Saint-Ouen, sur l'ancien chemin
de Ganzeville où l'on remarque encore, au milieu
de transformations nombreuses, une petite porte
basse à plein cintre, datait de cette époque.

Plus tard, l'église Saint-Etienne devint le siège
de la paroisse des marins, quoiqu'elle fût encore
à plus d'un kilomètre de l'ouverture du port ;
son curé est mentionné pour la première

fois en 1135, dit M. Fallue. Les travaux du barrage ayant fait refluer la mer dans son lit, une population nombreuse se répandit depuis Saint-Etienne jusqu'au Batifol, mais on ne songea à y élever aucune église. Cette absence de paroisse, comme le remarque M. l'abbé Cochet (20), est donc une nouvelle preuve de la nouveauté de cette population.

Nous ne pouvons mieux faire que de compléter cette courte description de Fécamp aux XI⁰ et XII⁰ siècles, par le tableau qui nous en a été laissé par un contemporain, Baudri, archevêque de Dol, né vers le milieu du XI⁰ siècle et mort en 1129 ; ce prélat habita souvent la Normandie, surtout au commencement du XII⁰ siècle. Il visita plusieurs fois le monastère de Fécamp et raconte en ces termes, ses impressions de voyage (21) :

« Ce lieu, dit-il, semblable au paradis terrestre,
« est situé dans une belle vallée, entre deux
« collines ; d'un côté ce sont des terres en culture,
« de l'autre une forêt délicieuse. Elles séparent
« le pays si agréablement, qu'on les croirait faites
« par la main des hommes et aux mêmes jours.

« Les ombrages formés par les branches sont
« si épais qu'ils réjouissent la vue, protègent la
« terre, arrêtent les rayons bruyants du soleil et
« défendent contre la pluie. Les arbres s'élèvent
« droits, mais pas assez nombreux pour empêcher
« la promenade.

« La mer est tout proche de Fécamp puis-
« qu'elle n'en est pas à un mille. Elle abonde en
« poissons. Le flux et le reflux fertilisent ces
« bords qui offrent un port assuré. Une eau douce
« et limpide arrose la vallée ; on y trouve des
« jardins fertiles, remplis de pommiers.

« La petite rivière qui coule dans le château-
« fort se perd en sinuosités gracieuses qui pro-
« tègent les remparts et les fortifications.

« Du fleuve de Seine jusqu'à Fécamp, il y a
« environ 15 milles. La pêche qui est abondante
« dans ce pays, nourrit les habitants.

« Le monastère, environné de grandes mu-
« railles, est couvert presque entièrement en
« plomb. On le compare à la céleste Jérusalem,
« il étincèle d'or et d'argent, il est enrichi de
« chapes de soie. Les fondements de sa gloire sont
« les reliques des saints et en premier lieu le
« vocable de la sainte Trinité et la garde du sang
» du Seigneur Jesus recueilli sur ses membres et
« enterré par Nicodème, comme le rapporte saint
« Jean.

« C'est en grande pompe et en foule qu'y
« affluent les pelerins surtout parceque ce lieu a
« été dédié en l'honneur du Dieu très haut. »

Dom Mareste, religieux de Fécamp, qui écrivait au milieu du xviiᵉ siècle (22), confirme
l'importance des pelerinages de Fécamp, de son

temps et dans les siècles antérieurs, c'est-à-dire
au moyen-âge :

« Les pèlerinages étaient *ordinaires* autrefois
« à Fécamp, on y venait même de Flandre. C'est
« apparemment un reste de ces pèlerinages de
« lieux fort éloignés que ce que nous voyons
« encore à présent ce grand nombre de personnes
« des lieux voisins de Fécamp, du Havre, Monti-
« villiers, Harfleur, etc., et principalement des
« paysans et paysannes qui y viennent dans les
« solennités d'après Pâques et même dès les veilles
« de l'Ascension, Trinité, etc., (outre la fête de
« l'Annonciation, principalement pour aller ce
« jour-là, à Notre-Dame, sur la côte). On venait
« autrefois ainsi en pèlerinage à Fécamp, à la fête
« de Noël, comme il parait par l'aventure mira-
« culeuse de ce riche flamand, lequel venait tous
« les ans, en ce temps-là.

« Peut-être même que de là, de ces anciens
« pèlerinages, est venue la coutume de ces aumônes
« générales, appelées *données*, en certains jours
« de l'année (Toussaint, Noël, Jeudi-Saint, Pâques
« et la Pentecôte).

« Celle du Jeudi-Saint est peut-être pour
« suppléer au *mandatum* de trois cents pauvres,
« pratiqué autrefois. On bénissait le pain ce jour-
« là et on le distribuait pour soulager ceux des
« pèlerins qui pouvaient être en nécessité, à peu près
« comme ces petits repas que l'on faisait autrefois

NEF DE L'ABBATIALE, CONSTRUITE AU XIIe SIÈCLE

(D'après une photographie de M. LELEU)

Pl. XVII.

« dans les cimetières des saints Martyrs, les jours
« que l'on y allait célébrer leur mémoire, mais
« qui dégénérèrent en abus tels qu'on a dû les
« défendre. Comme il s'est glissé aussi une sorte
« d'abus dans ces aumônes ou données, quoique
« peu de chose en rigueur, des riches aussi bien
« que des pauvres y venant pour avoir du pain.

« Enfin on peut observer une circonstance
« qui confirme ce fait du concours d'étrangers à
« l'église de Fécamp, à savoir que plusieurs
« religieux étaient obligés de garder le Saint-
« Autel, probablement pour arrêter ou mettre
« quelque ordre parmi la foule du peuple qui
« désirait voir de plus près, comme encore à pré-
« sent, mais les coupeurs de bourse ont fait quitter
« cette mode ».

Cet enthousiasme pour le pèlerinage de
Fécamp existait en effet, notamment au xiie siècle,
car Dom Mareste mentionne des sauf-conduits
accordés, en 1154, par Henri II, roi d'Angleterre
et duc de Normandie « pour les pèlerins ou ceux
« qui, par dévotion, viendraient d'Angleterre à
« Fécamp, depuis les Rameaux jusqu'à la Pen-
« tecôte ».

Lorsque les pèlerins arrivaient tard à Fécamp
et trouvaient les portes du fort fermées, ils passaient la nuit sur les coteaux voisins et faisaient
leurs dévotions dans la chapelle de Notre-Dame
de Baudoin-Bourg ou du Saint-Sépulcre, situées
en dehors de la ville.

Le port de Fécamp jouait un grand rôle dans ces manifestations de la foi, comme il avait pris part aux évènements politiques auxquels avaient été mêlés les ducs de Normandie et rois d'Angleterre, car à la fin du XIIIe siècle, dit M. de Fréville, il circulait en France un proverbe ou plutôt un axiome politique ainsi conçu : *Point de marine sans pèlerinages.*

Toutefois, le port de Fécamp n'avait pas une bien grande importance au point de vue hydrographique et commercial, parce qu'aucun ouvrage d'art n'avait encore utilisé les ressources de la nature.

C'était, avons-nous dit, une vaste plage sur laquelle se jetaient dans la mer les rivières de Valmont et de Ganzeville, couverte alors d'un galet dru et roulant, et où venaient atterrir les barques des pêcheurs, hissées à mer haute sur le rivage, ainsi que cela se pratique encore sur toutes les plages de la côte.

Quant aux navires d'un plus fort tonnage que ceux qui transportaient les voyageurs se rendant en Angleterre, il faut supposer que les plus gros restaient dans la rade de Fécamp, alors bien mieux abritée que de nos jours par le cap Faguet, qui n'était pas encore rongé par la mer tel que nous l'apercevons aujourd'hui. Les plus petits s'avançaient dans le chenal étroit et informe, formé à l'embouchure des rivières, et s'abritaient jusqu'à la prairie, là où se trouve actuellement le nouvel avant-port.

Il n'existait, cela est certain (23), ni jetées, ni quais, ni port proprement dit. Tout l'espace compris entre la plage, à l'extrémité Est de la retenue, entre la rue Sous-le-Bois et le pli de terrain de la rue de Mer, se trouvant à l'abri de l'invasion des eaux, était un vaste marais que les marées couvraient et découvraient alternativement, et où se trouvaient les salines de Fécamp.

Il fallait aller jusqu'à l'extrémité de ce marais ou prairie pour communiquer d'une rive à l'autre, comme l'indique la charte de Jehen de Feschamps *(sic)*, de mai 1289, insérée au cartulaire de l'abbaye, où il est parlé de la *prairie de Feschamps qui est entre le pont par ou l'en va à Baudoinebourc d'une part et le perray de la mer de l'autre*, c'est-à-dire le galet de la plage.

Quelque fût l'imperfection de leur port, dont les produits appartenaient à l'abbaye de Fécamp, les habitants de cette ville essayèrent de profiter des bonnes grâces de Henri II, roi d'Angleterre, pour secouer le joug de l'abbaye et obtenir la franchise de leur marine. C'est la première fois, dit M. Fallue (24), que nous voyons les bourgeois réunis adressant une pétition collective, au nom de leur communauté. Le roi n'eut pas égard à cette demande et confirma, au contraire, en 1185, les droits de l'abbaye sur le port de Fécamp, en vertu des donations de ses prédécesseurs.

Quoique cette réclamation ait échoué, elle n'avait pas été inutile, en ce sens que les religieux de l'abbaye avaient compris l'intérêt qu'il y avait pour eux à améliorer leur port. D'après M. Renaud, ancien ingénieur des Ponts-et-Chaussées, l'abbé de Fécamp fit exécuter, au moyen d'un impôt prélevé sur la vente du poisson, quelques travaux ; c'étaient des jetées destinées à fixer le chenal, de grossières écluses de chasses établies au Nord et au Sud de l'îlot qui borde aujourd'hui le grand quai, et probablement aussi quelques estacades.

Ce chenal n'était autre assurément, dit M. Corneille, que le lit de la rivière, creusé et élargi. Quelques déblais durent être faits dans la prairie pour y préparer le nouveau port d'échouage. Les jetées furent faites en bois, semblables à de simples appontements, sur une très faible largeur sans estacades ni brise-lames.

Les chasses informes établies au Nord et au Sud de l'îlot du Grand-Quai, avaient pour but de contenir en arrière, à marée basse, les eaux de la mer et de la rivière et de dégager cet avant-port embryonnaire et l'humble chenal d'alors, des vases et des galets dont ils étaient obstrués. Elles étaient au Sud des portes du bassin Bérigny, là où se trouvait l'écluse des chasses disparue il y a quelques années pour faire place à l'entrée du nouvel avant-port.

Ces ouvrages, commencés à la fin du XIIe siècle, furent complétés au commencement du XIIIe et ils constituèrent les seules améliorations apportées au port de Fécamp jusqu'au XVe siècle. Les rois de France réservaient leurs préférences pour Harfleur, qualifié de souverain port de la Normandie, et nous en trouvons une preuve dans la transaction passée en 1288 entre Philippe le Bel et les moines de Fécamp et dont voici un extrait :

« ..... Que si les abbés et couvent susdits fai-
« soient faire par la suitte quelque augmentation
« ou en venoient à améliorer le port qu'ils ont et
« qu'ils possèdent à Fescamp, de façon que celui
« de Harfleur vînt à diminuer dans les revenus
« que nous en percevons aujourd'huy, nous vou-
« lons et entendons qu'aussitôt que lesd. abbés
« et couvent auront perfectionné l'ouvrage qu'ils
« pourront faire à leur port pour l'augmenter
« ou l'améliorer, ils fassent rentrer à nous ou à
« nos successeurs les sommes que nous aurons
« perçues de moins au Port de Harfleur à cause
« de l'augmentation ou amélioration de celui de
« Fescamp et ce, sous dix ans pour tout delay
« après qu'ils auront finy d'y travailler. Fait et
« arresté à Montargis, l'an 1288 au mois de
« may (26).

Ainsi, les travaux que les moines de Fécamp auraient pu faire à leur port, pouvant tourner presque uniquement au profit du Roi, il n'y avait guère à craindre que ce port devînt un concurrent sérieux pour Harfleur (27).

Il est difficile de dire actuellement quelle était au XIIᵉ siècle la nature des marchandises formant l'objet du commerce de Fécamp. Toutefois les vins doivent être considérés comme ayant fourni un aliment important à ce commerce. Les nombreux vignobles de l'abbaye permettaient d'exporter hors de la Normandie l'excédent de la production sur la consommation. A titre d'exemple, nous citerons la permission accordée, vers 1200, à l'abbé de Fécamp, d'exporter un chargement de vin pour l'Angleterre (27).

Nous ne voudrions pas affirmer qu'il y ait eu à Fécamp, à cette époque reculée, une sorte de *chambre de commerce* ; mais il est certain qu'il y avait alors une association de marchands, connue sous le nom de *gilde*. Le cartulaire de Fécamp mentionne en effet, d'après M. Hellot, une réclamation, par les bourgeois de Fécamp, de différents droits pour la vente du poisson, maquereaux et autres, à l'occasion d'une certaine gilde qu'ils tenaient et pour laquelle ils devaient au roi un marinier équipé, lorsque le même roi allait à la guerre : *occasione cujusdam gilde quam tenent apud Fisc. pro qua reddunt domino Regi unum suum marinum cum apparatu quando dominus Rex vadit in exercitu.*

Certes, la pêche et la navigation plus ou moins lointaine formaient les principales occupa-

tions des Fécampois du xie et du xiie siècle, mais
elles n'étaient pas les seules, et si l'on en juge par
les nombreuses églises construites à Fécamp à
cette époque, par les reconstructions de l'abbatiale,
il devait y avoir, en permanence, un certain nombre de bâtisseurs, de maîtres de l'œuvre, selon
l'expression consacrée.

L'augmentation du nombre des religieux de
l'abbaye de Fécamp au commencement du xii[e]
siècle ayant motivé l'agrandissement du monastère
et la reconstruction de l'église construite par
Richard, on revit à l'œuvre nombre de maçons et
d'imagiers appelés par Guillaume de Ros. Ces
ouvrages étaient à peine terminés que le feu prit
deux fois dans l'église, en 1170, et détruisit une
grande partie des travaux exécutés.

Cette esquisse du tableau de Fécamp à l'époque normande est sans doute encore bien obscure
et remplie de lacunes, mais il serait difficile de la
compléter à cause de la rareté de documents précis
sur ces temps déjà reculés. Les chroniqueurs
contemporains, religieux ou laïques, s'occupaient
surtout des faits et gestes des puissants du jour
et laissaient volontiers tomber dans l'oubli les
incidents de la vie intime des modestes habitants
ou bourgeois de la ville de Fécamp. Si de nos
jours les documents financiers du moyen-âge,
retrouvés dans nos archives, ne venaient jeter un
rayon demi-obscur sur nos ancêtres, on en soup-
çonnerait à peine l'existence.

Nous omettons à dessein de parler ici des établissements charitables, c'est-à-dire de l'hôpital et des léproseries, établis en faveur des habitants pauvres de Fécamp, dès le xii⁰ siècle, parce qu'ils feront l'objet d'un chapitre spécial qui embrassera leur passé depuis leur origine jusqu'à notre époque.

Il nous est impossible de donner ici la description de l'église abbatiale, qui compléterait notre tableau de Fécamp au xiii⁰ siècle, parce que, d'une part, les détails de cet édifice sont presque infinis et que, d'autre part, M. Leport a déjà traité ce sujet.

Sur ce point, nous renvoyons donc le lecteur à la *Notice historique de l'Église de la Sainte-Trinité*, publiée par M. A. Leport, en 1879.

Nous nous contenterons de reproduire ici deux vues d'ensemble de cet édifice remarquable.

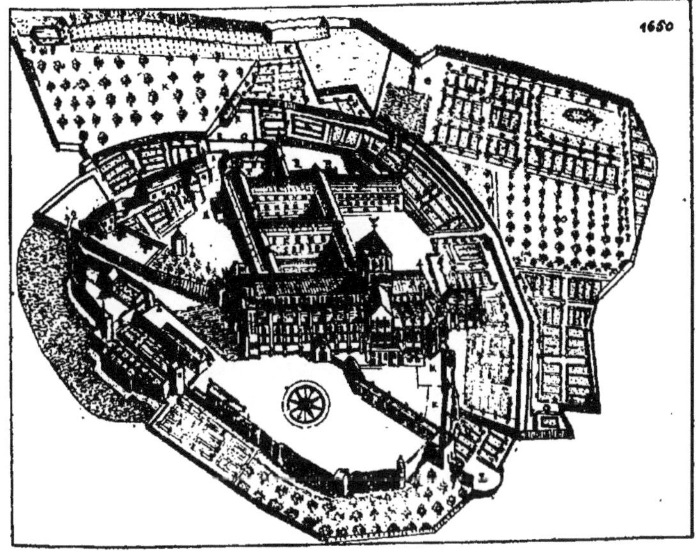

L'ABBAYE DE FÉCAMP AU XVIIe SIÈCLE (côté sud)

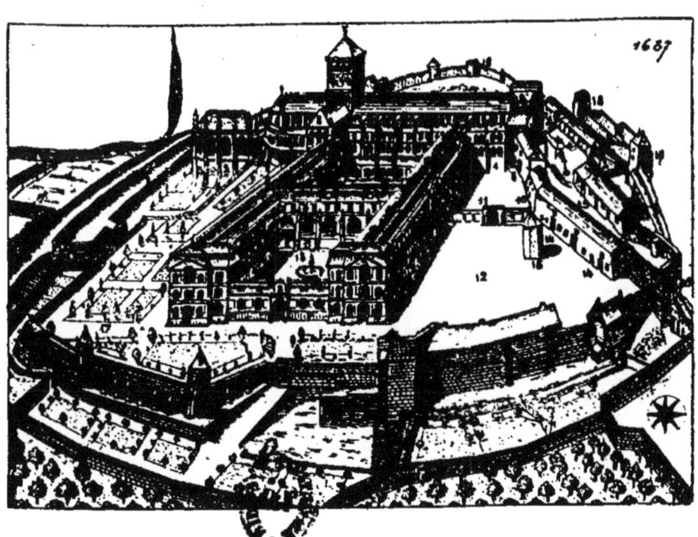

L'ABBAYE DE FÉCAMP AU XVIIe SIÈCLE (côté nord)

Pl. XVIII.

CHAPITRE IV

NOUS avons vu qu'au commencement du
XIIIe siècle, qui allait être celui de Philippe-
Auguste et de Saint-Louis, la province
de Normandie avait pour duc et souverain Jean-
Sans-Terre, de triste mémoire. Celui-ci songea aux
immenses ressources que l'organisation communale pouvait lui procurer pour la défense de son
territoire et il l'établit dans presque toutes les

localités de la Normandie. Toute bourgade qui possédait un château ou qui pouvait se fortifier, obtint sa charte. Fécamp fut de ce nombre, de même que Montivilliers et Harfleur.

Par les lettres suivantes, données à l'abbaye de Bon-Port, le 5 juillet 1202, Jean-Sans-Terre avait permis à ses sujets de Fécamp et des autres villes d'avoir une *commune* pour autant de temps qu'il leur plairait, mais à la charge de se munir d'armes pour la défense du territoire :

Rex. t. c. hominibus Fecamp sciatis quod volumus et multum placet nobis quod vos et alii de partibus vestris communiam habeatis quandiu nobis placuerit et quod vos propugnetis armis et aliis necessariis ad terram nostram defendendam.

Ces communes s'organisèrent à l'instar de celle de Rouen, qui depuis longtemps pouvait tenir tête à l'ennemi ; mais leurs efforts n'empêchèrent pas que, deux ans après, Jean-Sans-Terre perdît la Normandie, confisquée au profit de Philippe-Auguste, roi de France.

Cette réunion ne fit pas disparaître immédiatement la charte communale de Fécamp comme beaucoup d'autres qui avaient sombré avec le prince qui les avait octroyées, et en voici la preuve :

Quelquefois, dit M. Cheruel (1), d'anciens monastères trouvaient protection dans la commune. Un exemple prouve qu'il existait au XIIIe siècle des communes à Fécamp, à Montivilliers et dans presque tout le pays de Caux ; il en résulte encore que ces petites communes étaient en quelque sorte soumises à la tutelle et à la volonté de la grande commune de Rouen. Il s'agissait de l'abbaye du Valasse, appartenant à l'ordre de Cîteaux, abbaye riche et puissante, et qui semblait pouvoir se protéger elle-même. L'on comprend mieux la force de la commune rouennaise, lorsqu'on voit un pareil monastère se placer sous son égide. Le maire et les pairs de Rouen la recommandent, en 1235, aux autres communes, par une charte dont voici le sens (2) :

« Le maire de Rouen et les bourgeois ses
« pairs, aux *maires et jurés* de la ville de Fécamp...
« et à toutes les communes de Caux associées à la
« commune de Rouen, salut et dilection : nous
« vous mandons, avec prière, que pour l'amour
« de Dieu, et par égard pour notre intervention,
« vous gardiez, teniez en votre main et sous votre
« protection, les moines du Valasse, leurs hommes,
« biens et possessions, comme choses de Dieu,
« du Roi notre seigneur, et de nous-mêmes. Ne
« souffrez pas qu'on leur porte atteinte ou qu'on
» les moleste en quoi que ce soit, et, si on leur
« fait quelque tort, donnez-leur secours et conseil
« comme à nous-mêmes ; faites strictement obser-
« ver les droits de l'Eglise contenus dans la charte
« du seigneur Roi Richard ».

L'abbaye du Valasse, c'est-à-dire du Vœu,
avait en effet des intérêts privés à Fécamp, ainsi
que le constate une charte de confirmation donnée
par saint Louis, vers 1260, d'après laquelle un
certain « Guillaume, dit Belet, seigneur de Mani-
« querville, avait vendu au couvent et à l'abbaye
« du Vœu de l'Ordre de Citeaux, pour dix sols
« tournois de rente assis sur Maniquerville et pour
« dix livres à lui payées, une *sienne masure*, sise
« à Fécamp, rue Froide, dans laquelle ils ont
« élevé un hôtel pour leur œuvre. »

Il faut remarquer que l'on rencontre une
froide-rue dans la plupart des villes du moyen-
âge. Voici, à l'égard de Fécamp, deux autres
mentions de la même rue : En 1214, Guillaume,
prieur de Saint-Laurent-en-Lyons, concède à Hervé
de l'Hôpital, un ménage à Fécamp, *in frigido
vico* (3). En 1247, Guillaume Belet, déjà cité, livre
à Nicolas Everard un autre ménage à Fécamp, *in
frigido vico.*

Le puissant gouvernement de Philippe-
Auguste et de Saint-Louis fit régner la sécurité
dans nos campagnes et dans nos villes ; l'agricul-
ture, notamment, prit de prodigieux développements. De toutes parts, on vit défricher de vastes
forêts et fonder de nouveaux villages.

Les habitants de la région de Fécamp ne
restèrent pas indifférents à cette activité générale.
Au nord, le plateau de la côte de la Vierge était à
peine défriché que les religieux obtinrent, en 1217,

la concession d'un *champ sur la falaise*. C'était sans doute pour y édifier ou reconstruire le prieuré de Notre-Dame de Beaudoin-Bourg, où l'on retrouve des traces de l'architecture du XIIIe siècle.

Au midi, de nouveaux essarts de la forêt de Fécamp permirent aux habitants de se grouper et d'ériger d'abord la nouvelle paroisse de Saint-Léger, consacrée le 31 août 1223, par Richard, évêque d'Evreux, originaire de Fécamp.

Cette église fut bâtie dans l'enceinte du marché de Fécamp, ainsi que le constate cette mention du cartulaire de l'abbaye : *in foro Fiscany*.

Le XIIIe siècle vit encore surgir de nouvelles églises à Fécamp ; car, en 1288, on y comptait, dans la ville et ses faubourgs, dix églises, dédiées à saint Benoit, saint Valéry, saint Nicolas, saint Ouen, saint Leger, saint Thomas, saint Fromond, saint Etienne, sainte Croix et saint Léonard.

La création des nouvelles paroisses s'explique par l'accroissement de la population, car il est hors de doute, dit M. Siméon Luce (4), qu'à cette époque et jusqu'à la moitié du XIVe siècle, avant les débuts de la guerre de Cent ans, la population de la France égalait au moins, si même elle ne dépassait pas un peu, sur certains points, celle de la France actuelle.

A l'imitation de leurs ancêtres des XIe et XIIe siècles, les nouveaux habitants de Fécamp formèrent entr'eux des associations religieuses et charitables qui ont subsisté jusqu'à la fin du siècle dernier. Voici un article des statuts de la confrérie de *Notre-Dame*, érigée en 1267, réglant comment on doit rendre aux associés les derniers hommages :

« Le messager de la dite frairie ira par la
« *Ville* annoncer la mort du trépassé ou trépassée
« et dira en cette manière : Les frères et sœurs de
« la frairie de Notre-Dame, dictes vos patenôtres
« pour l'âme de « tel ou telle ». Et seront tenus
« tous les frères et sœurs, quand ils pourront, dire
« chacun quarante fois : *Pater noster et Ave*
« *Maria* » (5).

Au commencement du XIIIe siècle, la suppression de l'autonomie du duché de Normandie avait contribué à l'unité française, mais l'égalité ne régnait pas pour cela dans toute la région. Certaines parties du territoire normand relévaient tantôt du duc, tantôt des grands seigneurs, tantôt des établissements religieux.

A cette époque de la grande féodalité, où tout le pouvoir hiérarchique était attaché à la terre, sous le nom de *fief*, tout possesseur de fief était tenu au service militaire. Ainsi, les grands fiefs devaient un certain nombre d'hommes armés, à raison des fiefs subalternes qui étaient dans leur dépendance, et ces hommes, montés et équipés, avaient ordre de se trouver à la réquisition du Roi pour former le ban et l'arrière-ban de l'armée.

Les monastères n'étaient pas exempts de ce service, et dans un dénombrement qui a pour titre (6), *Feoda Normanniæ*, on voit que l'abbaye de Fécamp était tenue de fournir, pour le service de l'armée, une milice plus ou moins nombreuse, prise parmi ses hommes et vassaux de la ville et des environs.

En 1272, notamment (7), des hommes d'armes furent mandés pour occuper le comté de Toulouse, qui revenait à la couronne de France, après le décès d'Alphonse, comte de Poitou, mort sans postérité. On remarque parmi ceux qui vinrent en *l'Ost* de foi, c'est-à-dire à l'appel aux armes, Henri de Grandcour, qui se présenta pour Jean de Rovre, pour Guillaume de *Fécamp* et pour Ricard d'Yvetot, lesquels chevaliers devaient, à eux trois, un écuyer pendant 40 jours, pour les fiefs qu'ils possédaient.

Guillaume de Briençon et Robert de Bonde-ville, pour Jean et Henri de Fécamp, qui devaient service pour 40 jours.

Léon de Fécamp, Guillaume de Montpoignant et Robert d'Esson se présentèrent pour Jean de Tournebre qui devait trois chevaliers, à raison de ses fiefs du pays de Caux.

Enfin, parmi les noms des chevaliers qui avaient reçu l'ordre de se trouver à Tours, l'année suivante, on trouve l'abbé de Fécamp avec Godard, de Goderville; Nicolas Bellet, de Fécamp; Richard, de Criquebeuf, etc.

Toutefois, la domination abbatiale n'était pas toujours à dédaigner, car les tenanciers et sujets des monastères profitaient des bonnes dispositions des riches seigneurs à l'égard de ces établissements. Nous en trouvons un exemple dans la charte de Robert Bertran, seigneur de Roncheville, qui avait accordé, en 1283, au Couvent de Fécamp et à tous ses sergents, la franchise dans le port de Honfleur, et l'exemption du droit de coutume pour la traversée de la Seine, auquel étaient astreints les autres passagers (8).

Les tenanciers du grand fief de *Gueldres* que l'on rencontrait à Fécamp, étaient exempts de payer les redevances dites : coutumes, subsides, droits de ports de mer, passages, pontages, barrages, étalages, etc.

Ce morcellement du pays provenait d'un accord, intervenu en 1153, entre le duc de Normandie, Etienne de Blois et Mathilde l'*Empéresse*, fille de Henri Ier, tous deux compétiteurs à la couronne d'Angleterre. Il avait été convenu qu'Etienne resterait roi d'Angleterre, mais qu'à sa mort le royaume passerait au duc de Normandie, Henri Plantagenet. Guillaume, fils d'Etienne, recevait en compensation de vastes fonds de terre en Angleterre, et, en Normandie, le comté de Mortain et de grandes propriétés dans le pays de Caux.

C'était en vertu de cette transaction que Guillaume, comte de Boulogne, fils du roi Etienne,

devint propriétaire de terres à Fécamp, à Etretat,
à Bénouville, etc. En 1236, Jeanne, héritière de
Mathilde de Boulogne, par son mariage, fit passer
ces domaines dans la famille de Châtillon. Mais,
en août 1281, Renaud, comte de Gueldres, abandonna au roi de France les droits qu'il avait à
Fécamp, Etretat, Montivilliers, Harfleur. Par
suite, les hommes et les propriétés de Fécamp,
dépendant de ce fief, passèrent à l'administration
royale, et l'on vit, en 1288, Philippe le Bel
conclure un traité avec les religieux de Fécamp,
au sujet de ce qu'il pouvait avoir dans cette
ville, soit à son nom, soit au nom du comte de
Gueldres (9).

Au milieu de ce dédale de possessions royales
ou seigneuriales et de biens ecclésiastiques, il
était difficile de maintenir, sans altération, à travers
les siècles, les privilèges de hauts et bas justiciers ;
de là les confirmations ou revisions constatées
à différentes époques par les chartes royales.

Ainsi, à peine Philippe-Auguste est-il maître
en Normandie, qu'on le voit soustraire l'Abbaye
de Fécamp à la juridiction de l'Echiquier (10).
Il accorde aux religieux le *plaid de l'épée*, c'est-à-
dire, la justice civile, souveraine et indépendante,
dans leurs vastes domaines et notamment dans la
ville de Fécamp. Même, prévoyant le cas de
défaute de droit, ou deni de justice, de leur part,
à leurs tenanciers et arrière-vassaux, ce n'est point
à l'Echiquier (ordonne le monarque) qu'il leur en

faudra répondre, mais bien à la Cour de France, c'est-à-dire au Parlement du Roi.

C'était la première fois (11) que des Normands avaient obtenu « que leur justice ressortirait du « Parlement de France, privativement à l'Echi- « quier de leur province. »

Dom Mareste mentionne la création, en 1211, du bailliage de Fécamp, sans doute en consé-quence de ces droits de haute-justice accordés à l'abbaye par le roi Philippe-Auguste.

On peut citer différents exemples de l'exer-cice de cette justice exceptionnelle. En 1261, un arrêt du Parlement de Paris déclarait cette Cour compétente pour connaître de la plainte d'une femme, contre l'abbé de Fécamp, qui avait em-pêché son mariage. L'abbé prétendait avoir le droit de juger le différend ; la femme, au contraire, soutenait avec raison que l'abbé ne pouvait seul juger dans sa propre cause. (12).

En 1279, le même Parlement de Paris donnait raison à l'abbé de Fécamp, en lui reconnaissant le droit d'empêcher les duels, ordonnés dans sa Cour, même quand les champions étaient entrés en champ clos et avaient commencé le combat (13). A cette époque, l'institution des duels était déjà fort menacée. Saint Louis, notamment, avait essayé d'abolir cette coutume barbare, en ramenant ses contemporains aux formes lentes et sévères de la justice ; mais on voit par l'arrêt de 1279, que l'usage existait toujours à Fécamp et dans les dépendances de l'abbaye.

La situation du port de Fécamp, pendant le XIIIe siècle, n'avait subi aucune modification depuis la fin du siècle précédent ; c'était toujours un port d'échouage abrité par le cap Fagnet et limité dans le fond de la vallée, par une vaste prairie appartenant à la famille des seigneurs de Fécamp.

Néanmoins, tel qu'il était, le port de Fécamp avait contribué dans ses faibles moyens, à l'organisation de la marine militaire en France, sous Philippe le Bel. Il ne faut pas oublier, comme le fait remarquer M. Jourdain (15), que, contrairement à ce que l'on supposait, les origines de la marine militaire en France ne datent pas seulement du XVIe siècle. Un compte de Girard le Barillier, approvisionneur dès navires armés pour Philippe le Bel, en 1295, nous indique le nombre et les noms des capitaines des nefs armées dans les ports de Normandie.

C'est ainsi que l'on remarque la fourniture à Fécamp, de deux pipes de vin, pour les six nefs de Jean Le Blond, Simon Le Prevost, Guillaume Tourpaint, Richard Labbé, Guillaume Poteville et Guillaume Leconte. Mais à cette époque le port de Fécamp était moins important que celui d'Etretat, qui avait fourni, à lui seul, treize nefs, c'est-à-dire, un chiffre double (14).

Cette expédition à laquelle prirent part les marins de Fécamp, eut une issue funeste, après avoir obtenu d'abord quelques succès ; elle avait réussi à s'approcher du comté de Kent et à débarquer un corps de troupes, non loin de Douvres, lorsque les amiraux donnèrent l'ordre de la retraite et rentrèrent au port sans avoir rien fait.

Cinquante ans après, les marins de Fécamp et des autres ports de Normandie eurent encore l'occasion de servir le Roi de France, dans une lutte encore plus désastreuse, c'est-à-dire à la bataille de l'Ecluse, livrée le 24 juin 1340, où, d'après Froissart, tous les Normands furent tués ou noyés, avec les deux principaux officiers, Hue-Quieret et Nicolas Béhuchet. Cette fois encore nous retrouvons une infériorité notable pour le port de Fécamp, si on le compare à celui d'Etretat ; car le premier avait fourni deux nefs, tandis que le second en avait armé six (15). L'une des nefs de Fécamp avait Aubert Durand pour seigneur, et Robert Lebrument pour maître ; dans la seconde, Colin de Baieul était seigneur et maître.

Le comte d'Houdetot, qui commandait la flotte, avait dispensé l'abbé de Fécamp et les autres ecclésiastiques de l'accompagner dans cette expédition ; mais, disait l'ordonnance de l'amiral, « ceux qui demeureront dans les villes seront tenus « au service militaire comme les séculiers ». On peut conclure de cette citation, qu'indépendamment des maîtres de navires, Lebrument et Baieul, des marins subalternes appartenaient aussi au port de Fécamp, et avaient pris part au combat de l'Ecluse.

Philippe le Bel, qui gouvernait la France depuis 17 ans, avait convoqué, en 1302, les premiers Etats-Généraux, pour leur demander leur avis sur différentes questions intéressant ses rapports avec le Pape ; mais, en ce qui concerne Fécamp, nous manquons de renseignements sur le concours que cette ville apporta à ces délibérations.

Il n'en est pas de même pour ceux que le roi convoqua à Tours, le 1er mai 1308, pour leur demander leur avis, au sujet des Templiers. Fécamp, Montivilliers et Harfleur envoyèrent des députés aux Etats-Généraux, qui déclarèrent les Templiers coupables sur tous les chefs d'accusation.

Ceux de Fécamp étaient Jehan Quonard et Jehan Le Vaillant, porteurs des lettres suivantes :

« A tous cheus qui ches p̄sentes lettres v̄ront
« Robert Recucho (Recuchon) chr̄., seneschal de
« Fescamp, salut, sachiez que nous auons envéé
« selon le quemand̄ent nostre sire le roy a seint
« Martin de tors (Tours), j̄eh quonart et jehan le
« Vallant por la ville de Fescamp, en tesmoig de
« che nous auons mis le scel de nostre ballie a
« ches p̄sentes lettres qui f̄nt feites lan mil trois
« chent et huit le m̄quedi jour de feste seint
« Philipe et seint Jaque (16). »

Les usages et coutumes suivis par les habitants de Fécamp au moyen-âge sont difficiles à décrire aujourd'hui, parce que les documents concernant leur vie intime sont excessivement rares ; toutefois, il est permis d'affirmer qu'il existait une certaine solidarité entr'eux et que l'égoïsme était mal vu dans leur société. Déjà nous avons constaté qu'aux xiᵉ et xiiᵉ siècles des associations fraternelles avaient été établies à Fécamp, on en vit se créer de nouvelles au xivᵉ siècle.

Il faut citer d'abord, pour la paroisse de Saint-Nicolas, la confrérie placée sous le vocable de ce saint, indépendamment de celle de Saint-Martin d'Eté, érigée en la même église, et dont les statuts avaient été approuvés par Philippe, abbé de Fécamp, le 14 août 1376 (17).

Voici un extrait de ces statuts, copiés en partie sur ceux de la confrérie des *Jongleurs*, instituée dans l'abbaye de Fécamp : « Le porte-bannière et « ses confrères recevront aussi souvent que la « chose sera nécessaire, pour l'honneur de cette « fraternité, une bannière peinte en l'honneur de « saint Michel et une clochette.

« En la fête de Saint-Nicolas, les frères et les « sœurs jongleurs feront à leurs dépens, comme « ils le voudront, une procession solennelle selon « l'usage de la confrérie de Saint-Martin d'Eté.

« Chaque frère et sœur sera obligé de faire, « de son *bien régulièrement acquis*, quand il se

« trouvera à l'extrémité, laiz (legs) au luminaire
« de l'église de la Sainte-Trinité de Fécamp et à
« cette vénérable confrérie.

« Personne ne sera reçu dans cette confrérie
« qui soit sous le coup d'excommunication, et
« aucun et aucune qui aura quelque colère contre
« son frère et sa sœur, ne pourra, au jour de la
« fête dessus dite, manger ni boire, ni avoir parti-
« cipation avec les autres frères ou sœurs, jusqu'à
« ce qu'il se soit *réconcilié* avec son frère ou sa
« sœur. »

On voyait aussi, dès 1376, dans la paroisse de
Saint-Fromond de Fécamp, une confrérie de la
Sainte-Trinité et, en 1387, dans l'abbaye, une
confrérie de saint Côme et saint Damien où,
indépendamment des habitants de la ville, on
remarquait : M. Robert du Hestrey, curé de Saint-
Martin-aux-Buneaux ; M. Geffroy Le Prévost, curé
de Barville ; Jean de Bavent et Symon de Dun,
écuyers (18).

Mentionnons encore les statuts de la confrérie
de Saint-Ouen, érigée dans l'église de ce nom,
située à Fécamp, et où nous lisons ces articles (19) :

« *Item* quand un des frères ou sœurs seront
« trépassés, chacun frère ou sœur dira, pour le
« salut de l'âme de luy, vingt-cinq patenostres.

« *Item* chacun frère et sœur seront obligés de
« faire laiz (legs) à cette frairie, selon leur volonté
« et quantité de leurs biens.

7

« *Item* nul ni nulle qui ait rancune ou malta-
« lent à frère ou sœur de cette frairie ne mangera
« ne beuvra ni aura participation aux bienfaits
« d'icelle jusques à tant qu'il sera reconcilié au
« dit frère ou sœur par le conseil du curé du dit
« lieu ou du bastonnier. »

Que ces associations fraternelles aient réussi
ou non à maintenir la concorde entre les habitants
d'une même ville, à stimuler le zèle religieux des
associés, leur but était véritablement louable pour
suppléer à une police qui n'existait point, pour
ainsi dire, en dehors de l'autorité ecclésiastique.

Nous entrons dans le récit d'une période
désastreuse pour la ville de Fécamp et de ses
environs, c'est-à-dire dans le commencement de
la guerre de Cent ans.

Les habitants de Fécamp n'allaient plus,
comme en 1295 et en 1340, prendre part à de
lointaines expéditions sur mer, mais bien assister
à une série de combats sur terre, dans la ville
même. Ils devaient assister à la dévastation du
pays de Caux, à l'époque des désastres de Crécy
et de Poitiers.

Déjà, en 1324, les habitants de Fécamp avaient
conçu de vives appréhensions lors de la reprise
des hostilités entre Charles le Bel, roi de France,
et Edouard, roi d'Angleterre. Le premier, voulant
empiéter sur la domination britannique en Aqui-
taine, avait envoyé une armée dans ce duché, en

même temps qu'il avait établi ou renforcé les
garnisons dans tous les ports du littoral de la
Manche, selon l'importance de chacun d'eux ; de
ce nombre étaient Leure, Le Chef de Caux, Etretat,
Yport, Fécamp, etc.

Un compte de *ceux qui ont gardé les ports
depuis Calais jusqu'au Mont Saint-Michel, ès
années 1324 et 1325*, nous apprend spécialement
que le port de Fécamp avait été confié à la garde
de Messire Regnaut du Tour, chevalier, de trois
autres chevaliers, vingt-neuf écuyers et treize
sergents (20).

Dans cette garnison n'étaient pas compris les
hommes d'armes déjà entretenus par l'abbaye de
Fécamp ; aussi, l'abbé chargé d'administrer ce
monastère réclama-t-il l'exemption des frais de
logement de cette garnison supplémentaire.

Sa réclamation obtint un succès complet.
Par lettres données le 17 janvier $\frac{1325}{1326}$ (21), Charles
le Bel dispense les moines de Fécamp et leurs
tenanciers « de payer les gages de ceux qui furent
« députés de par nous à garder les portz qui sont
« en leur terre pour cause de ceste derraine
« guerre de Gascoigne, parcequ'ils sont tenus de
« faire aide de dis chevaliers et leur serait grant
« grief, si, come ils disoient, il nous faisoient
« double aide. »

Une ordonnance du 30 août 1326 confirmait
les lettres du 17 janvier $\frac{1325}{1326}$ et enjoignait de
contraindre « les hommes nobles, fealx et tenantz

« de la dite église de Fescamp à faire (pour) nous
« le service de quarantaine » (22), c'est-à-dire le
service militaire de quarante jours dont nous avons
déjà parlé.

Philippe de Valois étant mort, Jean son fils
monta sur le trône en 1350. Prévoyant les malheurs qui allaient fondre sur la France, et voulant
mettre son armée sur un pied respectable, il
manda au monastère de Fécamp et aux grands
possesseurs de fiefs des environs, qu'ils eussent à
réunir le plus grand nombre d'hommes et de
chevaux pour marcher, en arrière-ban, contre le
roi d'Angleterre.

Pour subvenir aux frais d'une guerre coûteuse,
le roi convoqua à Paris les prélats, les barons et
les autres nobles, ainsi que les *Communautés des
bonnes villes* de Normandie. Tous accordèrent
l'impôt ou subside. Après cette convention, qu'il
appellait un traité, le roi renvoya les députés vers
leurs commettants pour leur faire approuver ce
qui avait été fait ; il délégua en même temps deux
de ses conseillers dans le duché de Normandie,
en les chargeant de convoquer, à Pont-Audemer,
les communes de tout le duché, « et le dimanche
« 22 mars $\frac{1350}{1351}$, se présentèrent devant eux une
« grande quantité de gens de la ville de Rouen et
« des autres bonnes villes de Normandie. La ville
« de Fécamp eut aussi son représentant dans la
« personne de Hélie du Bust. Le subside demandé
« fut accordé sans opposition » (23).

Il faut remarquer que les impôts royaux n'ont pas été perçus d'une façon périodique pendant le moyen-âge ; ce n'était qu'accidentellement et en cas de guerre que le roi demandait des subsides à ses vassaux, et encore, dans ces circonstances, chaque seigneur ou chaque abbaye était chargé de répartir, dans l'étendue de ses domaines, fieffés ou non, la part du subside demandé ; ce n'était que sur les terres dont le roi était seigneur immédiat qu'il levait directement les impôts.

Nous trouvons un exemple d'impôt extraordinaire, c'est-à-dire de *subside*, levé en l'année 1349, sur les terres dépendant du domaine royal, dans la ville et dans les environs de Fécamp, territoire compris dans la vicomté de Montivilliers.

Dans la paroisse de Saint-Ouen de Fécamp, Pierre Barlet, délégué à cet effet, avait recueilli dix sols quatre deniers pour dix-huit acres et demie de terre, à raison de six deniers par acre, et quatre livres dix sols pour quarante-quatre masures, à raison de dix-huit deniers pour chacune (24).

A Saint-Benoit de Fécamp, on avait perçu le même impôt sur dix acres et demie de terre et quarante masures. A Saint-Nicolas, sur huit acres et demie et trente-trois masures.

Il est bien évident que les habitants de ces cent dix-sept masures ne formaient point la population totale de ces trois paroisses, mais représentaient seulement le nombre des propriétés relevant directement du Domaine royal. Les autres habitants qui relevaient de l'abbaye ou des autres grands seigneurs, acquittaient la taxe d'après la répartition faite par leurs suzerains.

Si ces impôts perçus avec mesure et d'une manière équitable étaient onéreux aux populations, le tribut de la guerre, prélevé d'une façon arbitraire par les envahisseurs, l'était encore plus et les Normands en firent bientôt la triste expérience. En 1356, on apprit que le duc de Lancastre entrait dans la province, conduisant un renfort considérable d'Anglais aux Navarrais qui l'occupaient déjà. Son premier exploit, après s'être arrêté au Chef-de-Caux et à Leure, c'est-à-dire à 40 kilomètres de Fécamp, fut de faire lever le siège de Pont-Audemer, investi depuis deux mois par le maître des arbalétriers recrutés dans le pays de Caux, et que l'approche des anglais contraignit à la retraite.

Par la prise de Pont-Audemer et de Honfleur, les Anglais étant maîtres de la Seine, les Français rassemblèrent à Rouen deux armées pour les combattre, l'une destinée à agir sur terre et l'autre par mer. Dans cette dernière se trouvaient sans doute des soldats de Fécamp, car la *Chronique des quatre premiers Valois* nous rapporte qu'elle comprenait « les arbalétriers de Rouen, d'Har-« fleur, de l'Eure, de Montivilliers et de la côte de « la mer depuis le *Chief de Caux jusqu'à Dieppe.* »

Les Anglais étant restés maîtres de Honfleur et d'une rive de la Seine se disposèrent à inquiéter l'autre rive. Ils attaquèrent d'abord *Leure,* mais cette ville, secourue par les garnisons de Harfleur et de Montivilliers, résista énergiquement, non sans avoir subi une destruction presque complète.

En 1357, après les désastres de Crécy et de Poitiers, le roi Jean avait consenti à signer la trève de Bordeaux et à s'abstenir de tout fait de guerre jusqu'en 1359; mais Edouard III, roi d'Angleterre, éludant ce traité, imagina, pour sauver les apparences, que les garnisons anglaises, cantonnées aux environs de Paris, feraient la guerre sous le couvert du roi de Navarre, Charles le Mauvais.

En ce temps-là, dit le moine de Saint-Alban, surgit en France la fameuse *Grande Compagnie*, que l'on appelait *sans tête*; mais qui, en réalité, était dirigée par Edouard, associé secrètement à Charles le Mauvais; le fameux Robert Knolles, exécuteur des basses œuvres du roi d'Angleterre, quittant ses quartiers ordinaires de Bretagne, où il ne trouvait plus rien à piller, prit pour théâtre de ses exploits une région encore préservée, la Normandie, qu'il rançonna à la tête des brigands Anglo-Navarrais, suivant ce passage de Froissart :

« Au pays de *Normandie* sus la marine, avoit « une plus grande compagnie de pilleurs et de « robeurs englés et navarrois desquels Messire « Robert Canobles estoit chief et maître, qui en « telle manière conquéroit villes et chatiaux et ne « leur aloit nul au devans. »

Fécamp est mentionné en effet par M. Siméon

Luce (23), dans le tableau des forts occupés en France par les compagnies anglo-navarroises de 1356 à 1364. Mais, d'après le document suivant, cette occupation fut postérieure à l'année 1358, quoiqu'à ce moment les Navarrais courussent déjà le nord du pays de Caux. Voici la substance de ce document, consulté à notre intention par M. E. Dumont (24) :

« Geoffroi de Sommervieu, écuyer, était chargé
« au nom de Jehan de Bouveray de la garde d'une
« forteresse appelée le manoir de Gourrel (com-
« mune de Brachy). Les Navarrais s'emparèrent
« de cette forteresse et Geoffroy, craignant d'être
« mis à mort ou gardé prisonnier, feignit d'être
« de leur parti et les accompagna dans toutes leurs
« expéditions, tout en cherchant une occasion de
« leur fausser compagnie. Pour cela, il écrivit au
« *capitaine de Fécamp*, lui demandant sauf-conduit
« pour se rendre dans cette ville, ce qui lui fut
« accordé.

« Avant d'être reçu dans la forteresse de Fécamp,
« il fit foy et serment, déclarant qu'il était resté
« bon français et bon serviteur du roi et n'avait
« servi l'ennemi que contre son gré. Puis, crai-
« gnant d'être poursuivi plus tard, il sollicita du
« Dauphin des lettres de rémission qui lui furent
« délivrées, datées de Paris, l'an de grâce 1358. »

Charles le Mauvais, dit M. Fallue (25), ayant fait remplacer l'abbé de Fécamp par un de ses

anciens conseillers, Jean de la Grange, vint en
1363 à Fécamp, pour demander à son protégé la
remise de la forteresse ; mais celui-ci, qui connais-
sait les sentiments de son protecteur, refusa net
d'accéder à cette demande.

Charles, furieux, réunit ses partisans recrutés
dans la Grande Compagnie et se présenta devant
la forteresse de Fécamp, qu'il investit de tous
côtés, bien qu'elle fût pourvue de quelques hommes d'armes, à la tête desquels se trouvait Quin-
nard de Breuil, neveu de l'abbé ; les remparts
délabrés ne pouvant opposer une longue résistance,
elle fut obligée d'ouvrir ses portes. Jean de la
Grange et son neveu furent faits prisonniers,
enlevés et conduits dans la forteresse de Lune.

Les Navarrais, entrés furieux dans Fécamp,
mirent le feu à plusieurs maisons de la ville,
pillèrent le monastère, firent souffrir mille mauvais traitements aux moines et aux hommes de la
commune, dont quelques-uns furent pendus, et
d'autres assassinés à coups de dagues. Enfin, pour
se racheter, la ville et l'abbaye furent obligées de
fournir plus de 10,000 florins de contributions (26).

En quittant Fécamp, où, comme nous l'avons
dit, elles laissèrent une garnison, les bandes du roi
de Navarre, prenant la voie qui longe le bord de la
mer, traversèrent les villages de Senneville et d'Elétot
et vinrent camper sur les hauteurs de Saint-Pierre-
en-Port. Ce village, dont le seigneur tenait pour
le roi de France, fut renversé de fond en comble.

La tradition de ce désastre s'est perpétuée dans le pays, et le nom de *Camp des Navarrais* resta à la montagne sur laquelle s'établirent les hordes pillardes et indisciplinées de Charles le Mauvais (27).

Le roi Jean étant mort en 1364, Charles V, son fils, fut immédiatement proclamé roi de France, malgré l'opposition de Charles de Navarre qui voulait s'emparer du trône. Du Guesclin marcha contre ce prince turbulent, le défit à Cocherel, et le força de remettre au roi, Fécamp et les autres places occupées par ses partisans.

Charles V, ayant remporté quelques succès, résolut de porter le théâtre de la guerre chez les Anglais et il vint à Harfleur, en 1369, pour hâter l'armement d'une flotte dont les navires se construisaient dans tous les ports de Normandie. Fécamp était chargé pour sa part de fournir dix vaisseaux à trois rangs de rames (28).

Les Anglais, pour détourner le coup qui les menaçait, firent partir pour Calais, une expédition qui devait pénétrer dans l'intérieur de la France. Charles, ayant été obligé d'abandonner son projet de grand armement, les trirèmes de Fécamp furent laissées aux ordres de l'abbé de Fécamp, Jean de la Grange, moine guerrier doublé d'un diplomate, et dont l'influence sur le roi Charles V servit à souhait la ville de Fécamp, à l'époque de sa reconstruction.

Jean de la Grange, abbé et diplomate, fut chargé par Charles V, de missions officielles près

TOMBEAU DU PAPE CLÉMENT VI

(Pierre ROGIER, ancien Abbé de Fécamp)

Pl. XIX.

du Pape qui désirait revenir à Avignon, dans le but de conclure un traité de paix entre la France et l'Angleterre. Déjà, en 1342, un autre abbé de Fécamp, Pierre Roger, était parvenu à la plus haute dignité de l'Eglise, c'est-à-dire à la papauté, sous le titre de Clément VI.

Par mandement du 6 janvier $\frac{1370}{1371}$, Charles V s'exprimait en ces termes à l'égard de l'ambassadeur de Fécamp, ce qui démontre la confiance dont il était investi : « Nous envoyons hâtivement « notre aimé et féal conseiller l'abbé de Fécamp à « Avignon par devers S. S. le Pape pour certaines « et grosses besognes touchant l'honneur et le « profit de nous et du royaume. Nous lui avons « taxé vingt francs d'or par jour, outre ses gages « ordinaires qu'il prend à cause de son office de « général conseiller sur le fait de la guerre. »

D'après une quittance de Jean de la Grange, jointe à la lettre du roi et datée du 8 mai 1371, on sait que cet abbé partit de Paris le 9 janvier et y revint le 1er mars.

Suivant un autre mandement, daté du 19 août 1371, le même abbé de Fécamp est autorisé à toucher huit francs d'or par jour, outre ses gages, à cause de son office, pour différents voyages « en « certains lieux au pays de Normandie pour savoir « et nous rapporter l'état des aides et pour faire « certaines grosses besognes touchant le dit fait. »

Indépendamment de Jean de la Grange, qui était ainsi employé par le roi de France pour la défense et l'administration du royaume. Nous citerons un autre fonctionnaire, Loys, sire de Fécamp, qui recevait, en vertu d'un mandement délivré le 30 juin 1371, « une allocation de cent francs d'or « en compensation des pertes de chevaux et « harnais qu'il a eu et soutenu en notre service « pour le temps qu'il a demeuré en notre ville de « Boulogne par notre commandement. »

Les religieux de l'abbaye de Fécamp et les habitants profitèrent naturellement de l'autorité de leur chef spirituel en même temps que temporel, pour obtenir des secours en faveur de leur ville et de leur monastère, dont les fortifications étaient en partie ruinées, à la suite de l'occupation par les Anglo-Navarrais.

Fécamp possédait alors un bureau de Finances, connu sous le nom de *Recette des Aides*, créé pour la perception des octrois levés au profit du roi sur les marchandises, dans différentes nécessités budgétaires. Lorsque le monarque voulait se procurer de l'argent pour les dépenses de l'Etat ou pour des fondations charitables, il délivrait des mandements ou lettres de change sur les receveurs des aides. Ainsi, le 10 janvier $\frac{1373}{1374}$, J. de Grisey, receveur des aides de Fécamp, versait mille livres tournois à Le Maréchal, receveur des aides de la guerre (29). Le 8 juin 1376, Charles V assignait aux religieux de Chaalis une somme de 700 francs d'or à prendre sur Jean de Grisey, receveur des *aides de Fécamp*.

L'abbé de Fécamp, Jean de la Grange, voulant aider à la reconstruction des maisons qui avaient été détruites et augmenter la forteresse, obtint d'abord de Charles V, le 3 janvier 1367, le prélèvement « de deux deniers sur l'impôt perçu « par la recette des aides de Fécamp, des douze « deniers pour livre qui ont et auront cours en « la dicte ville pour cause de la délivrance de « notre très cher seigneur et père » (30).

Ce don, fait pour un an, fut renouvelé, à la recommandation du puissant abbé, les 8 janvier 1368, 13 mai 1371, 12 décembre 1372, 21 février 1374, 24 juin 1376 et 1er juillet 1379. Ces faveurs successives accordées aux habitants de Fécamp, nous prouvent déjà l'étendue des ruines qui avaient été amoncelées dans cette ville, et en même temps l'importance des travaux de fortifications entrepris pour préserver le pays d'un nouveau pillage. Le préambule des mandements délivrés par Charles V, vient encore confirmer ce que nous avançons sur les désastres éprouvés par Fécamp.

En effet, ce monarque octroie « aux religieux « et aux *habitants de Fécamp*, deux deniers de « l'imposition des douze derniers pour livre « ayant cours en la dite ville, par considération « des pertes et dommages que l'abbé de Fécamp « et les religieux de la ville et aussi les *habitants* « *de la ville de Fécamp* ont soutenu par le fait de « nos guerres, et afin que la forteresse de la dicte « ville, laquelle est assise en port de mer, soit

« mieux gardée, réparée, fortifiée, mise et main-
« tenue en estat deu, gardée et défendue contre
« nos ennemis. »

Ce n'est pas tout ; indépendamment de ces
subsides renouvelés, les habitants de Fécamp
obtiennent, en même temps que ceux de Montivilliers, où l'on travaillait aussi avec ardeur aux
fortifications de la ville, le 15 février $\frac{1369}{1370}$, l'octroi
« du dixième denier de tout ce qui sera levé et
« reçu en la dite ville franchement à notre profit
« (du roi) des *nouveaux subsides* jusqu'à un an.
« C'est à savoir, sur le bled et sur le vin et autres
« breuvages, excepté le sixième du vin seulement,
« lequel est ordonné au lieu du treizième qui avait
« cours par avant.

« Voulant que durant le dit an ils aient les
« deux deniers sur ce qui sera levé de l'imposition
« des douze deniers pour livre en la dite ville par
« la manière que nous leur octroyâmes l'année
« passée ; le tout pour convertir en la fortification
« et autres nécessités de la dite défense.

Enfin, M. Fallue ajoute que Charles V avait
encore accordé à la ville et à l'abbaye de Fécamp,
pour l'aider à réparer ses fortifications, une somme
de cent livres, à prendre dans la caisse de Thomas
du Godet, receveur des aides de la vicomté de
Montivilliers.

Grâce à ces subventions, l'abbé Jean de la
Grange et ensuite ses successeurs, Philippe du
Fossé et Estod d'Estoutteville, étaient parvenus à

relever la forteresse de Fécamp, à compléter le mur d'enceinte et à édifier plusieurs tourelles qui ont disparu depuis longtemps, comme le dit M. Guilmeth, dans son ouvrage publié en 1840 :

« Il existe encore, depuis la rue de l'Ecole
« jusqu'à celle de Saint-Léger, des restes fort
« importants du mur d'enceinte de l'antique châ-
« teau ducal. L'épaisseur du rempart et des tours
« constamment carrées, la forme semi-circulaire
« des portes, des voûtes et des baies, et enfin les
« légers ornements que l'on y rencontre, font
« rattacher cette partie à l'architecture romane.
« Mais on y avait adapté, dans les xv° et xvi°
« siècles, de distance en distance, un grand nom-
« bre de tourelles rondes. En 1687, il existait
« encore quatre donjons de l'époque primitive ; le
« plus important, connu sous le nom de *Tour de*
« *Babylone*, était dans un excellent état de conser-
« vation en 1736, et il était remarquable par sa
« forme carrée, l'épaisseur extraordinaire de sa
« base, sa vaste étendue et sa hauteur gigantesque. »

Les documents que nous venons de citer font supposer que ces tours avaient été bâties dans la seconde moitié du xiv° siècle, dans le style de l'époque, plutôt qu'aux siècles suivants.

L'administration militaire de la ville et du fort de Fécamp était confiée à un officier royal nommé *capitaine* et à un lieutenant, dont le titre a varié à différentes époques. Au commencement du xve siècle, le capitaine de Fécamp avait sous ses ordres un *connétable*, et plus tard ce fut un *lieutenant*.

Nous devons à l'obligeance de M. Biochet, une liste des capitaines de Fécamp qui ont exercé depuis le xive jusqu'au xviiie siècle. Voici leurs noms avec les qualités qu'ils prenaient, et les années où leur présence a été constatée :

XIVe siècle : Jean de Boissay (1341).

XVe siècle : Robert (1412) ; Hugues Spencer et Jean Falstoff, capitaines en 1419 ; Robert Lanceau, lieutenant ; de Malleville et Jean d'Estoutteville, 1435 ; Guillaume Bachelier, capitaine et Raoul Viennens, son lieutenant, en 1470 ; de Catteville, capitaine de Beaudoin-Bourg.

XVIe siècle : Christophe le Sec, capitaine, en 1539 ; Nicolas de la Haule, en 1558 ; Morel de Sacquenville, en 1588 ; de Bois-Rozé, en 1592 ; de Marseilles, de Voulier, de Champeron, en 1593 ; Tuville, 1597 ; Lastes, 1598.

XVIIe siècle : Lefebvre de Longueil, en 1642 et en 1655 ; de Ratebon de Trememont, lieutenant du roi en 1687 ; de la Motte-Vatteville, gouverneur en 1692 ; de Sanson, lieutenant du roi en 1698 ; le duc de Saint-Simon, capitaine et concierge du château, en 1698 ; René d'Auber, de Daubeuf, gouverneur en 1698 et 1718.

XVIIIe siècle : De la Vorte, lieutenant du roi, en 1718 ; de Fresne, gouverneur en 1722 et 1727 ;

de Briquemont, lieutenant du roi en 1727-1749 ;
le duc de Saint-Simon, capitaine et concierge du
château, en 1749 ; le marquis de Canillac de
Montboissier, gouverneur en 1750 et 1789 ;
Desmares, comte de Trébons, lieutenant du roi ;
Descalles, major.

Ces officiers avaient sous leurs ordres une
petite garnison, qui se composa d'abord de la
milice recrutée conformément aux ordonnances
de Charles VI, rendues en 1383, dit M. Fallue,
et d'après lesquelles les habitants de Criquétot-le-
Mauconduit, Ouainville, Bertreville - Barville,
Epreville, Tocqueville, Daubeuf-le-Sec et du Bec-
de-Mortagne, tous relevant de l'abbaye de Fécamp,
étaient obligés de venir y faire le guet, comme les
autres hommes du monastère. Plus tard, ce furent
de véritables soldats, pris parmi les divers régi-
ments, qui tinrent garnison dans la ville de Fécamp.

La restauration des fortifications de Fécamp
n'était pas la seule préoccupation des habitants de
la ville, car le port reçut aussi, à cette époque,
quelques améliorations.

En 1378 (31), le roi accorda aux religieux
de l'abbaye de Fécamp, pour la réparation du
hable de leur ville, un subside d'un franc par
tonneau de vin, de 8 deniers par baril de cervoise,
vendus en gros et en détail, à percevoir pendant
un an sur les vendeurs de boisson et brasseurs,
dans les sergenteries de Fécamp et dans celle de
Bernetot.

Toutes ces subventions avaient été insuffisantes pour faire face aux dépenses d'entretien des fortifications et du port ; car des lettres de Charles VI, données le 19 mars 1399, parlent de « grans frais et mises qui sont nécessaires de « present estre faites en icelle *forteresse* comme « au dit *hable*, lequel par les vagues et inondations « de la mer, est en péril de tout cheoir en « ruyne. » (32).

Ces lettres ajoutent que les habitants avaient contribué à ces dépenses « les manans et habitans « de la dite ville ayant quant le cas s'est offert « contribué aux frais, mises et despens qu'il a « convenu faire pour la fortification et emparement « de la dite forteresse et aussi du *hable*. » On craint alors un refus de la part de ces habitants de continuer leur concours financier, à cause d'un procès existant entre eux et l'Abbaye.

Le 21 février 1400 interviennent de nouvelles lettres du roi, par lesquelles celui-ci établit une imposition sur le vin et la cervoise. Le droit de percevoir cette imposition fut adjugé, le 23 novembre 1405, à Guillaume Dubost, moyennant 369 livres tournois.

Ajoutons que les navires abordant à Fécamp étaient assujettis ordinairement à un droit de péage, perçu au profit de l'abbaye de cette ville (32). Mais ce droit ne devait pas être bien productif, la marine n'ayant guère pris d'accroissement au moyen-âge et dans les siècles suivants.

L'exercice du droit de varech n'était pas de nature à favoriser l'expansion de la navigation marchande, car les marins victimes des naufrages et qui avaient réussi à se sauver corps et biens, trouvaient, en abordant sur les rivages, non point des sauveteurs désintéressés, mais des gens rapaces qui ne rêvaient que bris et naufrages.

Sous ce nom de *varech,* nous voulons parler des épaves humaines et des marchandises « que « l'eau jetait à terre par tourmente et fortune de « mer et arrivant si près de terre qu'un homme « à cheval y puisse toucher avec sa lance. » Ces épaves étaient attribuées soit au roi, soit aux seigneurs, soit aux abbayes.

L'abbé de Fécamp possédait ce droit dans l'étendue de son domaine abbatial, et le plus grand procès de *varech* que l'Echiquier ait jamais eu à juger, s'est débattu, en 1386 (33), entre le roi et cette abbaye, au sujet de trente-six anglais qui, par fortune du temps, avaient échoué au port de Veulettes, eux et le vaisseau baleinier qui les portait. Veulettes, était du domaine des religieux de Fécamp, qui « y avoient tous droits a hauts « justiciers appartenant, tant de varech, de cous-« tille que autrement. »

Toutes prétentions, d'ailleurs, leur avaient été cédées sur ces anglais, par un acte en forme, moyennant deux cents francs promis aux villageois qui avaient fait cette importante capture.

Mais trente-six anglais à la fois ! On n'en avait

jamais tant vu et les officiers du roi ne pouvaient se résoudre à laisser aux religieux de Fécamp une aussi belle prise, la plus belle dont on eût mémoire.

A Vittefleur, donc, puis à Fécamp, où ces enfants de la Grande-Bretagne furent menés prisonniers, se succédaient lieutenants, procureurs du roi, sergents envoyés pour faire arrêt sur eux, au nom du roi.

A l'Echiquier, où finit par aller l'affaire, après de longues procédures, le procureur du roi plaida chaleureusement la cause de son maître. Le roi, disait-il, est chef de toute la guerre en son royaume. En quelque lieu qu'aient échoué ces anglais, ils sont à lui, n'ayant pas été pris en bataille.

Comme varech, ils ne peuvent être réclamés par les religieux de Fécamp, puisque, violant la loi qui ne veut pas que le varech soit changé de place avant d'avoir été vu par les officiers du roi, ces religieux ont fait transporter les prisonniers de Veulettes à Vittefleur, et de Vittefleur *à Fécamp,* sans appeler les officiers du roi, selon que l'eût exigé le coutumier de la province. Le roi peut rembourser les deux cents livres données, et gagner la différence qui est de six cents livres au moins.

« Les trente-six anglais avec leur vaessel et « leurs biens sont nostres, répondent les religieux « de Fécamp, car nos chartes de fondation nous

« donnent tout varech depuis la haye d'étigues
« *(Yport)*, jusqu'à l'arrière-Gaut. »

Ces raisons avaient décidé les juges de l'Echiquier en faveur de l'abbaye « iceux anglais
« devaient rester aux religieux de Fécamp » et ils
en furent mis en pleine délivrance, pour en jouir
et exploiter comme leur propre chose.

Nous ne savons quel parti on parvint à tirer
de ces épaves humaines et si les naufragés furent
encore obligés de payer une rançon au profit des
sauveteurs.

Ainsi que nous l'avons déjà dit, toutes ces
tracasseries n'étaient pas de nature à favoriser la
marine marchande. Les marins trouvaient sans
doute plus de profit à guerroyer pour le service
du roi. En voici un exemple :

D'après M. Fallue, sous l'administration de
Pierre. Cervoise, abbé de Fécamp, de 1381 à
1390, Fécamp avait fourni quelques navires à la
flotte qui défit celle d'Angleterre à l'entrée de
la Seine. Les vaisseaux normands coulèrent bas
presque tous les bâtiments ennemis et s'emparèrent
de l'amiral qui fut conduit captif dans le château
de Rouen.

CHAPITRE V

Incendie de la ville en 1405 — Les Anglais débarquent en Normandie en 1415 — M. de Rambures à Fécamp — Siège — Accord des partisans d'Armagnac et de Bourgogne — Première capitulation de Fécamp en 1419 — Les Anglais s'y établissent — La justice protégée par les Anglais — Pénalités curieuses — Marine et travaux du port — Misère générale — Garnison étrangère — Santé publique —Soulèvement des communes—Reprise de Fécamp par les Français — Menées des Français traîtres à leur patrie — Revanche des Anglais — Deuxième capitulation de Fécamp — Nouvelle reprise par les Français — Retour des Anglais — Leur expulsion définitive.

LES habitants de Fécamp qui avaient éprouvé, pendant un demi-siècle, comme ceux du pays de Caux, d'ailleurs, les horreurs de la guerre, avaient obtenu quelques moments de répit lors de la trève conclue par le roi de France, d'abord pour une année, en 1393, et ensuite pour vingt-huit ans, au mois de mars

1396. Mais un autre fléau s'était abattu sur leur ville, la peste y avait fait des ravages sensibles en 1393, comme le rapporte Dom Mareste.

Puis, vers 1405, les hostilités s'étaient rallumées entre la France et l'Angleterre, et des deux côtés des débarquements partiels, accompagnés de pillage et d'incendie, avaient été opérés ; la ville de Fécamp faillit être ruinée par l'un de ces coups de main. La *Chronique Normande* de Pierre Cochon (1), nous apprend, en effet, que « la desraine septmaine de « juillet CCCC et IX les englois deschendirent à « Fescamp et ourent grant quantité de prisonniers « et de pillage et si ardirent (brulèrent) tout le « hable au nombre de plus de IJ^c (200) maisons, « etc., et puis s'en ralèrent sans perdre. »

L'éditeur de la chronique de Pierre Cochon place cet événement en 1409, mais les grandes fêtes de la Cour de France, la tranquillité relative dont on jouissait à ce moment semblent contraires à cette assertion. Il se pourrait qu'une erreur dans la transcription des chiffres ait fait prendre CCCCIX pour CCCCIV.

Ce désastre déjà si grand n'était cependant que le prélude d'autres événements, plus graves encore, auxquels le pays de Caux allait assister, car nous touchons aux plus mauvais jours de nos annales historiques locales.

Les prétentions à la couronne des Valois, que les rois d'Angleterre soulevaient lorsqu'ils cherchaient des prétextes de guerre avec la France, avaient été mises en avant, devant le Parlement anglais, au mois d'avril 1415. Henri V, roi d'Angleterre, obtint l'adhésion de ses barons et acheva les préparatifs d'une descente sur le littoral.

Le 13 août, le prince anglais était prêt à s'embarquer à Southampton avec une armée considérable. A Paris, la Cour s'obstinait à croire au maintien de la paix et négociait lorsque les navires ennemis faisaient voile vers nos côtes. Ces bâtiments ayant été signalés d'abord par les pêcheurs de Boulogne, l'échevinage de cette ville fit prévenir les villes voisines.

A leur tour, les marins de Fécamp ne tardèrent pas à apercevoir la flotte qui passait au devant de leur port, et on peut juger de leur inquiétude lorsqu'ils apprirent que cette armée navale avait débarqué au port de Leure, près de Harfleur, c'est-à-dire à quarante kilomètres de Fécamp.

La résistance fût organisée sur tout le littoral, c'est-à-dire de Boulogne à Harfleur, sous la direction de Monseigneur de Rambures, qui vint à Fécamp dans les premiers jours de septembre 1415. Et le 14 de ce mois, Thomas Lest, sergent à verge de Boulogne-sur-Mer, partait pour Fécamp « devers Monseigneur de Rambures, lors « maitre des arbalestriers de France et cappitaine « de Boulongne, portant lectres touchan com- « ment les gens d'armes de la frontière se partoient « et que provision par luy y fût mise » (2).

Thomas Lest n'ayant pas rencontré à Fécamp le maître d'arbalétriers, qui en était parti, il se rendit à Rouen où il finit par le rencontrer.

Après une résistance héroïque, la ville de Harfleur, défendue par un d'Estoutteville, fut obligée de se rendre aux Anglais, le 24 septembre ; mais son exemple énergique avait été suivi à Fécamp, où le frère du défenseur de Harfleur, l'abbé Estod d'Estoutteville, avait organisé la défense.

Une milice, composée des habitants de la ville et de la campagne comprise dans la juridiction de l'abbaye, avait été établie ; des hommes d'armes s'étaient réunis ; les vieilles murailles avaient été mises en état de défense, Jean de Boissey, le capitaine, les avait fait garnir d'armes et de combattants ; des ouvriers taillaient la pierre pour en faire des boulets, qu'ils entassaient au pied des remparts et dont une partie ne fut pas utilisée, car, il y a quatre-vingts ans, en démolissant la partie basse d'une tour voisine de la place des Hallettes, on retrouva une certaine quantité de ces projectiles (3).

A la nouvelle de la capitulation de Harfleur, l'inquiétude des habitants vint à son comble. En effet, on signala bientôt les avant-postes de l'armée anglaise ; la ville fut investie de toutes parts. Les Anglais, pour démasquer la forteresse, mirent le feu aux maisons voisines et s'établirent en regard de la porte du Bail. Sur les hauteurs dominant la place, ils placèrent leurs machines de guerre, leurs engins et leurs bombardes qui commencèrent un terrible feu pour rompre la muraille et abattre les portes.

Il y eut un échange de projectiles qui mirent, de part et d'autre, beaucoup d'hommes hors de combat ; mais les énormes globes en pierre lancés par les machines de l'ennemi ne tardèrent pas à rendre la brèche praticable, et l'on fut forcé d'ouvrir les portes pour éviter de plus grands malheurs. Le monastère en fut quitte pour de fortes contributions, et la ville, en partie détruite, pour recevoir une garnison étrangère qui n'y fit qu'un séjour de courte durée (4).

Les succès de Henri V lui ayant fait juger que le moment était venu de ressaisir l'héritage de ses pères, il débarqua en Basse-Normandie le 1er août 1417 et commença la conquête des places de cette région. En quelques mois, il prit Caen, Bayeux, Argentan, Alençon, Falaise. Pendant ce temps, la faction bourguignonne avait triomphé des Armagnacs ; elle était maîtresse à Rouen, à Dieppe, à *Fécamp*, etc.

Robert de Bracquemont, amiral de France, partisan d'Armagnac et du dauphin Charles, chargé par le roi de se transporter « ès bailliages « de Rouen, de Gisors et de Caux, etc. », pour les visiter, réparer et pourvoir d'engins de guerre, fit, en date du 5 juin 1418, avec les capitaines du parti de Bourgogne, un accord par lequel les deux partis s'engageaient à se réunir pour défendre le pays contre les Anglais.

« Avons traicté, dit l'amiral, pacifié et accordé
« par manière de sauf-conduit, astinence de guerre
« ou autrement, sans fraulde, déception ou mal
« engin, par les chastel et ville du Neufchastel, de
« Lincourt et forteresses dessus déclairées et les
« gens d'armes et de traict et aultres gens, de
« quelque estat qui soient, estans en icelles aveuc
« les villes et chasteaulx de Rouen, Mantes, Vernon,
« Dieppe, Caudebec, la carrière Drumare, Monti-
« villiers, *Fescamp*, etc., desquelles forteresses,
« gens d'armes et de trait et aultres gens de quel-
« que estat qu'ils soient estans en icelles, M. Guy
« le Bouteillier, seigneur de la Bouteillerie, cappi-
« taine des dites villes et chastel de Rouen et de
« Dieppe, M. Guillaume de Houdetot et de Har-
« ville, chevalier, bailli de Rouen, Jehan Segneut,
« aient le gouvernement de la juridiction de la
« mairie de la dicte ville de Rouen et Pierre
« Poolin, procureur général d'icelle, se sont fait
« fors... »

Par ce traité, les villes normandes du parti du dauphin et celles du parti bourguignon s'engageaient, en cas d'attaque des Anglais, à laisser circuler leurs hommes d'armes d'une ville à l'autre pour la défense du pays, à les laisser combattre chacun sous ses enseignes respectives, à recevoir mutuellement leurs guerriers en cas de défaite et à les nourrir et soigner.

Malheureusement tout cela fut lettre morte. Le 23 juin, Henri V prenait Louviers ; le 20 juillet, Pont-de-l'Arche se rendait, et le 29 du même mois, le roi anglais arrivait sous les murs de Rouen.

Le siège de la capitale normande dura cinq mois et demi. La résistance fut héroïque, mais enfin il fallut se rendre. Rouen capitula le 13 janvier $\frac{1418}{1419}$.

La prise de cette ville eut pour conséquence la reddition des places normandes qui tenaient encore pour la France. « La crainte du roy « d'Angleterre fut si grande sur les marches de « Normandie, dit Monstrelet, que la plus grande « partie des bonnes villes et forteresses se rendirent « à lui sans coup férir, c'est à savoir Caudebec, « Montivilliers, Dieppe, *Fécamp*, etc. Dedans « lesquelles places le roi d'Angleterre mit partout « garnison de ses gens. »

Le duc d'Exeter fut chargé de réduire les places maritimes du pays de Caux et du comté d'Eu, et il le fit sans grand'peine. Montivilliers ayant capitulé le 23 janvier 1418, ce fut le tour de Fécamp, le premier février suivant, par le traité signé entre le duc d'Exeter et Harbouville, commandant de la ville. Voici le texte de l'acte de capitulation :

Cy ensuit l'appointement, traictie, & accorde, le primer jour de Feurier, l'An mil, quatrecenz,

& dixhuit, par entre, le Treshaut et Puissant Prince, le Duc d'Excestre, commis en ceste partie pour le Tres victorieux Prince & nostre Soverain seigneur Henry, par la grace de Dieu, Roi de France & d'Engleterre, d'une part, &, Noble home Jehan de Herbouville dit Ducher, Capitaine de Fescamp, d'autre part,

Primerement, le dit [Jehan] de Harbouville (sic) Rendra & Liurera ès mains du dit Tresexcellent Roy, ou autres quelconques député de par luy en ceste partie, la dite Forteresse de Fescampe (sic) a tel Jour & Heure qu'il luy serra requis de par le dit Tresexcellent Roy, ou son certaine Député, & ce sans fraude ou mal engyn ; et aussi gardera, bien & loialment, cependant la dite Forteresse de Fescampe en l'Obbeissance du dit Tresexcellent Roy : & sur ce a faite le Serement.

Item, est Appoinctie, Traictie, & Acorde que le dit Capitaine, et touʒ les Nobles, & autres (de quelque Estat ou Condition qu'ilʒ soient) pour le present estans dedens la dite Forteresse & Ville, que vouldront venir en l'Obeissance du dit Tresexcellent Roy, auront leurs Corps, Biens, Heritages, et Possessions quelconques saufs & quittes (parainsi que leurs ditʒ Heritages ne soient paravant doneʒ par le dit Tresexcellent Roy) & ceulx, qui ne vouldront venir au dit Obeisssance, auront leurs Corps, Biens, Chevaulx, & Harnaiʒ saufs tant soulement, & bon Congie d'eux en aller ou bon lour semblera.

Item, est Appointe, Traictie & Accorde que touz les Prisonners Anglois, ou autres Subgez du dit Tresexcellent Roy, estans pour le present en la dite Forteresse (de quelque condition qu'ils soient) seront plainement deliurez au dit Tresexcellent Roy ou à son Commis; & aussy touz maners Yroys, Galloys, Gascoins, & autres ses Traiteurs quelconques, seront plainement deliurés & de fait au dit Tresexcellent Roy, pour en faire a son bon plaisir; & ce sauns fraude ou mal engyn, etc.

Item, est appointé traitté et accordé que toutes manières de vitailles, artilleries, habillemens de guerre quelconques appartenant à la dite forteresse de Fescamp seront gardés au dit très excellent roy et à luy délivrés ou à son certain commis, sans les mucher, couvrir, empairer ou degaster ainsi comme il veult autrefois repondre par un serment et par enquisition de bonnes gens et voisins.

En temoing' desquelles choses a y ceste partie du dit appointement demourant envers le dit tres puissant duc d'Encestre, le dit Harbouville a mis sous scel les jour et an que dessus.

A peine étaient-ils maîtres de la Normandie, que les Anglais se partageaient les dépouilles des seigneurs et des fonctionnaires restés fidèles à la France. Par mandement du 28 avril 1419, Hugues Spencer eut la concession du « *donjon de Fecamp* « *qui est en ruine et desert* avec les armes de

« guerre existant dans cette forteresse et les fiefs
« de Trémauville et de Vinemesville, avec toutes
« leurs appartenances que detenait Jean de
« Calville, chevalier, ci-devant seigneur de Dou-
« vile, dans le bailliage de Caux, le tout d'une
« valeur de 3oo fr. d'or. » Hugues Spencer devait
au roi pour cette concession, le fer d'une lance à
livrer chaque année en la ville de Harfleur et
différentes autres charges (5).

Le Bourg-Beaudouin « *terra et dominium* »
devint également propriété anglaise.

L'anglais Jean Billing qui avait obtenu un
hôtel à Fécamp, envoyait un chapeau de violette,
tous les ans, le 1ᵉʳ mai, au château de Rouen.
D'autres offraient une épée de combat, une dague
à la ville de Harfleur; un faisceau de flèches, et une
livre de poivre, par an, livrés à la ville et au
château de Rouen. Enfin, la majeure partie des
concessionnaires étaient obligés de faire le guet
pendant une ou deux nuits, dans la forteresse de
Fécamp, ou dans les châteaux voisins de leurs
fiefs (6).

L'abbé de Fécamp avait reçu un sauf-conduit
pour lui et vingt-cinq personnes afin de se présenter à Rouen, devant le roi d'Angleterre et lui
faire sa soumission, mais ayant refusé de prêter
serment, il se retira à Fontaine-le-Bourg dans une
des possessions de l'abbaye où il était encore en
1422.

Pendant cette absence, la garde du temporel

de l'abbaye ainsi que les droits de justice furent
administrés par les religieux, sous la direction de
l'un deux, dom Philippe de Plumetot, élu en 1421,
etc., avec l'aide d'un receveur, Jean Culerier. C'est
ainsi que par lettres du roi d'Angleterre, données
le 28 septembre 1419, le prince anglais permettait
« à la communauté de l'abbaye de Fécamp, en
« l'absence de l'abbé, d'exercer, tenir et avoir la
« haute justice et juridiction par eux-mêmes, leurs
« officiers, leurs ministres, comme avant l'avène-
« ment du roi (7).

« En outre, par mandement du 29 septembre
« 1419, il était ordonné au bailli de Caux de
« remettre à la justice des religieux de Fécamp,
« toutes les causes pendantes des religieux de
« Fécamp et de leurs tenanciers qui n'auraient pas
« été jugées par lui ; défenses étaient faites de
« troubler de ce chef les dits religieux (8). »

On pourvut aussi à la nomination des officiers
des diverses places militaires et administratives du
pays. L'anglais Jehan Falstoff fut nommé capitaine
de la ville de Fécamp, occupée alors par environ
200 soldats, nourris et soldés sur les revenus
de l'abbaye. Des lettres de protection avaient été
adressées au prieur de Fécamp, lui concédant la
liberté de recevoir les revenus du monastère afin
de faire subsister les religieux et les soldats.

Toutes les places de quelque importance
avaient été données aux Anglais ; quand aux
emplois peu rétribués, ils avaient été vendus au

profit du Trésor royal à des Français plus ou moins scrupuleux. D'après M. Fallue, Raoul Viennens, anglais, avait été nommé lieutenant du bailli de Fécamp ; Pierre Maniel, sénéchal ; Robin du Coudrai, lieutenant du sénéchal.

La perception des droits dus au roi d'Angleterre sur les marchandises qui entraient dans le port de Fécamp était faite au Grenier-à-Sel institué pour la perception de la gabelle. Par mandement du 11 avril 1419, Colin Lohier avait été pourvu de l'office de ce grenier. Guillaume d'Alington avait été nommé contrôleur de ces gabelles et Jehan Legrand, vérificateur ou mesureur. Par lettres de provision du 15 mars 1422, Martin Bertin, bourgeois de Fécamp, succéda à Guillaume d'Alington dans l'office de contrôleur du Grenier-à-Sel.

Regnault Beaufils, cellérier de l'abbaye était, par sa charge, vicomte du port et havre de Fécamp, et il jugeait toutes les contestations ayant trait à la mer (9), sauf les cas exceptionnels où l'autorité militaire intervenait. C'est ainsi que par ordonnance du 14 mai 1420, le roi d'Angleterre avait donné pouvoir à Richard Walstude, Thomas Holgyle, écuyer, Henri Mulso, de Harfleur et Hugues Spencer, capitaine de Lillebonne « de « rechercher ce qu'il était advenu de navires qui « allaient vers la ville du Crotoy pour soutenir les « ennemis du roy. Les dits navires avaient été forcés « de relâcher à Harfleur, Honfleur et *Fécamp* en plus

« ou moins bon état et pris par quelques hommes
« liges du roi, lesquels les avaient cachés plutôt
« que de les mettre entre les mains des officiers
« royaux (10).

A cette époque, l'on fit des travaux assez
importants dans le port de Fécamp. Les comptes
de l'abbaye mentionnent en effet une certaine
quantité de *cervoise*, fournie « aux ouvriers
« employés à la percée du havre, en 1421, 1422,
1427 et 1428 (10). »

Il semble, dit M. Corneille, d'après quelques
documents très diffus et fort obscurs d'ailleurs,
que les principaux travaux exécutés alors furent
un creusement plus accentué de l'avant-port, des
ouvrages pour assurer la facilité de l'entrée,
et deux chasses destinées à expulser les envase-
ments de galet ou autres qui se produisaient à
l'ouverture. Tout porte à croire que c'est à cette
époque que fut construite, en maçonnerie, une
très faible portion de la jetée nord. Cette jetée
existait en effet, lorsque Vauban étudia et dressa
ses projets, et comme, jusqu'en 1694, il ne fut fait
aucun travail au port de Fécamp, il faut en
conclure que cette construction datait de l'occupation anglaise, c'est-à-dire du xve siècle.

Il paraît certain, ajoute M. Corneille, qu'un
ouvrage en maçonnerie, d'égales proportions, fut
élevé en même temps sur le côté sud du chenal,
qui se trouva ainsi fixé entre deux jetées de 15 ou
20 toises de longueur. Mais cette jetée, du côté

sud, fut détruite en 1551 par un coup de mer et le manque de ressources empêcha de la rétablir.

On a peine à se rendre compte de la désolation qui régnait dans nos villes et dans nos campagnes, à la suite de toutes ces guerres ; la situation faite aux habitants, constatée notamment pour les comptes de l'abbaye de Fécamp, compulsés par M. Fallue, pour les années 1430 et suivantes, était véritablement très précaire et déplorable.

Pour faire rentrer l'argent dans ses coffres, le roi d'Angleterre commença par altérer la monnaie ; la livre tournois, qui valait vingt-cinq sous, était tombée à quatre sous quatre deniers, et le montant des contributions était exigé d'après ce nouveau tarif qui ruinait les laboureurs et autres tenanciers.

Pour circuler librement, même dans les campagnes que l'on habitait, il fallait être muni de cartes de sûreté signées de Jehan Falstof, capitaine de Fécamp ou de ses officiers, pour lesquelles on payait quatre sols au profit du Trésor royal.

Les campagnes qui environnaient cette ville étaient désertes : « Celles où il y avait ordinaire-
« ment un grand nombre de gens y demeurant
« n'avaient plus que deux ou trois ménages ; la
« ville elle-même avait été ravagée et il n'y avait
« pour ainsi dire debout que les maisons de
« l'abbaye, la majeure partie de celles des habi-
« tants ayant été arses (brûlées). »

Le rédacteur des comptes de l'abbaye fait

sans doute allusion ici au débarquement clandestin
et à l'incendie allumé par les Anglais vers 1405.

Dans cet état de choses, nul n'osait percevoir
les revenus de l'abbaye « tant par l'absence de
« l'abbé qu'à cause des guerres et chacun en avait
« pris à son plaisir, ce qu'il avait pu recevoir, sans
« en rendre aucune déclaration ou compte, et,
« pour cette cause, le nouveau receveur (Jehan
« Culerier) est obligé de prendre ce qu'il peut
« avoir pour le temps passé, vu qu'il n'y a aucun
« vestige de comptes et qu'on n'a pu obtenir aucun
« renseignement de l'abbé. »

Le capitaine Jean Falstof et ses *soudoyers*
étaient installés dans les plus beaux logements des
forts et du monastère, où ils consommaient la
meilleure partie des revenus de la communauté,
contraignant les bourgeois à les garder en faisant
le guet sur les remparts.

Les Anglais commencèrent, sous la surveillance de Robert Lanceau, lieutenant du capitaine,
à réparer la partie des murs qui avait été détruite
et ils firent établir *plusieurs guérites en bois sur
les remparts pour la sûreté d'icelle forteresse.*

Jehan Culerier était chargé de payer à chaque
trimestre les gages des officiers supérieurs et
subalternes, ceux du sénéchal, du lieutenant du
bailli, etc. Jehan Falstof, notamment, touchait
deux cents livres pour sa part, sans compter les
revenus qu'il s'appropriait ou percevait lui-même
à l'encontre du receveur qui portait pour *néant*

« le revenu de la pêquerie (pêcherie) de Fécamp,
« parce que messire Jean Falstof l'avait tenue et
« recueillie en sa main, sans en rendre aucune
« chose. »

Il faut croire que le tabellion de Fécamp,
Pierre Thibout, clerc, bachelier ès-arts, juré,
notaire en la cour de Fécamp, ne s'était pas soumis
aux nouveaux occupants, car c'était celui de Goderville qui attestait les paiements faits par le receveur. C'est peut-être encore pour cette cause que
l'on avait eu recours, en 1423, à Guillaume Man-
chon et Pierre Cochon, notaires apostoliques,
pour signer le *vidimus* des lettres du Pape sur
certains griefs faits au prieur de Notre-Dame-
Baudouin-Bourg. Or, ce Pierre Cochon fut
précisément l'un des juges infâmes qui condam-
nèrent l'héroïque Jeanne d'Arc.

Le désordre était tel dans les campagnes que
les denrées se vendaient toujours *rendues à la
ville de Fécamp*. On payait des hommes pour
garder les récoltes dans les champs et pour les
faire enlever de suite, car si elles y fussent demeu-
« rées, elles auraient été en danger d'être perdues
« et prises par les gens d'armes étant lors ès garni-
« sons du pays. »

Dans les premiers temps de l'occupation de
Fécamp par les Anglais, ceux-ci étaient toujours
sur le qui-vive et dans la crainte de trahisons de
la part des habitants. Le 10 octobre 1419, le roi
ordonnait au capitaine de Fécamp d'expulser tout

individu inutile à la défense, « qu'aucun homme-
« lige ne soit admis à demeurer dans la place, s'il
« n'est nécessaire à la défense. Si proclamation
« faite de la volonté du roi, on l'y trouve au bout
« de quatre jours, qu'il soit mis en prison jusqu'à
« ce que le roi en ait décidé autrement (12). »

Les voyageurs n'étaient guère en sûreté hors
de la ville, et ils ne pouvaient faire un pas sans
être escortés. Le receveur de l'abbaye mentionne
qu'un jour, notamment, il s'était fait accompagner
de Guillaume Mahieu et de Michaud Falaise, de
Fécamp, parce qu'il n'osait passer par le *doubte
des brigands*. Une autre fois, il va à Caudebec
escorté des mêmes ainsi que de Cardot, Delamare
et de Guillaume Bailhache, tous archers et habitants de Fécamp.

Les officiers eux-mêmes n'osaient traverser le
pays de Caux sans un sauf-conduit qui les préservât
des *brigands*, selon l'expression de Jean Culerier.
Le 28 février 1422, le nouveau capitaine de Fécamp,
Ducher d'Herbouville, qui avait succédé à Jean
Falstof, reprenant ainsi le poste qu'il occupait
avant l'arrivée des Anglais, recevait un passeport
pour lui et deux bourgeois de la ville, afin de se
rendre à la cour du roi d'Angleterre.

Cependant, on peut supposer que peu à peu
le pays s'était pacifié, car nous voyons, par le fait
suivant, que la circulation s'exerçait plus librement
en 1426 : « Le 14 janvier, sur la demande de
« l'abbé de Fécamp, le chapitre de Rouen permet

« à l'organiste Nicolas Crasbouet, de passer un
« mois ou six semaines à Fécamp, pour apprendre
« à jouer de l'orgue aux enfants du lieu, à la
« condition toutefois d'être présent à la cathédrale,
« les jours où l'on doit jouer de l'orgue (13). »

Vingt ans après, quoique les hostilités aient
été reprises, l'abbé de Fécamp envoyait, le 20 mai
1446, Philipot Patrix, à Quetehon, en Cotentin,
pour acheter des chevaux, du prix de quatre livres
tournois chacun. L'année suivante, le 26 août 1447,
le même abbé envoyait, au même endroit, l'anglais
Julien Sommerset, acheter « 5 bons aumeaux
« (chevaux) pour tirer à la charrue, âgés de 3 à 4
« ans, au même prix (14). »

Il ne faut pas s'étonner de cette nécessité
d'aller si loin chercher des chevaux, que l'on
trouve aujourd'hui dans toute la Normandie,
parce que l'élevage des bestiaux avait acquis un
certain développement dans le Cotentin, à l'époque
du moyen-âge, tandis que le pays de Caux, beaucoup plus appauvri par les malheurs de la guerre,
était dépourvu de tout ; les campagnes désertes se
couvraient de broussailles, les chemins disparais-
saient sous la végétation, dit Thomas Basin.

La misère était si grande parmi le peuple (15),
que beaucoup de transactions particulières restaient sans effet, et que nombre de personnes ne
pouvaient remplir leurs engagements. Les Anglais
qui ne toléraient aucun retard dans le paiement des
impôts et de leurs gages, étaient impitoyables

à l'égard des retardataires qu'on amenait à Fécamp, et que l'on renfermait dans les cachots de la forteresse et de la tour de *Babylone.*

Avec le système d'exactions que les Anglais avaient introduit, le malaise du peuple ne pouvait que s'accroître sur tous les points, et ils vinrent encore y mettre le comble à Fécamp, en établissant un impôt d'un dixième sur les biens de la communauté, alors que les revenus indirects de l'abbaye ne produisaient presque plus rien ; ainsi, celui de la saison du hareng, ou *harengaison,* ne fournissait « aucun *avoir,* parce que le *hâble* « de Fécamp coûtait plus à maintenir et à garder « que le revenu ne valait ».

Ce produit, qui était du dixième de la vente du poisson, servait encore à payer les dépenses suivantes : « A dom Regnault Beaufils, célerier du « couvent et vicomte du port et hâble de Fécamp, « pour la peine d'avoir gouverné la dite vicomté, « 16 livres 13 sols 4 deniers. »

« Pour l'hôtel de la vicomté, depuis le 4ᵉ jour « de novembre jusqu'au 1ᵉʳ janvier, pendant quel « temps de la vente, il était occupé par divers « gens, tant mariniers que autres, avec le célérier, « son clerc Jehan Dufrenis, Dondel, Caron et « autres clercs vendeurs, pour pain, cervoise « (bière), chair, bois à feu, chandelle, poisson et « autres nécessités, 12 livres. »

Le tabellionnage de Fécamp fut donné, pour ses gages, à Ricard Noflet, greffier de la juridic-

tion, « pour faire les écritures touchant l'église et
« fournir le parchemin. »

L'office de la prevôté de Fécamp, c'est-à-dire
le droit de percevoir différents droits sur les marchandises entrant dans le port, était affermé à
Gautier Galopin, au prix de 110 sols par an.

Les moulins à blé de cette ville étaient baillés
à Jehan de la Mare et à Colin Hurel ; les moulins
à gru, à Guillaume Goetren, ainsi que la côte de
mer et celle de la *Vigne*, etc.

La justice, qui, au moyen des amendes, pro-
duisait à l'abbaye de Fécamp des revenus appré-
ciables, était administrée, dans cette ville et dans les
campagnes qui en dépendaient, par deux juridictions, l'une spirituelle dite l'*officialité*, dirigée par
un officier appelé *promoteur*, l'autre, temporelle,
présidée par le lieutenant du bailli ou le sénéchal.

Quelques exemples tirés des registres de
l'officialité de Fécamp nous feront connaître des
coutumes et des usages excessivement curieux et
bizarres.

Ces registres font mention de personnes
trouvées mortes sur les grèves, qui ne pouvaient
être inhumées en terre bénite qu'après avis de
l'officialité et seulement dans le cimetière de
Saint-Nicolas. En voici deux exemples : « L'un
« concerne Joly Dumouchel, qui, recueilli sur le
« *hable* de Fécamp et n'ayant contre lui aucune
« sentence d'excommunication, sera inhumé à
« Saint-Nicolas et mis en terre bénite.

« L'autre s'applique à Cardin de Brilly, trouvé au même endroit, le 23 juillet 1416, *qui fut porté enterrer à Saint-Nicolas.* »

Les crimes ou délits qui avaient quelque gravité appartenaient à la juridiction temporelle et se trouvaient dévolus au jugement du bailli ou du sénéchal. C'était pour les réprimer que l'échafaud s'élevait sur la place publique.

L'échafaud du moyen-âge se voyait à Fécamp, dit M. Fallue (16), dans l'enceinte du marché, et portait le nom de pilori. C'était une grosse masse de bois qui tournait sur un des bouts de l'échafaud ; on y attachait les criminels par les pieds et par les mains, et on leur faisait faire un certain nombre de tours, pour les montrer au peuple, que ce spectacle a toujours eu le privilège d'attirer.

Lorsque le crime commis entrainaît la peine capitale, le patient était conduit du pilori à la potence, dressée sous la côte de Fécamp, près de la source qui porte encore le nom de *Fontaine du Gibet.* Dans quelques circonstances même, la tête du coupable était séparée du tronc et placée sur une *étemperche,* à la porte du marché, et l'on cramponnait son corps à un crochet de fer dans l'endroit le plus fréquenté de la ville.

Le pilori parait avoir joué un grand rôle sous la domination anglaise. L'ancienne machine étant tombée de vétusté, on fut obligé de la faire relever, et M. Fallue a retrouvé sur les comptes de l'abbaye, une somme accordée pour « la réparation du

« pilori de Fécamp qui était *cheu* (tombé) ; lequel,
« par ordonnance de justice, fut réparé et mis
« *sus*, pour tourner et mettre deux femmes, qui,
« pour leurs démérites, y furent condamnées, ès
« assises de Fécamp. »

Raoul de la Mare, forestier, avait délivré le
bois nécessaire à cette réparation. Jean Houel,
maréchal, avait « fait le piton de l'arbre du dit
« pilori, l'anneau de la platine du dit piton, et
« l'enclume sur quoi il tourne. » D'autres ouvriers
avaient « aidé à redresser le pilori, par force, en
« présence du maître des œuvres de carpenterie
« de l'abbaye ». Enfin, Rogon, bourreau de la
haute justice de Fécamp, avait touché douze sols
six deniers, pour « avoir *tourné au pilori plusieurs
femmes, par un jour de marché.* »

Si, à cette époque d'excès de toutes sortes,
l'on s'occupait sévèrement de réprimer les infrac-
tions à la morale publique, on délaissait volontiers,
à Fécamp, la santé du corps. Déjà, le 19 mars
1408, l'official de Fécamp avait eu à s'occuper
d'une plainte contre Jehan Bonesgue, *aumonnier*
de Fécamp, pour mauvaise administration des
biens dépendant de son office, et le peu de soin
qu'il prenait de secourir les pauvres et les
lépreux (17).

Il est vrai que, par un acte de 1413, le frère
Nicolas Ducroq avait été établi dans l'office d'*hos-
pitalier* du monastère de Fécamp, vacant par le
décès du frère Simon du Brilly ; mais, d'un autre

côté un compte de l'Infirmerie de Fécamp, en 1435, cité par M. de Beaurepaire (18), nous indique l'absence de médecins dans ce monastère et dans la ville.

Le logement des malades se trouvait à l'abbaye et il n'y avait pour exercer la médecine à Fécamp, qu'une *physicienne* du nom d'Isabelle, qui fut priée, en 1435, particulièrement, d'examiner les urines des malades, d'en donner son avis et aussi de préparer les breuvages réclamés par la position des malades. Il y avait à Cideville une autre physicienne dont la réputation s'était étendue jusqu'à Fécamp.

Cette ville n'était pas mieux fournie en remèdes qu'en médecins.

En dehors de certains remèdes communs, tels que l'eau sucrée, la tisane, les breuvages que préparait Isabelle, les boîtes de Thériaque d'Alexandrie, c'était à Rouen qu'il fallait aller chercher sa provision.

Il n'y avait pas de chirurgien à Fécamp et l'on envoyait quérir celui de Bertheauville, qui se nommait Pierre Delacroix.

Ainsi donc, en 1435, comme le remarque M. de Beaurepaire, malgré l'importance de son port, ce qui devait faire supposer une population assez considérable, Fécamp était privé des secours de médecin. Mais un siècle plus tard, en 1524, il y avait progrès ; on retrouve les noms de deux médecins : Alexandre Bailleul et Thomas Morin.

On voit aussi qu'il y avait alors un apothicaire dans la ville.

Pendant près de seize ans, la ville de Fécamp, comme le reste de la Normandie, subit la domination anglaise, que les vainqueurs crurent avoir définitivement assurée par le supplice de Jeanne d'Arc, en 1431. Les Anglais croyaient si bien avoir asservi les paysans cauchois, qu'ils leur donnèrent des armes pour combattre le brigandage effréné qui existait alors. Les communes armées ainsi, conçurent le projet de se débarrasser des Anglais et elles se donnèrent des chefs dans la personne de *Le Carnier* ou *Le Caruyer* et dans celle de Charles Desmarets, devenu capitaine du château de Rambures, dont il s'était emparé. A ces personnages entreprenants se joignirent plusieurs nobles proscrits et dépouillés, entr'autres Jean de Grouchy, sire de Monterollier.

Cela se passait en 1435. Les amis du dauphin, La Hire, Xaintrailles, le maréchal Pierre de Rieux, guerroyaient en Picardie et dans le Beauvoisis. Ils accoururent à l'appel des Cauchois qui avaient déjà essayé de forcer plusieurs citadelles au pouvoir des Anglais.

A Harfleur, beaucoup de gens du peuple, chassés en 1415, étaient revenus les uns après les autres se réintégrer dans la ville. Ces gens combinèrent un mouvement avec l'armée des communes de Caux. C'est là sans doute l'évènement que la tradition place au 4 novembre 1435 et qui ne

réussit pas. Les Cauchois se retirèrent en bon
ordre et rejoignirent le maréchal de Rieux, qui
avait déjà repris Dieppe aux Anglais.

L'armée de ce général, où se trouvait aussi le
fameux Desmarets, grossie des contingents des
communes, se dirigea sur Fécamp, qui lui fut
rendu la veille de Noël (24 décembre 1435).

Fécamp avait alors pour capitaine le seigneur
de Malleville, qui insista avec l'abbé Jean de
Duremont, pour faire ajouter à la capitulation, que
les vainqueurs demeureraient paisibles dans la ville
et respecteraient les biens du monastère. Les
autres places, Valmont, les Loges, etc., ouvrirent
aussi leurs portes, aux victorieux paysans du
maréchal de Rieux (19).

Les Français s'emparèrent, dans Fécamp, de
quelques navires anglais et permirent aux étrangers, non militaires, de se retirer où bon leur
semblerait ; quant aux gens d'armes et soudoyers,
il existe, dit M. Fallue, des lettres du roi d'Angleterre, faisant une restitution d'argent pour le
rachat des personnes qui avaient été prises gardant
les forts et l'abbaye de Fécamp.

Jean d'Estouteville fut nommé gouverneur de
la place ; elle ne pouvait tomber en des mains plus
fidèles.

Pendant que se passaient ces évènements
heureux pour les Français, la Normandie était
sans gouverneur. Le duc de Bedford était mort ;
Henri VI restait à Westminster. Alors les Etats

de la Province, assemblés à Rouen, avaient envoyé en Angleterre des ambassadeurs, — à la
la tête desquels était Jean de Saane, l'un des
seigneurs normands traîtres à la patrie française, —
pour exposer au roi la gravité des circonstances,
les maux que le pays souffrait et la nécessité d'y
porter remède.

La supplique des Etats fut remise à Henri VI,
le 3 décembre. Les Etats insistaient pour que la
résistance aux entreprises des « ennemis du roi »
fut organisée immédiatement. Le roi répondit
qu'il avait décidé avec l'avis de son Parlement,
« de mettre sus une très grosse et puissante
« armée, et la plus grosse que de memoire d'homme
« passa de là la mer. » Le premier corps de cette
armée devait partir le 1er janvier *si le vent le peut
souffrir* et le reste suivre de très près.

Les députés allèrent attendre à Southampton,
l'effet des promesses de Henri VI. Le 12 janvier,
ils y reçurent la nouvelle de la prise, par les
Cauchois de *Fécamp*, de Montivilliers et de
Harfleur, et ils l'écrivirent au duc de Glocester.

On connaît le texte des « lettres envoyées le
« 16 janvier 1436, de par le Roi et Mgr de Glo-
« cestre, aux ambassadeurs de France et de
« Normandie, estans à Hampton, au retour de la
« dite ambassade ; icelles lettres responsives à
« autres lettres envoyées vers les dits seigneurs
« (le roi et le duc de Glocester) par les dits ambas-
« sadeur quand les nouvelles viendrent des prises

« de Harfleur, Montivilliers, Fécamp, Tancar-
« ville, etc. (26).

« Nous avons sceu que vous avez écrit à notre
« bel oncle, le comte de Glocestre, faisant mention
« de la prise de Montivilliers, Harfleur et autres
« places déclarées en votre lettre, de la demeure
« de votre passage.

« Pourquoi vous faisons savoir que, au regard
« de votre passage, il n'est et n'a été retardé
« que par la faulte de ce que les nefs qui ont
« piesça esté ordonnées en grand nombre pour
« aller au port en quoy vous estes, n'ont eu aucun
« vent propice pour y arriver.

« Au surplus mandons aux capitaines des
« gens estans illecques sur leur passage, que si le
« vent leur fut propice que dans ès quinze vesseaux
« et nefs dont écrivez et autres qui parviendront,
« ils passent et fassent passer ce qui pourront
« bonnement de leurs gens, en vous conduisant le
« plus favorablement et amiablement que faire le
« pourront, car nous savons bien que vos pre-
« sences seroient et sont bien convenables, voir
« necessaires, chacune en son lieu, pour recon-
« forter et donner bon courage partout où vous
« verrez qu'il sera à faire; et vous prions que ainsi
« le faciez et au surplus ayez bonne espérance en
« Dieu par le moyen de sa divine grâce et à l'aide
« de nos loyaux vassaux et sujets lesquels feront
« avancer en toute hâte possible, les dites places
« seront recouvrées et autres à la confusion de nos

« ennemis. Donné en notre bonne ville de Lon-
« dres, le 16 janvier ».

Les ambassadeurs attendirent à Southampton, jusqu'à la fin de janvier, le départ de la première division de l'armée anglaise. Pendant ce temps, Talbot et le comte d'Arundelle parcouraient le pays de Caux, sans réussir à prendre aucune place. Mais, dit un chroniqueur contemporain, Thomas Basin, « le duc d'York conduisit en Normandie « une armée de dix mille hommes et plus, et « aborda au rivage du pays de Caux, pour « assiéger le célèbre monastère de Fécamp qu'il « prit, non sans de grands efforts et sans grand « dommage de son armée. Par suite de la devasta- « tion du pays, un grand nombre de ses soldats « perirent dans un camp, de la famine et de la « peste ».

On n'avait, dit M. Hellot, sur les conditions de cette capitulation (21), que le témoignage de Monstrelet, d'après lequel « en ces jours, les « Anglais mirent le siège devant Fecamp et y « furent environ trois mois. En la fin duquel « temps, ceux du dedans se rendirent moyennant « que de là se departiraient saufs leurs corps et « leurs biens. Mais en assez briefs jours en sui- « vans fut reconquis par les Français. Il y avait « alors très grand guerre par toute la Normandie, « et se faisaient très souvent diverses rencon- « tres entre les parties ».

Monstrelet parle en dernier lieu de la reprise

de Fécamp par les Français, à laquelle nous ferons allusion plus loin.

Un document inédit jusque-là, retrouvé par M. Hellot, aux archives de la Seine-Inférieure, dans le *fonds de Fécamp*, va nous apprendre que si la garnison put sortir, bagues sauves, de la forteresse, les gens de la ville et du pays voisin, qui s'y étaient réfugiés, ne furent pas quittes à si bon marché.

En outre, la chronologie de l'histoire cauchoise pour les années 1435 et 1436, présente tant de lacunes regrettables, qu'il faut se féliciter de pouvoir, grâce à la quittance que nous allons reproduire, d'après M. Hellot, assurer que la reddition de Fécamp, précéda de peu le 6 novembre 1436, et que l'abbaye fut de nouveau enlevée aux Anglais vers la fin de ce même mois.

On remarquera dans cette pièce, à titre d'indication curieuse sur les ressources de chaque catégorie d'assiégés, que les religieux furent taxés au tiers de la rançon (dont partie fut versée comptant), que le clergé séculier fut imposé à un autre tiers, et les laïques tous ensemble au surplus.

Les 3,300 saluts d'or, exigés par le vainqueur, valaient de 25 sous à 28 sous 4 deniers la pièce. En monnaie actuelle, dit M. Hellot, ils représenteraient de 80 à 90,000 fr.

« Richard, duc d'York, comte de la Marche
« et de Ulvesire, lieutenant general et gouverneur

« des royaumes de France, pays et duché de
« Normandie. A tous ceux qui ces presentes
« lettres verront salut.

« Comme puis nagueres, à l'aide de Dieu,
« notre créateur, nous aions reduit et remis en
« l'obeissance de Monseigneur le Roy de France
« et d'Angleterre, la ville, forteresse et abbaye de
« Fescamp, que par avant tenoient et occupoient
« les ennemis et adversaires de mon dit seigneur
« le Roy, et ait esté composition faite que, pour
« salvacion de corps et biens de ceux qui estoient
« en la dite forteresse, ils nous rendroient et
« paieroient la somme de trois mille trois cens
« saluz. En entretenant laquelle composition
« iceulx de dedans la dite forteresse aient partie
« (repartie) et distribuée la dite somme de trois
« mille trois cens saluz à être cueillie et paiée par
« entre eulx en trois parties, c'est assavoir : l'une
« partie par l'abbaye et religieux du dit lieu, autre
« partie par les prestres et gens d'église seculiers,
« et l'autre partie par les bourgeois et commun
« du dit lieu et par les autres gens seculiers du
« dit pays estans lors en la dite forteresse ; et
« aussi aient fait paiement de partie de la dite
« somme et pour la sécurité du résidu aient esté
« prins certains hostagiers (otages) tant religieux,
« prestres seculiers, comme bourgeois, marineans,
« et gens de mestier.

« Savoir vous faisons que par les religieux
« hostagiers pour la dite composicion, a aujour-

« d'hui esté paiée, baillée et délivrée en ceste
« ville de Rouen, ès mains de Guillaume Glou-
« cestre, escuier, pour le fournissement et par-
« paiement de la quote-part à quoy ladite abbaye
« et religieux d'icelle sont et ont esté assis, la
« somme de 5o6 saluz d'or, outre et par dessus
« ce qu'ils paieront le jour de *nostre entrée* au dit
« Fescamp.

« Et partant nous avons quitté et quittons
« par ces présentes, et si promettons faire tenir
« quittes et paisibles vers tous et contre tous
« la dite abbaye et les religieux d'icelle, tant hos-
« tagiers comme autres, de tout ce qui, à cause
« de la dite composicion, leur seroit et pourroit
« estre demandé, ores et pour le temps advenir,
« en aucune manière.

« Et icelle abbaye, les religieux et biens
« quelconques d'icelle, avons pris et mis sous la
« protection de mon dit seigneur le Roy, etc.

« Donné à Rouen sous notre scel, le mardi
« sixième jour de novembre 1436. Par monsei-
« gneur le duc, lieutenant-général et gouverneur.

« (Signé) : BARNABY, avec paraphe. »

Les Français ayant repris Fécamp très prompte-
ment, on se demande, avec M. Hellot, quel fut
ensuite le sort des bourgeois, marins et gens de
métier, emmenés en otage par le duc d'York pour
s'assurer le recouvrement du reliquat des 1.100
saluz d'or à la charge des laïques. Quant aux

prêtres séculiers, à part les ennuis de la captivité, le caractère dont ils étaient revêtus les mettait à l'abri de la vengeance du duc d'York.

Cette reprise de Fécamp sur les Anglais avait été opérée, d'après le contemporain Thomas Basin, grâce à un souterrain ignoré des Anglais, mais connu des Français qui étaient partis de la ville ; les Anglais qui s'y trouvaient furent tués ou réduits en captivité.

Notons ici que le souterrain dont nous venons de parler, et dont on se servit encore lors des guerres de Religion, était probablement une des galeries formées d'anciennes carrières de pierres qui existent toujours sous une partie de la ville de Fécamp.

D'après M. Fallue (22), l'ancien capitaine de la ville, Jean d'Estoutteville, avait paru se diriger sur Dieppe, et par une habile contre-marche, il était venu se cacher dans les bois de Valmont. Lors du départ du gros de l'armée anglaise, il était tombé sur la faible garnison qui gardait le fort de Fécamp, laquelle s'était trouvée surprise, car elle était sans crainte et sans défiance.

Le maréchal de Rieux resta pendant quelque temps à Harfleur, gouvernant le pays au nom du roi de France, Charles VII, qui avait fait son entrée à Paris, après en avoir chassé les Anglais, dont le pouvoir était à son déclin. Jean d'Estoutteville quitta la forteresse de Fécamp, pour aller occuper les hautes fonctions de capitaine de la ville de Harfleur, où il était en 1440.

L'anglais Talbot, qui attendait une occasion de ressaisir les villes qu'il avait perdues, notamment celle de Harfleur, vint l'investir au mois d'avril 1440, tant par mer que par terre. Après avoir tenu pendant quatre mois, Harfleur dut se rendre de nouveau. Montivilliers suivit son exemple, et il est probable que Fécamp subit le même sort, car on le retrouve, à ce moment, occupé par les Anglais.

Le mauvais état des affaires du roi d'Angleterre amenant journellement des défections dans son parti, plusieurs habitants de Fécamp quittèrent furtivement leurs foyers pour rejoindre les troupes du roi de France. Trois d'entr'eux furent pris par un détachement d'archers anglais, et conduits à Caudebec, où ils furent mis en jugement et pendus ; le maître des hautes œuvres de cette juridiction reçut, par ordonnance du bailli de Caux, pour son salaire, dix-huit sous six deniers, à raison de cinq sous par homme et trois sous six deniers pour les cordes et les gants qui avaient servi à l'exécution (23).

L'autorité anglaise fit vendre les maisons et les fiefs des fugitifs de Fécamp, et les acquéreurs furent tenus de payer les redevances dont ces biens étaient grevés au profit du monastère.

L'occupation anglaise dura encore plusieurs années à Fécamp, quoique les soldats de cette

nation fussent en petit nombre. Le célèbre Demaretz saisit le moment opportun de reprendre la ville, au mois d'avril 1449, avec la garnison de Dieppe; comme nous l'apprennent les *Chroniques de Normandie* (24) : « Durant ce temps, ceux de
« la garnison de Dieppe, sous le roi de France,
« surent qu'il y avait peu d'Anglais à la garde de
« l'abbaye de Fécamp, qui était port de mer, si y
« allèrent secrètement et le prindrent. Et tantot
« après arriva au dit port de Fescamp, une nef qui
« venait d'Angleterre en laquelle avait 98 Anglais
« qui venaient pour cuider estre en garnison en
« la dicte abbaye cuidant (croyant) qu'elle fust
« encore en leur obéissance. Les Français les lais-
« sèrent descendre et les prindrent tous prison-
« niers. »

Toutes les villes fortifiées de la Basse-Normandie furent successivement reprises à cette époque. Rouen, Caudebec, Tancarville, Montivilliers capitulèrent également. La garnison anglaise de Harfleur, seule, ne voulait pas se rendre : Charles VII fit avancer une armée devant cette ville et profita de quelques jours de loisirs pour visiter Montivilliers, et pourvoir à la nomination de commandants pour cette place et celles de Fécamp et de Valmont. Jusque-là une partie de la garnison de Dieppe avait été laissée à Fécamp, ainsi que l'écrivait Guillaume Cousinot au comte de Foix.

M. Fallue ajoute que Charles VII vint à Fécamp lorsqu'il était à Montivilliers ; le fait peut

être vrai, mais nous ne connaissons aucun texte
précis qui le mentionne.

Ainsi s'est terminée l'occupation anglaise qui
avait causé tant de ruines en France et spécialement en Normandie.

Toutefois, il faut remarquer que la ville et
l'abbaye de Fécamp avaient obtenu quelques adou-
cissements, au milieu du malheur général, grâce à
l'influence de l'abbé de Fécamp, Gilles de Duremont, l'un des juges iniques de Jeanne d'Arc et
par conséquent au mieux avec les fonctionnaires
anglais, ce qui lui valut l'évêché de Coutances.
Les avantages financiers procurés au pays par cet
abbé, sont constatés dans cet extrait du chartrier
de Fécamp où l'on mentionne, notamment : « qu'il
« avait déchargé l'église de Fécamp de plusieurs
« charges, tant de gens de guerre comme autre-
« ment et fait nouvellement de grosses et somp-
« tueuses dépenses à cause des guerres présentes,
« indépendamment d'une somme de 1.000 saluts
« d'or versés à Jehan de la Haulle, son succes-
« seur, pour convertir aux affaires et au bien de
« l'église. » (25).

CHAPITRE VI

FÉCAMP DE 1450 A 1563

*Charges de guerre. — Incendie de l'abbatiale — Reconstruction des églises — Réorganisation de la justice
— Fortifications supprimées puis rétablies — Topographie de la ville — La Renaissance et l'église
Saint-Etienne — Les tapisseries de l'abbaye —
Les artistes et les maçons — Les ports normands
— Fondation du Havre de Grâce — Armements
maritimes — Voyages de François Ier et de Henri
II — L'amirauté et le franc-salé — Les écoles —
La botanique — La réforme et ses troubles — Menées
des Anglais — Voyage de Charles IX et de Catherine de Médicis.*

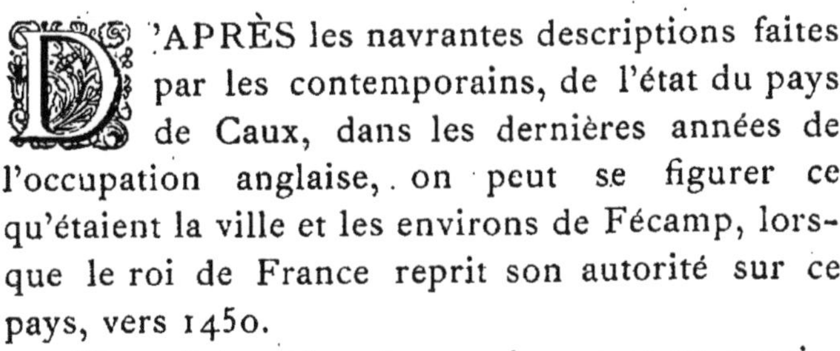

’APRÈS les navrantes descriptions faites
par les contemporains, de l'état du pays
de Caux, dans les dernières années de
l'occupation anglaise, on peut se figurer ce
qu'étaient la ville et les environs de Fécamp, lorsque le roi de France reprit son autorité sur ce
pays, vers 1450.

Tout d'abord les charges de guerre ne parais-

saient pas de nature à diminuer, car c'est à partir
de 1450 que la Normandie fut appelée à participer
aux dépenses nécessitées par l'entretien des gens
de guerre. On le peut connaître en étudiant la
répartition des charges de cette province proposée
par le Roi, aux Etats de Normandie, en vue de l'expédition projetée en Guyenne. Pour l'entretien de
800 lances et de 800 petites paies, la Normandie
était taxée à 400,000 livres. En considération de
la misère des habitants, la demande fut réduite à
290,000 livres comprenant 600 lances et 450 petites
paies (1).

Dans ce chiffre, par mandement du 21 avril
$\frac{1450}{1451}$, Dieppe avait été taxé à 64 petites paies et
Fécamp pour huit petites paies (2). Chaque paie
représentait une somme de dix francs, solde d'un
soldat par mois, ce qui était très élevé eu égard à
la valeur et à la rareté de l'argent à cette époque.

Les habitants de cette ville n'étaient pas encore
arrivés au terme de leurs maux, car, dix ans après,
une catastrophe vint de nouveau ruiner une partie
de leur magnifique église abbatiale, respectée par
les envahisseurs d'outre-Manche.

Un contemporain, Jacques du Clercq, conseiller de Philippe le Bon, duc de Bourgogne (3),
rapporte, en effet, qu'en 1460, le 1ᵉʳ février, « se
« leva sur les marches de Normandie, en la mer
« (et le veirent plusieurs hommes) ung tourbillon
« de feu lequel s'éleva en l'air et, en manière de
« fouldre du chiel, vint fondre et abattre les

« clocques et le cloquier (clocher) et environ la
« moitié de la nef de l'abbaye et église de Fescamp,
« en Normandie, et fut la fouldre sy impétueuse
« que merveilles. »

Ce désastre ajoutait encore aux ruines déjà
nombreuses qui se voyaient aux églises de la
ville, à tel point que pour faire face aux dépenses
occasionnées par la restauration de ces édifices,
dit M. Fallue, le pape ordonna une levée de
décimes. Des particuliers s'empressèrent de concourir à cette œuvre de piété, aussitôt que les
temps devinrent meilleurs : Me Jean Bénard,
prêtre, donna à l'église Sainte-Croix, une partie
du clos de la Couture, assis sur les paroisses de
Sainte-Croix et de Saint-Étienne. Jérôme Gosse
offrit à l'église de Saint-Ouen, une maison et un
jardin, situés dans cette paroisse, le long du cours
de la *Voûte*.

D'un autre côté, l'abbé de Fécamp acheta d'un
sieur de Bérigny, et moyennant 20 sols de rente,
une masure située sur les fossés du Fort.

La politique de Charles VII, en accordant à
la France les douceurs de la paix, était favorable
au relèvement de la fortune du pays et spécialement de Fécamp. Sur les instances de Jean de la
Haule, abbé de cette ville, le monarque accorda,
le 17 octobre 1450, aux habitants, le droit de prélever une certaine quantité de sel, dégrevé d'impôt,
à raison des maux que la guerre avait occasionnés
à leur ville ; il en fut accordé deux muids par an

pour l'usage du monastère. C'était un premier pas
vers l'exonération d'un impôt aussi lourd et aussi
impopulaire que celui des gabelles. Henri II dé-
veloppa encore ce privilège en 1549, lors de son
voyage à Fécamp.

Charles VII veillait à ce que rien ne troublât
l'ordre qu'il avait remis dans le royaume, à ce que
la police des villes fût meilleure qu'elle ne l'avait
jamais été et que la justice fût égale pour tous.

On en avait grandement besoin à Fécamp, car
pendant le gouvernement militaire des Anglais, le
despotisme avait remplacé les formes de la justice;
la grande pièce où se tenait la *Cohue*, c'est-à-dire
le Tribunal de l'abbé, avait servi d'écurie, et le
mobilier avait été brûlé.

La procédure suivie à l'officialité fut donc
réformée et réglementée en 1462, sous l'administration de Robert Heldos, official, et l'analyse du
règlement alors élaboré donne une idée des abus
qui régnaient dans la haute justice de Fécamp (4).

D'abord, l'abbé de Fécamp se plaint des entra-
ves que *les avocats apportent dans les affaires*,
pour les prolonger au-delà des bornes ; il se propose, à ce sujet, d'imposer un frein salutaire à la
fureur des procès. Les citations seront remises en
ville et dans la banlieue par l'appariteur de la Cour,
et, au-delà de la banlieue, par les curés des villages soumis à la juridiction de l'abbaye. Ces citations devront être remises à la personne appelée,
sept heures avant le jugement, si elle demeure en

ville ; le délai sera de deux jours si l'assigné est éloigné de cinq lieues ; quatre jours pour dix lieues et ainsi de suite selon les distances.

A neuf heures du matin, l'official doit être sur son siège ; et si les personnes citées sont absentes, elles seront réputées contumaces. Si ces contumaces sont des clercs, leur nom sera inscrit sur le registre des excommunications, à dix heures du matin ; et s'ils ne paraissent pas, ils seront condamnés à l'amende et excommuniés. Personne ne pourra être relevé de l'excommunication, s'il ne paie l'amende et s'il ne demande humblement l'absolution.

Si quelqu'un des avocats, des procureurs, des notaires ou des plaideurs s'emportait en injures contre le juge, il paierait 5 sous pour la première fois, 10 sous pour la seconde, 15 pour la troisième ; le tout applicable à l'achat d'un luminaire pour l'église. Si ce sont des clercs qui troublent la *juridiction ecclésiastique*, ils subiront les peines de droit, et l'Official pourra les faire retenir dans les prisons de l'abbaye.

Le juge devra, autant que possible, abréger les procédures, en repoussant les incidents, les débats sans fin des avocats, des procureurs et des notaires, et diminuer la multitude des témoins.

Il paraît qu'au détriment des plaideurs qui gagnaient leurs procès, des avocats de la Cour trafiquaient de faux arrêts et délivraient des expéditions donnant gain de cause à ceux qui les payaient davantage ; pour remédier à cet abus, il est établi, près de la Cour, un notaire-juré, ayant la confiance des parties, lequel transcrira tous les actes relatifs aux jugements.

Comme on avait aussi à se défier des hommes de loi, qui se faisaient payer des honoraires excessifs, le même règlement décide que les avocats, tant pour leurs salaires que pour la signature apposée aux actes, ne pourront être rémunérés au-delà de 18 deniers tournois. Le procureur aura 9 deniers par jour, et le notaire moitié des émoluments produits par le sceau du tribunal.

A partir du règne du Louis XI, dit M..Fallue, on ne trouve plus aucun acte de haute justice dans l'Officialité de la ville, parceque les grands criminels étaient envoyés à Caudebec, quand ils devaient subir le supplice de la potence, ou à Rouen, si le crime entraînait la peine du feu ou de la roue ; il ne restait à Fécamp que les punitions à infliger pour simples vols ou délits, lesquels seraient, aujourd'hui, du ressort de la police correctionnelle. En voici un exemple :

En 1534, l'Official de Fécamp condamna Jehanne Fiquet à être exposée et fustigée, pour avoir *robé* (volé). L'ancien pilori avait disparu de la place du Marché, et était remplacé par une masse de maçonnerie élevée seulement de 4 à 5 pieds de la surface du sol, cet échafaud était placé dans l'enceinte de la ville, écrit M. Fallue ; tout le monde se souvient d'en avoir vu les restes ; on l'avait surmonté de plusieurs poutres contre lesquelles étaient fixés les individus qu'on y exposait pendant quelques heures.

Jehanne fut placée contre l'une de ces poutres, les mains attachées et la tête nue, et on lui passa autour du cou un carcan ou collier de fer qui était large sur le devant et contraignait ainsi la patiente à tenir la tête élevée, en regard du public.

Après deux heures de cette gênante exposition, l'exécuteur des décisions de l'Official monta sur l'échafaud et fustigea, avec de longues *verdettes* (baguettes), la condamnée qui fut remise ensuite en liberté.

Les vols avaient été d'abord assez fréquents dans le marché ; on trouva moyen d'y apporter remède, à l'aide de hautes murailles dont il fut entouré. Aussitôt qu'un vol avait été commis, on en prévenait les collecteurs de la coutume, c'est-à-dire de la taxe payée par les marchands ; ces collecteurs fermaient immédiatement les portes de l'enceinte et tout le monde était visité à la sortie ; les voleurs n'ayant d'autres chances que d'être découverts ou d'abandonner leurs larcins cessèrent tout à fait un genre d'industrie qui ne pouvait que leur être funeste (5).

Rappelons aussi, pour mémoire, une procédure suivie à cette époque, contre le sieur La Grenet, tenancier d'une maison nommée la *Triperie*, sur la paroisse Saint-Léger (6).

Le roi Louis XI voulant attaquer l'immutabilité de la propriété féodale, et prendre le point d'appui de son pouvoir dans la bourgeoisie des villes, aimait à lui concéder les privilèges de la noblesse. C'est ainsi qu'en 1473, l'un des plus riches habitants de Fécamp, nommé Nicolas Cacherat, obtint des lettres d'anoblissement, moyennant le versement de 100 écus d'or (7).

Toujours dans le même but, c'est-à-dire pour ôter tout refuge au pouvoir féodal, Louis XI allant à Dieppe et passant par Fécamp, défendit aux religieux de cette ville de réparer les murs de leur forteresse. Cette suppression des fortifications contribua à l'agrandissement de l'enceinte abbatiale du côté du nord : Les religieux s'emparèrent presque aussitôt des fossés du château pour y tracer des jardins qu'ils entourèrent, malgré la volonté du roi, d'un nouveau mur d'enceinte muni de créneaux ; cette muraille se voit encore dans certaines parties, vers Saint-Etienne.

La place de Fécamp continuait d'être gouvernée par un capitaine qui était alors Guillaume Bachelier. Celui-ci avait pour lieutenant Raoul Viennens, qui fut dispensé de participer à la revue ou montre des nobles, passée le 31 décembre 1470.

Ajoutons que l'on reconnut, vingt ans après, qu'il était imprudent de laisser ainsi les places frontières sans fortifications et à la merci de l'ennemi héréditaire. Le successeur de Louis XI, Charles VIII, rendit, le 5 mars 1490, une ordonnance prescrivant de réparer les fortifications

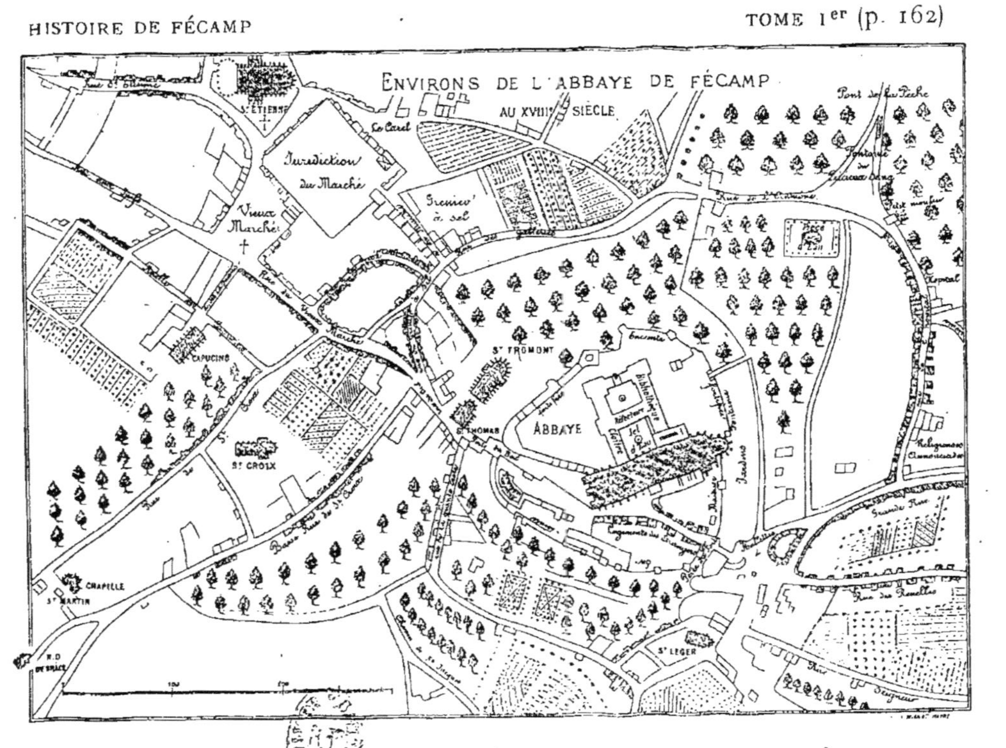

EXTENSION DES DÉPENDANCES DE L'ABBAYE A LA FIN DU XVe SIÈCLE

Pl. XX.

« dés lieux, villes, places, ports et havres, fort
« dàngereux et de très grant garde du couté de
« Caux et dy faire bésongner par journées et char-
« roy les gens du plat pays, villages, bourgs et
« lieux, jusques à quatre lieues ou environ, à la
« moindre foulle et charge de nostre peuple que
« possible sera, et dy faire contribuer toutes ma-
« nieres de gens quels qu'ils soient, à certaine
« somme de deniers, en regard aux terres, rentes
« et revenus qu'ils y ont ; non compris en ce, les
« gens d'église, sinon à leur voullenté, sauf et
« réserve seullement ceulx qui ont leurs placcs,
« ports et havres sur la dite coste de la mer,
« *comme l'abbaye de Fecamp.* » (8).

Le service militaire fut de nouveau exigé des
hommes de l'abbaye, avec beaucoup d'exactitude
et de sévérité. Plusieurs habitants ayant refusé de
faire le guet aux portes des forts et du monastère,
furent condamnés par l'Official à payer 6 sols
d'amende, sur la réquisition de Nicolas Thibout,
sergent des bourgeois.

Afin de remettre un peu d'ordre dans sa fortune, l'abbaye de Fécamp fit dresser, en 1464, le
dénombrement de ses biens à Fécamp et dans les
environs. Ce document (9) nous fournit des renseignements précieux sur la topographie de la ville
et sur ses rues, dont plusieurs existent encore, et
sur les quartiers dont elle était formée.

Indépendamment des rues de la *Mer*, de la
Froide, déjà citées, il y avait aussi à cette époque et

rue aux *Juifs*, ainsi désignée à cause des habitants qui y demeuraient et qui prêtaient de l'argent aux seigneurs du pays.

Dans la paroisse de Sainte-Croix, se trouvaient la rue du *Baille*, à l'angle de la *Basse-rue-Sainte-Croix* ; la rue de la *Vicomté*, la rue de *Mer*, la rue *Herbeuse*, la rue *Hellande*.

Une seule rue est citée pour les paroisses de Saint-Benoist et de Saint-Thomas, c'est la rue *Arcaise*. On trouve la rue du *Marché* dans la paroisse de Saint-Fromond.

On retrouve dans la paroisse de Saint-Léger, la rue *Seigneur*, la *Grand'rue* et la rue *Saint-Léger*. Enfin, dans la paroisse de Saint-Nicolas existe la rue de ce nom.

La paroisse de Saint-Etienne est limitée d'un côté par les prés ou marais qui s'étaient consolidés et exhaussés progressivement. La partie la plus élevée et rapprochée du côteau s'appelle le *vieil marest* qui borne le *mur du marché*, où il se trouve encore aujourd'hui, c'est-à-dire sur la paroisse de Saint-Etienne. *Le* dénombrement de 1464 mentionne de ce côté des fieffes ou concessions de terrain qui étaient sans doute toutes récentes.

Le marché avait été transféré à cet endroit à une époque que nous ne saurions préciser, mais les Halles étaient restées auprès de l'église de Saint-Léger. C'était sur cette paroisse que se trouvait l'emplacement de l'ancien marché. Aussi

Jean Cousin, l'un des tenanciers de l'abbaye dans la paroisse Saint-Léger, est-il inscrit pour sa *maison en vieil marché*, Robinet, pour sa maison devant les *hallettes ;* un autre, pour un *étal* et *hallettes en la Boulangerie ;* un autre, pour un *étal en la halle aux bouchers.*

A cette époque de 1464, les ruines causées par les Anglais n'avaient pas encore disparu, car on mentionne comme tributaire de l'abbaye : « Robin « de Gaillon, pour une place où il souloit une « maison en laquelle demeurait le dit Gaillon qui « fut arse (brûlée) par les Anglais. » Même citation pour la maison de Thomas Osmont.

Avec le règne de Louis XI finit le moyen-âge ; c'est le moment où la France s'achemine vers des destinées nouvelles. La deuxième moitié du xv° siècle avait fait renaître et se répandre en Europe le goût et la culture des lettres et des arts. Cette renaissance qui a donné son nom à une ère nouvelle dans l'architecture, fût sans doute puissamment favorisée par les abbés de Fécamp, Jean de la Haule, Jean Balue et Antoine de la Haye, qui ont successivement joué un rôle influent à la Cour de France. De plus, Jean Balue, retiré en Italie, devenu évêque d'Albano et de Fenestre, en même temps qu'il était abbé de Fécamp, avait acquis beaucoup de crédit auprès du Saint-Siège. Le Pape Sixte IV lui avait donné plusieurs missions qui lui avaient permis de revoir son abbaye et de communiquer à ses religieux, surtout au point de vue artistique, les idées nouvelles importées de l'Italie.

Les habitants de Fécamp trouvent dans leur ville des facilités toutes particulières pour étudier et juger des spécimens de l'architecture dite de la Renaissance. A l'abbaye, on admire en ce genre : la chapelle de la Sainte-Vierge ; le maître-autel et le tabernacle en marbre blanc renfermant la relique du Précieux-Sang ; les clôtures en pierre des chapelles. D'autre part, l'église Saint-Etienne, quoique inachevée, est un échantillon fort curieux de cette architecture si gracieuse et si décorative.

Enfin, à la même époque, c'est-à-dire dans les premières années du XVIe siècle, les autres églises de Fécamp, notamment celles de Sainte-Croix, de Saint-Nicolas et de Saint-Fromond, furent restaurées selon le goût du jour.

Ces églises étant actuellement complètement rasées, il serait difficile d'en reconstituer la description et de se rendre compte des ornements qu'elles renfermaient ; tout ce que l'on sait, c'est que quatre autels furent bénis dans l'église de Saint-Fromond le 19 septembre 1512 (10).

La nouvelle église Saint-Etienne, pour la partie qui était construite alors, c'est-à-dire pour le transept, le portail sud et la tour, fut dédiée le 31 mai 1507, par Toussaint, évêque de Thessalonique, qui se trouvait à Fécamp (11).

Nous empruntons à la plume si autorisée du savant abbé Cochet, la description de la partie de

PORTAIL MÉRIDIONAL DE L'ÉGLISE SAINT-ÉTIENNE

(D'après un dessin de V. Hamel)

Pl. XXI.

l'église Saint-Etienne construite dans les premières années du xvie siècle (12):

« Le transept de cette église annonçait des proportions grandioses, et ne tendait rien moins qu'à enfanter un des plus beaux édifices du pays. On sait combien le xvie siècle était riche dans ses détails et hardi dans ses conceptions. On peut le voir encore dans les églises non achevées de Saint-Remy de Dieppe ; de Saint-Martin de Harfleur ; de Notre-Dame d'Arques ; de Saint-Jacques du Tréport ; de Notre-Dame d'Envermeu ; de Saint-Nicaise, de Saint-Patrice et de Saint-Vincent de Rouen et aussi de Saint-Pierre de Manneville. Jamais siècle n'a commencé plus d'églises sans en terminer aucune. La Réforme, on le sait, est venue lui couper les bras. »

« Le portail de l'église Saint-Etienne, placé sur le transept méridional est un pignon, nu dans sa partie inférieure, et flanqué de deux tourelles octogones, hérissées de contreforts et drapées de panneaux simulés à crochets. Un casqué squammé les recouvre et la bordure du casque est découpée en dentelle de pierre ; des vases de fleurs, soutenus par des branches, semblent former le panache et les aigrettes. Près de chaque tourelle est un contrefort rentrant couronné par une statue.

« L'ouverture du portail est une ogive en accolade qui se partage par deux portes en doucine. A droite et à gauche sont des niches supportées par de simples saillies ogivales. La voussure a deux rangs de feuilles de chardon terminées par des renards ou rats d'eau, puis un rang de statues qui paraissent assises sur leurs socles, presque toutes les têtes sont cassées. Sur le tympan, un bas-relief représente le martyre de Saint-Etienne : deux fois lui-même il a été martyrisé, en 1562 et en 1793.

« Le transept nord, qui forme le pendant du portail sud, est une grande ogive encadrant deux fenêtres flamboyantes. L'accolade est couronnée par un socle en feuilles de chardon sur lequel est posé une statue qui tient à la main un masque qu'elle arrache de sa figure. Le peuple dit qu'elle représente un jeune homme qui fût frappé de mort en entrant avec un *faux visage*, dans l'église de Saint-Etienne, le jour des Quarante-Heures. M. Germain voit dans cette statue le symbole de l'hypocrisie, dont le voile déchiré prouve qu'elle n'en impose qu'aux hommes, jamais à Dieu. »

« Entrons maintenant dans l'église : ce qui frappe le plus à première vue, c'est la hauteur des transepts, la grosseur des piliers, en un mot les vastes proportions du plan primitif. On sait du reste que tout l'espace renfermé entre le clocher et le sanctuaire n'était en principe destiné qu'à former le chœur.

« Le clocher de Saint-Etienne est supporté par quatre grosses colonnes qui affectent un peu toutes les formes, mais le plus souvent la forme circulaire. Elles sont massives, ceintes au milieu par un cordon de fleurs et tapissées en haut par de délicieux panneaux simulés dans le style dentelé du XVIᵉ siècle.

Ces deux transepts sont riches de détails. Celui du midi renferme plusieurs socles de statues de fort bon goût et un très joli bénitier faisant corps avec l'édifice. C'est une niche gothique recouvrant une cuve fleurie supportée par une colonne en spirale.

A droite et à gauche du portail sont de petites portes pour les escaliers des tourelles. Ces deux portes ressemblent singulièrement à celles du Trésor de Saint-Remy de Dieppe, et du Manoir d'Ango, à Varengeville. L'une, à angle rompu, a pour chapiteau des phylactères et des génies, et pour couronnement des vases à fleurs. L'autre présente un fronton de génies à ailes d'anges, terminées par des fleurs et des feuilles ; des vases fleuris la surmontent également.

Le transept du nord est particulièrement intéressant. Il renferme deux chapelles non achevées, une corniche très ornementée, des arceaux qui commencent et ne finissent pas ; c'est, à la fois, le début et la ruine d'une grande œuvre.

Les ornements des églises n'étaient pas moins riches que les édifices qui les renfermaient, témoin les belles tapisseries de l'abbaye de Fécamp.

Don Mareste mentionne dans son histoire manuscrite de l'abbaye de Fécamp, comme étant dues à la munificence de Antoine de Boyer, abbé

de Fécamp en 1503, un certain nombre de « tapis-
« series bleues et fleurdelisées en jaune qui étaient
« tendues tous les jours dans les chaises du chœur
« et les autres à personnages que l'on y tendait
« pour les grandes fêtes. » (Voir en Appendice le
texte de ces tapisseries).

Nous ne connaissons point d'une façon très
précise tous les maîtres de l'œuvre auxquels on
doit l'exécution des beaux travaux d'architecture exécutés à Fécamp dans les dernières années
du xv° siècle ; mais nous pouvons, au moins, citer
Jacques Le Roux, *machon* de Rouen, qui fut
chargé en 1489 d'édifier, dans le délai de six ans,
la chapelle de la Vierge, telle qu'elle existe encore
dans l'ancienne église abbatiale, décrite avec tant
de soin par M. Leport. Il avait construit à Rouen
l'Hôtel des Finances, en face du portail de la
cathédrale de Rouen, et beaucoup d'édifices remarquables. Peut-être pourrait-on, sans trop de témérité, lui attribuer la construction du transept de
l'église de Saint-Etienne de Fécamp.

Ce n'est pas à dire que Fécamp fût dépourvu
d'artistes et de maîtres maçons. Un religieux de
l'abbaye, Robert Chardon, s'était fait une réputation de sculpteur dans la décoration du magnifique jubé établi dans l'abbatiale vers 1500. Il
était tout à fait apte à décorer le tympan du portail
méridional de Saint-Etienne où l'on voit encore
les traits mutilés de personnages fort bien dessinés.

La profusion de sculptures et d'ornements en

chardons que l'on observe dans l'église Saint-Etienne peut confirmer cette opinion et composerait, sous forme de rébus, la signature de Robert Chardon, signature aussi curieuse que la charade suivante, composée sur son nom et inscrite sur un registre du xvi⁰ siècle (13):

> *Celui qui fist de sa char don*
> *Veuille saulver Robert Chardon*
> *Non pas chardon qui drap chardonne*
> *Mais dom Robert qui sa char donne*
> *Car mieux savoit la char donner*
> *Que de chardon drap chardonner.*

Parmi les maîtres maçons de Fécamp capables d'entreprendre des travaux publics, nous citerons Jean Lechaut, Robin Debrix, Guillot Couchault et Pierre Debris, maçons en la rue de la Mer, qui furent convoqués, le 26 février $\frac{1516}{1517}$, par Pierre Fouache, sergent de l'amirauté, pour concourir à l'adjudication des travaux d'art du nouveau havre de Grâce dont la construction venait d'être décidée par François Ier (14).

On avait également fait appel, pour ce travail important, aux lumières et à l'expérience du maître de port de Fécamp, Cardin Gondars, *gouverneur des barres* ou écluses de ce port, ainsi qu'à plusieurs maîtres pionniers établis à Fécamp, notamment à Nicolas Boutier, Jacques Dubois, Jean Bauche et Cardin Bauche ; mais aucun d'eux n'accepta et ne figure sur les rôles des entrepreneurs qui ont exécuté les travaux du nouveau

Havre. D'ailleurs, ces pionniers étaient attachés spécialement au port de Fécamp, et assermentés par l'abbé. En 1560, on peut citer Cardin Gondars fils et Colin Remond qui portaient le titre de *barryers et pionniers* du havre de Fécamp.

La fondation de ce nouveau port ou havre de Grâce était destiné à compléter en Normandie les ports de refuge et d'armement de la marine militaire et de la marine marchande, dont Antoine de Conflans nous a fait un état vers 1518 (15).

A cette époque, dit-il, « dans le port de Calais « sont passaiges à clint et aucunes escutes qui « vont querir bois, charbons, et autres choses en « Angleterre.

« Dans le port de Boulogne, sont navires à « caravelles, allant en marchandises à Bordeaux, « à la Rochelle et grande quantité de pêcheurs de « harengs. A Dieppe, grands navires à caravelles « de 140 à 160 tonneaux qui vont en Portingal et « autres lieux, et plusieurs autres bateaux de toutes « manières servant à la pescherie.

« A Saint-Valéry et à *Fescamp*, il y a grande « quantité de caravelles et crayes (bâtiments à « trois mâts n'ayant ni hune, ni mât de hune) et « s'en trouve *six cents, sept cents ensemble et la* « *plupart servent à pêcher le harenc.* »

Rouen est également mentionné par Antoine de Conflans, mais celui-ci passe sous silence Honfleur et Harfleur qui, à ce moment, étaient sans doute envasés comme cela leur arrivait presque périodiquement. L'assemblée des Etats de Normandie, tenue le 8 mai 1515, s'était émue du même fait, car on y avait exprimé le vœu qu'il fût fait un *bon havre* soit à Harfleur soit à Honfleur ; ce fut l'idée qui présida à la fondation du havre de *Grâce*.

S'il est un fait qui doive nous étonner, c'est le nombre considérable de navires armés à Fécamp et à Saint-Valery pour la pêche du hareng, si l'on se rappelle l'insuffisance de ces ports ; et cependant les armateurs de Fécamp ne se bornaient pas à cette branche d'industrie, ils équipaient des navires pour la course maritime et nous en voyons un exemple en 1522 (16).

En cette année, on construisait, au Havre de Grâce, la grosse *Françoise*, que l'on appelait le *grant navire*. En avril ou mai, M. du Chilou, gouverneur du nouveau port, avait délivré à deux Anglais, le propriétaire et le commandant du navire le *Georges*, un sauf-conduit pour apporter au Havre de Grâce, du charbon de terre nécessaire à la construction de la grande nef et à la fabrication des canons. Le 11 juin, alors qu'ils allaient lever l'ancre, un navire de *Fécamp*, monté par un grand nombre de gens de guerre, et commandé par Louis Leparmentier, Fouque et Leriche, était ancré en rade et le guettait ; il fondit sur lui, et à un « jet de pierre » du port, prit le navire malgré le sauf-conduit accordé aux armateurs anglais. Mais le Parlement de Rouen déclara la prise nulle et de nul effet.

On était alors à l'époque des entreprises lointaines. De Dieppe, Rouen et Honfleur partaient
fréquemment des navires chargés de marchandises
pour aller trafiquer aux Indes. La ville de Rouen
était le grand comptoir où les négociants normands
venaient s'approvisionner de vivres, de munitions
de guerre et de marchandises. Son port était
encombré de navires en charge, dont plusieurs
appartenaient aux divers autres ports de la Normandie et spécialement à celui de Fécamp. Cette ville
fournissait son concours notamment aux armements de Jehan Verazzano, le célèbre pilote floren-
tin, qui fut chargé par François Ier d'aller chercher,
vers le Nord, un détroit ouvrant une route de la
Chine plus courte que celle trouvée par Ma-
gellan.

En 1526, à son retour de cette expédition, qui
n'avait pas été très heureuse, on revoit Jehan de
Verazzano préparer à Dieppe, à Fécamp et au
Havre de Grâce, de concert avec le fameux arma-
teur dieppois Jean Ango, de nouveaux armements
pour les Indes.

Avant de partir pour ce nouveau voyage,
Verazano songea aux affaires qu'il laissait en
France, en constituant son frère pour son man-
dataire : « Par acte daté des 11 et 12 mai 1526, où
« Jehan de Verraseine prend le titre de capitaine
« des navires équipés pour faire le voyage des
« Indes, il avait établi pour ses procureurs Jerosme
« de Verraseine son frère et Zamothée de Rous-

« selay, afin de pouvoir recueillir tout ce qui
« pouvait estre dû pour ce voyage (17).

Par autre acte, le même Jehan de Verraseine
donnait procuration « à Adam Godefroy, bour-
« geois de Rouen, pour, en son nom, administrer
« l'un des dits navires, nommé la *barque de*
« *Fécamp*, du port de 90 tonneaux, dont est maître
« Pierre Caunay ; pour faire, avec ce navire, le
« voyage aux Indes, y négocier, trafiquer et rendre
« compte au dit Verraseine, qui lui paiera au
« retour la somme de 500 livres (10,000 fr.).
« Godefroy pourra en outre charger sur la *barque*
« *de Fécamp*, des biens, denrées et marchandises à
« son profit et à ceux qui seront avec lui (18).

Quelques exemples se rapportant aux arme-
ments effectués à Fécamp pendant le xvie siècle,
donneront une idée de la nature du commerce et
de la variété des voyages au long cours auxquels
participèrent les marins et les bourgeois de Fécamp.

En 1539, Nicolas Guincestre, marinier à Rouen,
tiercinier (associé) en la nef de 120 tonneaux, la
Madeleine, fait un voyage au Brésil et en la terre
des cannibales. Il ramène ce navire au port de
Fécamp et vend les trois-quarts de sa part dans ce
qui avait été rapporté du Brésil, moyennant 60
livres tournois (19), c'est-à-dire une valeur actuelle
de 1,200 francs.

Le port de Fécamp avait une certaine réputa-
tation comme port de commerce, au milieu du
xvie siècle, si bien que dans le *Guidon de la mer*,

composé vers 1556, il n'est question que des ports de Rouen, du Havre, de Honfleur, de Dieppe et de Fécamp. Dans des modèles d'actes maritimes par lesquels il est terminé, on ne trouve que des noms normands tels que ceux de Mathieu Alorge, de Rouen, et de Richard Manissier de *Fécamp* (19).

Il ne faut donc pas s'étonner que les banquiers lyonnais eussent été en rapport avec les marins de Fécamp pour leur prêter l'argent nécessaire à leurs expéditions maritimes, comme avaient fait autrefois les juifs de cette ville pour les besoins des bourgeois du xiiie siècle. Ainsi un acte passé le 30 août 1566 à Fécamp, devant Thomas Lepage et Pierre de Boudeville, tabellions, constate la présence de Guillaume Faxerme, marchand, citoyen de la ville de Lyon, lequel constituait pour son mandataire Denis Fouquet, afin de recevoir les deniers qui lui étaient dus par des maîtres et bourgeois des navires de Fécamp (20).

Un autre acte passé devant les mêmes tabellions de Fécamp, le 25 août 1567, constate l'association contractée « entre honorable Jehan Cristy, demeu-
« rant en la paroisse de Saint-Nicolas de Fécamp,
« et Philbert Legrand, demeurant au même lieu,
« pour l'armement de navires marchands. Ce
« dernier verse une somme de 42 livres tournois
« (840 fr.), pour mettre et employer en radoub et
« victuailles dedans deux navires audit Cristy
« appartenant. Le premier, nommé la *Jehanne*
« *Uxène*, de 80 tonneaux, dont est maître le dit

« Cristy. L'autre, nommé le *Michel*, de 45 tonneaux
« dont est maître Thomas Fauvel, pour faire le
« voyage de droguerie, année présente. Cet argent
« est prêté au taux de 20 livres tournois pour cent
« vu les périls et fortunes de la mer (21). »

Le 11 juin 1577, Jehan Lesguillon, du métier
de la mer, déclare devant les tabellions de Honfleur « que pour lui subvenir et faire le voyage de
« la récompense obtenue sur la nation portugaise
« par le sieur Charles Paviot, dans le navire le
« *Maupiquant*, duquel est maître Guillaume Rossel,
« étant à Fécamp, il lui a été fourni par Guillaume
« Legras, sieur du Réez, 25 livres à profit, *à 46*
« *pour cent* (22). »

Enfin le 28 juin 1583, Guillaume Le Gras,
capitaine pour le Roy en la marine, demeurant à
Pont-Audemer, capitaine du navire le *Charles*, de
120 tonneaux, de retour du voyage du Pérou, passe
procuration aux fins de recueillir partie des marchandises rapportées par le pilote Reguey, de
Fécamp (23).

On voit par ces citations que les marins de
Fécamp étaient en relations suivies avec ceux de
Honfleur. Nous citerons encore François Mari-
brasse, capitaine de navire, demeurant à Fécamp,
qui se reconnaît débiteur, le 12 mai 1582 (24), de
25 écus envers un hôtelier de Honfleur.

Les marchands de Rouen étaient aussi en
rapport avec ceux de Fécamp pour les produits de
la région : le 4 janvier 1548, Nicolas David,

marchand de Rouen, vend 5oo livres de laine blanche, provenant des environs de Fécamp, pour 157 livres tournois (25).

La pêche, qui formait une des branches principales de revenu pour la marine de Fécamp, faisait également l'objet d'associations pour l'armement des navires qui y étaient employés. M. de Fréville cite un curieux acte d'association contractée le 1ᵉʳ juillet 1567, entre Nicolas Auvré, Nicolas Le-Letellier, Jean Letellier fils et Jean Vaucelin, demeurant tous en la paroisse de Saint-Etienne de Fécamp.

Ces individus reconnaissent être « personniers « (associés) pour chaçun un tiers d'un navire, le « *Brave*, de 70 tonneaux, étant de ce présent â ce « port et havre de Fécamp, prêt en atelier, pour « le métier de marchandise et pêcherie.

« Vaucelin et des Granges mettront un lez de « barils dedans le dit navire ; Nicolas Letellier et « son fils mettront le reste de barils, parceque le « dit Vaucelin et Letellier promettent prendre le « pain au gendre du dit Auvré, au prix et cours « du pays, et quand le dit Vaucelin ne voudrait « mener le dit navire, le dit des Granges le peut « mener (26) ».

Par ces temps de troubles et de guerre civile, comme l'était la deuxième moitié du xvıᵉ siècle, la navigation était peu sûre et l'on avait souvent à sévir contre les pirates et les pillards. En 1568 notamment, Messire Jacques de Barquemare, premier Président au Parlement, et Mᵉ François Gaudart, sieur de Fontaine, maître ordinaire en la Chambre des Comptes à Paris, avaient été délégués par le Roi pour « informer sur le fait des dépré-« dations prétendues avoir été faictes par aucuns « capitaines de navires retournés de voyage depuis « deux ou trois mois en ça, et arrivés ès havres de « la ville de Grâce, *Fescamp*, Dieppe et autres « havres du pays de Normandie (27) ».

Au mois d'octobre 1585, M. de Limoges, lieutenant-général à la table de marbre, fut chargé de procéder à une autre enquête maritime. En partant du Havre, le 18 octobre, il prit la route de Dieppe, coucha à *Fécamp, à l'Image de Saint-Martin* (28).

A Fécamp, le xvıᵉ siècle fut particulièrement fertile en événements remarquables, au nombre desquels il faut citer trois visites royales : celles de François Iᵉʳ, de Henri II et de Charles IX.

Le voyage de François Iᵉʳ à Fécamp nous amène d'abord à parler du mariage du comte de Saint-Pol avec Adrienne d'Estoutteville, de Valmont, parce que plusieurs historiens, et notamment M. Fallue, avaient avancé que ce mariage avait été contracté à Valmont, et que François Iᵉʳ y avait assisté. Il est facile de détruire cette légende à l'aide d'un premier mandement (29) daté de Paris du 11 février $\frac{1534}{1535}$, où le Roi ordonne « au « Trésorier de l'Epargne, de payer au comte de « Saint-Pol 4,650 livres tournois complétant les

« 40,000 livres dont le Roi lui a fait cadeau à
« l'occasion de son mariage avec Adrienne d'Es-
« toutteville, *qui a été célébré à Paris*, le 9 février
« $\frac{1534}{1535}$. »

Ce jour était celui du mardi-gras, le dernier
avant le temps du carême pendant lequel les
mariages étaient prohibés. On avait marqué la
fête du carnaval par des déguisements, ainsi que
l'indique un mandement délivré le 17 mars $\frac{1534}{1535}$
« au Trésorier de l'Epargne, pour payer à Nicolas
« de Modène, peintre, 35 livres 11 sols pour six
« accoutrements de masques ou déguisement de
« corsaires, faits à l'occasion des noces du comte
« de Saint-Pol. »

François Ier arriva en Normandie, d'abord à
Evreux, vers le 14 mars $\frac{1534}{1535}$; le 21 mars il était
au Neubourg ; du 23 au 29 mars au Bec-Hellouin ;
le 30 mars à Elbeuf ; le 2 avril à l'abbaye de Bon-
Port, puis à Vatteville du 7 au 12 avril.

Ce dernier jour, François Ier reçut Martin Le
Brun, chevaucheur d'écurie du Duc de Lorraine,
père de Jean de Lorraine, alors abbé de Fécamp,
auquel il fit payer 45 livres tournois, pour lui
avoir apporté de Bar-le-Duc des lettres de son
maître.

C'était pendant son séjour au Bec-Hellouin
que François Ier avait pris ses dispositions pour
son voyage au Havre, par la Seine. En effet, il
ordonnait à son Trésorier de l'Epargne, le 27
mars $\frac{1534}{1535}$, de « bailler à Jehan de Vimont douze

« cents livres tournois, pour le paiement des
« mariniers qui conduiront le Roi, la Reine et
« Messeigneurs, de Caudebec au Havre, et qui
« les ramèneront ; le transport au dit lieu de
« plusieurs pièces d'artillerie, et l'achat d'étendards
« destinés à la grande galéace que Sa Majesté y
« fait construire. »

François Ier resta au Havre du 15 au 21 avril 1535 ; il date de cette ville quinze mandements de payer différentes sommes au Président du Parlement, Antoine du Bourg, et à d'autres fonctionnaires du royaume.

Le fait de la présence du Roi de France au Havre ne peut être révoqué en doute en présence du texte du mandement (no 7704) où il autorise « le Trésorier de l'Epargne à payer à « Jean-Antoine Milanin, courrier, demeurant à « Lyon, une somme de 22 livres 10 sols pour « avoir apporté au Roi, *au Havre*, des lettres de « Pomponio-Trivulce, gouverneur de Lyon. »

On peut se demander comment la Cour de François Ier avait employé les six jours pendant lesquels elle était restée au Havre, dans une ville encore mal bâtie, à peine peuplée, et plus ou moins salubre. Il est permis de supposer que c'est à ce moment que François Ier est allé à Montivilliers, où sa visite est révélée par les archives de l'ancienne *compagnie de l'arc* établie dans cette ville. Le fondateur du Havre honora de sa présence le jeu de l'arc, prit part au tir et se fit inscrire sur la liste des membres de la compagnie.

La tradition veut encore que François Ier et sa Cour aient visité Fécamp en 1534. Il peut en effet ne pas paraître vraisemblable que ce monarque soit resté six jours auprès de l'abbaye royale de Fécamp, sans l'honorer de sa visite solennelle. On peut encore tirer à l'appui de cette opinion une présomption nouvelle de ce qu'à ce moment le monastère était gouverné par un membre de la maison de Lorraine, élu par les religieux à la demande même du roi, et avec lequel François Ier correspondait encore le 12 avril de cette même année.

La Cour de François Ier avait quitté le Havre le 23 avril, car elle se trouvait à cette date à Routot, pour s'arrêter ensuite, les 24 et 25 avril, au Bec-Hellouin, le 26 à Bourgtheroulde et à Rouen. L'itinéraire du retour, sans passer par Fécamp ni Dieppe, est indiqué par un mandement daté de Mauny, le 1er mai 1535, et d'après lequel « Antoine « de Hu, chevaucheur d'écurie, avait reçu dix « livres pour s'être rendu du Havre à Vatteville et « neuf livres pour avoir été de Bourgtheroulde à « Rouen auprès de l'amiral. »

Rappelons ici que des habitants de Fécamp, mus par une louable initiative, voulant réveiller le souvenir de cette visite royale dans leur ville, organisèrent, il y a dix ans, c'est-à-dire le 14 avril 1884, une fête de bienfaisance qui obtint un succès complet. Le lundi de Pâques qui avait été choisi se rapprochait tout à fait de la date de l'événement dont on voulait perpétuer la mémoire, date que l'on pourrait fixer entre le 15 et le 21 avril 1535.

Le roi Henri II dans son voyage au Havre et à Dieppe, en octobre 1549, vint à Fécamp et y laissa un gage précieux de sa sollicitude pour la ville et son commerce. Il accorda, en effet, aux habitants, le privilège du *franc-salé*, c'est-à-dire la faculté d'obtenir dix muids de sel, à prendre dans le grenier royal de Fécamp, au prix de faveur de 37 livres 10 sols pour tous droits de gabelle. En outre, il fit don aux pêcheurs d'autant de sel qu'ils en auraient besoin pour leurs salaisons de harengs, maquereaux, morues et autre poisson, avec la liberté de faire venir ce sel des marais de La Rochelle et de Brouage. Mais il y eut immédiatement, entre les grenetiers royaux et les bourgeois de Fécamp, un accord par lequel les premiers s'obligeaient de fournir aux seconds, en temps de paix, le sel dont ils auraient besoin à 90 livres le muid, et en temps de guerre à 210 livres.

L'avenir de Fécamp, comme port de pêche, était tout dans cette ordonnance de Henri II. Dieppe et le Havre étaient déjà en possession de cette faveur qui avait son importance. Dom Mareste ajoute que la noblesse vint s'établir à Fécamp pour profiter de l'avantage du *franc-salé*, afin d'avoir le sel à bon marché, quoique le privilège eût été accordé spécialement pour aider les pauvres gens.

C'était en effet à leur considération et à la suite de la requête présentée en leur faveur par Charles de Lorraine, abbé de Fécamp, que le roi avait accordé ce bienfait, ayant reconnu par lui-même « la pauvreté des manans et habitants du « port et havre de Fécamp, étant à cet endroit « dans le dernier voyage qu'il avait fait, visitant la « coste du pays de Normandie, ainsi appauvrie » dans le temps des guerres précédentes, n'ayant « pu pêcher hareng et maquereau : les autres villes « ayant déjà ce privilège (29). »

Dom Mareste fait observer judicieusement que si l'intention de Henri II n'avait pas atteint son véritable but à Fécamp, il n'en était pas de même à Hambourg, où il n'était pas permis aux nobles de demeurer dans la ville.

En échange du don qui leur avait été fait, les habitants de Fécamp devaient fournir la moitié des fonds nécessaires à l'entretien du port et de sa jetée qui, à cette époque, était en bois.

Le surplus des dépenses nécessitées par l'entretien du port de Fécamp, était supporté par l'abbaye, propriétaire de ce port, laquelle profitait des droits de péage et accordait les permissions de pêcher dans les limites de ses possessions. C'est ainsi que le 19 novembre 1540, le Vicaire Général de cette abbaye accordait à Guillemin Barré et à Guillaume Merien, de Saint-Etienne de Fécamp, un congé pour *pêcher et tirer la saine* au havre de Fécamp et au bord de la mer (3o), de même qu'il donnait commission pour tendre aux alouettes et aux corneilles.

C'était encore l'abbaye qui nommait les sergents et le Vicomte de la mer chargés de la surveillance du port, les gardes de bois de la côte de Notre-Dame de Beaudouin-Bourg, les gardes-messiers pour la conservation des récoltes, les jaugeurs jurés pour le port de Fécamp (3i).

Plusieurs juridictions se partageaient l'administration de la ville et du port de Fécamp. Indépendamment du gouvernement militaire, civil et ecclésiastique, ainsi que de la Vicomté dont nous avons parlé, il y avait encore un siège de l'*amirauté*. Tandis que le lieutenant du Vicomte, résidant à Fécamp, avait la connaissance des marchés et du prix des matériaux à construire, le lieutenant de l'amirauté était compétent pour connaître des contestations relatives aux navires faits et parfaits, aux marchés et ventes de navires, à l'inventaire des bâtiments, au salaire des matelots (32).

Nous avons déjà parlé de l'organisation scolaire qui existait à Fécamp dès le xie siècle. Malgré les malheurs occasionnés par les guerres du xive et du xve siècles, l'école instituée dès les temps les plus reculés subsistait encore à la fin du xve siècle, car on voit, en 1492, les abbés du Valasse et de Fécamp échanger des hôtels dont l'un à usage d'école, qu'ils possédaient respectivement. L'abbé du Valasse donne un hôtel assis en la paroisse Saint-Léger, en échange d'un autre situé paroisse Saint-Benoist, et nommé l'*Hôtel aux Gosselins*. Le manoir du Valasse qui touchait aux fortifications devint la maison du maître des écoles ; elle servait encore au même usage à l'époque de la Révolution de 1789. La rue voisine a conservé le nom de rue de la *Grande-École* (33).

On constate, dans la première moitié du xvie siècle, l'institution d'un grand nombre de maîtres d'écoles dans les paroisses dépendant de l'abbaye de Fécamp. C'est ainsi qu'en 1541, l'abbé de ce lieu permettait à deux prêtres d'ouvrir, dans la paroisse de Saint-Etienne, une école où ils pouvaient recevoir jusqu'à 50 élèves, et ce pour l'enseignement des premiers éléments de l'écriture et de la doctrine chrétienne.

Enfin la direction des écoles des dix paroisses de Fécamp avait été réunie, en 1564, dans les mains de M. Robert Delaunay, prêtre ; défense avait été faite à tous autres d'enseigner sans permission de l'abbé (34).

N'oublions pas que déjà au xvie siècle, l'étude de la botanique était fort en honneur à Fécamp où il existait, à côté des écoles, un jardin renfermant les herbes médicinales à l'usage des malades. Peut-être est-ce à ce champ d'études que l'on doit la culture des précieuses plantes qui entrent dans la fabrication de la liqueur *Bénédictine*, laquelle contribue tant aujourd'hui à la richesse et à la réputation de Fécamp, dans le monde entier.

L'existence, dès le milieu du xvi⁰ siècle, de ce jardin botanique est attestée dans la requête adressée alors aux religieux de Fécamp par Nicolas Gomes et Guillaume Leport, son gendre, apothicaires à Fécamp, où ils rappellent « que de tout « temps, le dit Gomes s'est exposé lui et sa « famille à vous servir aux maladies affluentes de « jour en jour, à vos dits religieux, en a quasi « consommé la plus grande partie de son temps « en jeunesse à y vaquer de jour et de nuit.

« Pour subvenir auxquelles maladies et être « muni d'herbes médicinales, il a par ci-devant loué « de M. l'Infirmier, un jardin jouxte, d'un côté, « les murs du manoir du Valasse, d'un bout, les « fossés de la forteresse, et, d'autre bout, le chemin « tendant de Saint-Léger à Notre-Dame-de-Grâce.

« Ces choses considérées et afin que les dits « suppliants puissent le garder en famille, de jour en « jour, le temps futur, et soient plus obligés à vos « personnes, il vous plaise leur fieffer le dit jardin, « pour à la fin dessus dite ; en faisant pour chacun « an douze sous six deniers de rente à l'office « d'infirmier, etc. (35). »

Guillaume Leport, l'un des signataires de cette requête, avait été reçu apothicaire devant l'official de Fécamp, le 31 octobre 1561 ; en même temps que Robert Martin, prêtre, avait été admis en qualité de *médecin* aux appointements de 40 livres (800 fr.) par an (37).

Nous arrivons à l'une des périodes les plus tristes de l'histoire de notre ville, c'est-à-dire à l'époque des dissensions religieuses et des guerres civiles, pendant lesquelles nos ennemis d'Outre-Manche jetteront encore un regard de convoitise sur le port et l'abbaye de Fécamp. Toutefois les Anglais étaient quelque peu excusables, car ils y avaient été invités tout d'abord par des Français, par les réformés de Rouen, qui avaient demandé aide à la reine Elisabeth d'Angleterre, en lui faisant valoir que l'archevêché de Rouen valait 50,000 livres, que l'abbaye de Saint-Ouen était estimée à 10,000 livres de revenu et *que celle de Fécamp rapportait* 40,000 livres par an (38).

Dans le milieu du xvie siècle, la Réforme comptait un certain nombre d'adeptes répartis sur plusieurs points du pays de Caux. Leur hardiesse augmentait leur force, d'autant mieux que les populations voyaient avec mécontentement la dilapidation des revenus ecclésiastiques par les fonctionnaires laïques de l'Etat et par les gros décimateurs, qui créaient ainsi des abus préjudiciables à la religion catholique. Les habitants constataient aussi un relâchement dans la discipline religieuse, ainsi que l'indiquent les délibérations capitulaires de l'abbaye de Fécamp, où les idées nouvelles avaient pénétré.

On connaît à cet égard la fameuse plaisanterie de Rabelais, au sujet de l'observance des règles monastiques : « A quel usage, fait-il dire à Gar-

« gantua, ces belles Heures? A l'usage de Fécamp,
« répond le moine, à trois psaumes, à trois leçons,
« ou rien du tout qui ne veut. »

Quoique notre étude soit exclusive des faits et
gestes du monastère de Fécamp, son histoire au
xvie siècle est tellement liée à celle de la ville, que
nous ne pouvons les séparer et nous sommes
obligés de rappeler les rapports qui existaient à ce
moment, entre les quarante-six religieux de
Fécamp et les habitants de la ville.

Tous les jours, les livres de Calvin se répan-
daient dans Fécamp, et ils trouvaient le moyen de
s'introduire jusque dans l'abbaye par l'entremise
des moines novateurs. Ainsi, le 2 juin 1561, « le
« prieur interdit sous peine d'inobédience à tous
« les religieux de converser avec ceux qui sont
« appelés *huguenots* ou *grimautz*. Le 7 novembre
« suivant, le même prieur défend la lecture du
« *Catéchisme de Calvin*, ou autres livres censurés,
« prohibés ou interdits (39). »

Malgré toutes ces précautions, les esprits
étaient irrités et ce n'était aux environs de Fécamp
que pillages et incendies sur toutes les propriétés
appartenant à l'église (40).

Le 15 décembre 1560, Nicolas Debras, vicaire
général de l'abbé de Fécamp, annonçait au chapitre que l'on s'était introduit dans sa maison par les
jardins, qu'on avait enlevé tous ses meubles et
jusqu'aux animaux de sa basse-cour, notamment
les *coqs d'Inde*, lesquels étaient en grande quantité,

de plus, que des meubles et des matelas disparais-
saient du dortoir.

La ferme des Plantis, située sur la côte voisine de cette ville, fut exposée également à la
fureur de ces bandes. Le 17 juillet 1562, le prieur
de l'abbaye de Fécamp recevait des plaintes contre
plusieurs personnes qui, la nuit précédente, étaient
allées en arme, à cette ferme. « Le fermier fait
« savoir à la communauté qu'une foule d'hommes
« armés se sont introduits dans son domicile, ont
« outragé et maltraité ses serviteurs, pillé et
« emporté beaucoup de leurs biens, meubles, toiles
« et laines ; de quoi il est grandement incommodé,
« vu que ses serviteurs ne veulent plus rester à son
« service, et prie les religieux de prendre la dite
« ferme entre leurs mains. »

Ces premiers actes furent suivis d'autres
beaucoup plus graves, dit M. Fallue : une troupe
de *grimautz*, à laquelle s'étaient joints tous les
mauvais sujets des environs, se rua sur les
églises de Fécamp ; celle de Saint-Étienne fut
entièrement dépouillée de ses meubles et objets
servant au culte ; presque toutes les autres subirent
le même sort, et Fécamp vit se renouveler par les
mains de ses enfants, les profanations qui avaient
surpris de la part des hommes du Nord. Pas une
vitre ne resta entière à la plupart de ces églises, des
hommes revêtus d'habits sacerdotaux, qu'ils avaient
pillés, parcouraient les rues de la ville, en proférant
des cris de fureur ; entraient dans les tripots, où

ils s'énivraient et payaient leur dépense avec l'or arraché aux ornements sacrés, fruits de leurs audacieuses et sacrilèges déprécations.

Le désordre aurait encore continué longtemps, ajoute M. Fallue, si un gentilhomme de la ville, M. de Grandmont, n'eût assemblé une partie des bourgeois qui s'armèrent à la hâte pour en imposer aux perturbateurs et garantir du pillage et l'abbaye et les maisons des particuliers.

Pendant ce temps, les moines, armés d'arquebuses et de pistolets, faisaient le guet sur les remparts, prêts à repousser ceux qui auraient été tentés d'attaquer leur maison.

M. de Grandmont essaya, pour obtenir une récompense, de faire valoir les services qu'il avait rendus, mais l'abbé et les religieux ne daignèrent pas s'en occuper. M. Fallue, analysant les registres capitulaires, cite ce passage fort instructif pour apprécier le peu d'intérêt que l'abbé commendataire portait à la ville de Fécamp : « M. de Grand-« mont requit les religieux de lui donner des « lettres pour M. l'abbé, lui faisant entendre les « bons services qu'il avait rendus à l'abbaye pen-« dant les troubles. Ces Messieurs lui répondirent « qu'ils reconnaissaient ses services, mais craignant « d'importuner Monseigneur, auquel ils avaient « naguère écrit pour les habitants de ce lieu, sur « quoi ils n'avaient pas encore de réponse, qu'il « attendît l'arrivée de Monseigneur. »

Sur ces entrefaites, les protestants s'étaient

emparés du Havre, y avaient appelé le Vidame de Chartres, qui occupa la ville au nom du prince de Condé, « sur l'autorité du Roi ». Mais dans le courant de l'été, le duc d'Aumale, qui avait succédé au duc de Bouillon dans le gouvernement de la Normandie, tenta de reprendre le Havre sur les protestants. Ceux-ci firent alors appel à leurs coréligionnaires de Montivilliers, de Honfleur, de *Fécamp*, qui accoururent aussitôt à la défense de la ville menacée. Ils y restèrent trop longtemps, malheureusement pour eux.

Par le traité signé à Hamptoncourt, le 20 septembre 1562, Coligny et les chefs protestants s'engagèrent à livrer le Havre-de-Grâce aux Anglais. Ceux-ci prirent possession de la ville au mois d'octobre, et leur chef, le comte de Warwich, arriva le 29 octobre 1562.

M. de la Ferrière (41) rapporte une conversation qui eut lieu, à cette date, entre le général anglais et le gouverneur du Havre, M. de Beauvoir, et au cours de laquelle on parla de faire occuper Fécamp par les Anglais, dès que ceux-ci seraient en nombre.

Il s'agissait d'exécuter l'ordre donné à Warwich d'expulser les Français du Havre et d'envoyer les vaisseaux français en Angleterre. Beauvoir répondit qu'il ne croyait pas à l'imminence du siège. Lorsque les Anglais viendraient en plus grand nombre au Havre, il serait temps alors d'occuper Honfleur et Fécamp et d'y placer les vaisseaux amenés dans ce port. Les choses restèrent donc dans le même état.

Cependant, au mois de janvier $\frac{1562}{1563}$, Fécamp fut sur le point de subir le même sort que le Havre-de-Grâce : les Anglais n'auraient eu qu'à écouter les propositions d'un certain de Prestenas, qui suppliait Warwich de s'emparer de la ville, dans une lettre datée du 24 janvier et ainsi conçue : (42)

« Mon Seigneur, après vous avoir salué au
« nom de Dieu, je vous avertis que depuis huit
« jours en ça, j'avois baillé des lettres à M. Poulet,
« gentilhomme écossais de votre Court, par les-
« quelles je le priois vous advertir que pour
« l'advancement de l'Evangile et pour le soulage-
« ment de tous les fidèles chrétiens et même pour
« la conservation de votre ville du Havre et pour
« plusieurs raisons contenues aux dites lettres,
« qu'il serait bon de vous *saisir de Fescamp* et
« pour ce que le dit Poulet m'avoit dict que je fisse
« mes préparatifs et que le trouveriez bon ; à ces
« causes, j'ai envoyé des personnes, gens de bien
« et fidèles, qui sont du dit lieu de Fescamp,
« lesquels sont entrés par quelque secret dessous
« terre nuitamment au dict Fescamp et dans leurs
« maisons qui sont dedans le fort, sans que per-
« sonne s'en soit aperçue, et par ce dit lieu on
« pourrait entrer autant d'hommes qu'on voudroit,
« par quoi je vous prie ne laisser passer une telle
« occasion qui se présente, car si le dit lieu de

« Fescamp n'est par nous pris et saisi, les ennemis
« feront beaucoup de mal et garderont que pour
« le temps à venir il ne viendra aucuns vivres en
« ceste ville, tant pour les gens que pour les
« chevaulx, parcequ'il n'en vient plus que d'auprès
« Fescamp et s'il y a en ceste ville plusieurs
« fidèles qui ont été chassés du dit lieu et qui
« meurent de faim d'autant qu'ils ne peuvent jouir
« de leurs biens, et depuis un an en ça, n'en ont
« joui *du nombre desquels je suis*, et qui plus est,
« la Court du Parlement de Rouen, à la poursuite
« de ceux de Fécamp, ont confisqué toutes mes
« seigneuries et tout mon bien, tellement que
« dorénavant je ne sauray de quoi vivre. Je vous
« prie de rechef de nous aider et je vous promets
« que nous vivrons et mourrons à vous faire
« service ».

Le 5 février $\frac{1562}{1563}$ (43), Warwich fut avisé de la
marche de l'amiral de Coligny qui s'annonçait
pour le 10 ou le 12 devant Honfleur et désirait que
cette ville fût prise avant sa venue. Beauvoir qui
était encore au Havre s'offrit pour ce coup de
main, demandant quatre enseignes anglais, deux
canons, etc. Mais Warwich, à cette ouverture,
répondit qu'il ne pouvait s'engager sans une permission expresse de la Reine. Celle-ci répondit
le 10 février qu'elle désirait que l'on prît Honfleur
et Fécamp; elle estimait que l'entreprise sur ces
villes était de grande importance et qu'elle pouvait
être conduite sans grand risque.

Montgommery, qui était à Dieppe, fut appelé par l'amiral de Coligny pour venir au Havre où il arriva par mer le 25 février $\frac{1562}{1536}$. En passant devant Fécamp, il eut à livrer un rude combat contre trois chaloupes sorties du port et il en ramena une qu'il avait prise (44).

Les Français qui s'étaient réfugiés au Havre, sur la foi des promesses de la Reine d'Angleterre, furent menacés d'exclusion et voici la requête qu'ils adressèrent à Warwich le 5 mars $\frac{1562}{1563}$, pour obtenir de rester dans la ville.

« Les premiers fidèles des églises réformées
« tant de Harfleur, Montivilliers, *Fécamp* et autres
« vous remontrent qu'il y a un mois, sur les efforts
« et surprises espérées faire par le sieur d'Aumale
« et son armée en cette place et forteresse du
« Havre, le Vidame de Chartres par prévention
« s'étant emparé d'icelle pour le service du Roy et
« se trouvant *mal accompagné*, nous avait sollicités
« de le venir trouver et quitter nos villes prompte-
« ment, nous l'avons fait ».

La réponse n'ayant pas été satisfaisante, les protestants des environs du Havre, et notamment ceux de Fécamp, durent quitter la place où ils étaient à l'abri.

Cette précaution ne devait pas sauver les Anglais de la capitulation. Dans une lettre du 18 mai 1563, adressée par Warwich à la reine Elisabeth d'Angleterre, il expose ses craintes au

sujet du siège entrepris par les Français, « on nous
« assure, dit-il, que les galères viennent d'arriver
« de Marseille et que ceux de Rouen, Quillebeuf,
« Honfleur et *Fécamp*, ont préparé tous leurs
« vaisseaux en état de servir sur cette rivière et à
« la tête de la Seine ».

C'était le moment où les troupes du maréchal
de Brissac commençaient leurs mouvements pour
opérer le siège du Havre. La Cour, où se trouvaient
la Reine mère Catherine de Médicis, le Roi
Charles IX, le prince de Condé, partit de Vin-
cennes le 25 juin ; elle arriva à Valmont le 22
juillet pour assister à la reprise du Havre, ainsi
que le constate une lettre datée de ce bourg, écrite
par Charles IX à M. de Damville.

La situation des Anglais, décimés par la peste
et à la veille d'une attaque sérieuse sans pouvoir
y répondre, étant connue de la Reine Elisabeth,
celle-ci prit le parti, pour suppléer à l'insuffisance
de son ambassadeur Smith, d'envoyer en France
Trockmorton, le plus habile et le plus opiniâtre
soutien du parti protestant.

A ce moment, la Cour venait de faire son
entrée à Fécamp, comme le témoigné une lettre
datée du 24 juillet, où la Reine Catherine de
Médicis écrivait à Chantonnay, ambassadeur d'Es-
pagne, que le Roi s'était décidé à pousser jusqu'à
Fécamp où il était arrivé. Par une autre lettre
datée de cette ville, le même jour, 24 juillet, et
adressée à Smith, Catherine paraissait heureuse

de recevoir des propositions de paix, et le prince de Condé, qui était aussi à Fécamp, donnait les mêmes assurances de les écouter favorablement. Valmont avait été choisi pour recevoir les envoyés anglais pendant les négociations, « ayant com-
« mandé, dit la Reine mère, le logis estre accomodé
« à Vallemont lieu bien à propos et assez voisin
« d'ici, dont ce porteur, qui le verra en passant,
« vous dira des nouvelles (45) .»

Mais dans une lettre du surlendemain, Catherine exprime son mécontentement de ce que le nouvel ambassadeur soit Trockmorton, et dans sa lettre à Smith, alors à Valmont, datée de Fécamp, le 26 juillet, elle ne se caché pas pour le lui faire savoir.

« Monsieur l'ambassadeur, j'ay sceu par votre
« lettre la venue du sieur Trockmorton avec le
« pouvoir de la Royne, votre maîtresse, et me
« déplaist grandement qu'elle ayt faict ceste élec
« tion, pour savoir certainement les mauvais offices
« qu'il a faictes en ce royaume pendant qu'il y a
« esté. Ne pouvant pour ceste cause rien espérer
« de bon de sa venue, j'ay pour soupçon, délibéré,
« envoyé un homme près de luy pour observer ses
« actions, attendant que jaye adverty les sieurs du
« Conseil du Roy, Monsieur mon fils, qui sont au
« camp, de sa veneue et en leur advis si nous
« devons le recepvoir à ceste négociation. Cepen
« dant il pourra venir trouver au lieu où vous

« estes et je luy feray et à vous scavoir ce qu'il aura
« à faire etc.

    « De Fécamp, le xxvie jour de juillet 1563.

                « CATHERINE ».

Smith et Trockmorton étaient à Valmont le
27 juillet, car le premier, qui prévoyait le mauvais
accueil qui serait fait à son collègue, écrivait de
Valmont, à Catherine, pour intercéder en sa
faveur et demander une entrevue. « Vous plaist-il,
« Madame, si tost qu'il sera possible que nous
« soyons ouys et que vous assigniez lieu et temps.
« J'espère en Dieu que nous ferons cela qui sera
« au contentement de vos majestés. Je prie Dieu
« vous donner ce que vous désirez à sa gloire.

    « De Vallemont, le xxvii juillet 1563. »

La Cour était encore à Fécamp le 27 juillet,
car, dans une nouvelle lettre datée de ce jour,
Catherine écrit à Smith qu'elle n'a pas encore
reçu de nouvelles du prince de Condé et des
autres seigneurs se trouvant au camp du Havre,
au sujet de l'entrevue avec les ambassadeurs
anglais.

Pendant ce temps, le siège du Havre touchait
à sa fin. Warwich, blessé et à bout de ressources,
avait offert de remettre la place au connétable qui
s'empressa de transmettre cette offre, le 27 juillet,
à Catherine et à son fils restés à Fécamp. La
requête de Smith sollicitant de nouveau une

audience pour lui et Trockmorton, arriva à Fécamp au moment où la Cour se disposait à repartir pour aller au camp du Havre, ainsi que Catherine l'écrivait à Smith resté à Valmont : « Monsieur « l'Ambassadeur, votre homme présent porteur « m'a trouvé preste à monter à cheval pour aller « au camp, m'ayant Monsieur le Connétable écrit « que le comte de Warwich était en terme de « remettre la place, ce que estant faict je vous « advertiray de mes nouvelles et feray savoir ce « que aurez à faire. — De Fécamp, ce xxviiie jour « de juillet 1563. » — La reine Catherine avec son fils arriva au Havre dans l'après-midi, ainsi que l'indique une lettre à M. de Saint-Sulpice, datée du camp du Havre, le 28 juillet, où elle espère de voir remettre sa place du Havre « ce jourdhui 28 juillet. ». Et en effet la capitulation fut signée à huit heures du soir.

Pendant ces événements, Trockmorton et Smith étaient toujours à Valmont attendant l'entrevue sollicitée par eux, et risquant fort de rester prisonniers. C'est ce que Smith écrivit à Catherine, le 31 juillet, dans une lettre datée de Valmont où il se plaint « que le serviteur d'un ambassadeur « résidant à la Cour, envoyé avec lettres adres- « santes au roi et à vous, Madame, et avec un « guide pour les affaires de son prince, seroit « emprisonné et enfermé pour cela comme un « larron ou voleur et à la fin remis sans réponse « qui touche aucunement ce qu'il demandait. »

Smith réclamait donc pour Trockmorton et son train *(sic)* deux passeports leur permettant de retourner en Angleterre avec postes, chevaux et guides nécessaires (46).

La Cour quitta le Havre pour s'arrêter à Etelan, d'où les ambassadeurs anglais furent invités à venir à Caudebec pour conférer avec la Reine mère. Mais cette fois encore Trockmorton ne fut pas admis en audience et on le renvoya à Rouen, où il resta de nouveau prisonnier jusqu'au réglement des conventions du traité de Cateau-Cambrésis.

Les habitants de Fécamp gardèrent un triste souvenir de la visite du roi Charles IX et de la Reine mère, un lamentable accident ayant signalé leur départ. En signe d'allégresse, pour marquer l'entrée des Français au Havre de Grâce, on avait tiré le canon au moyen de deux pièces qu'on avait placées dans la tour de l'église de Saint-Etienne de Fécamp, dans la crainte d'une attaque des protestants. Mais le feu avait pris aux poudres, brûlant une partie de l'édifice. Les dégâts furent si considérables que le culte se trouva interrompu pendant quelque temps comme l'indique le titre du « Registre des enfants baptisés en l'église de Saint-« Etienne de Fescamp *(depuis)* que l'église du dit « lieu fut brulée, le jour de l'entrée du roi Charles « et Madame sa mère (au Havre) fut le vendredi « 28 juillet 1563 » (47).

CHAPITRE VII

FÉCAMP DE 1563 A 1600

ÉBARRASSÉS de la perspective peu rassurante d'une invasion étrangère, les habitants de Fécamp étaient encore loin de jouir d'une paix intérieure complète, car catholiques et protestants étaient souvent aux prises, soit en paroles, soit en actions. Quelques religieux semblaient même continuer à écouter avec complaisance les ouvertures des Calvinistes, aussi le Tribunal ecclésiastique de l'abbaye eut-il souvent à juger

et à réprimer ces velléités d'indépendance et les
excès auxquels elles donnaient lieu (1).

Le 11 août 1563, défenses sont faites de nouveau aux religieux de Fécamp de converser, jouer
ou manger avec ceux de la religion nouvelle, parceque le prieur est averti que l'on veut surprendre
la maison.

Plus tard, le 11 octobre 1564, même crainte :
il est défendu aux gens de l'abbaye de se promener
autour du chœur et de recevoir dans leurs chambres
les serviteurs de la religion nouvelle, à moins
qu'ils ne les connaissent bien et qu'ils puissent en
répondre.

L'année suivante, ce sont toujours les mêmes
appréhensions : le 25 avril, nouvelle interdiction
d'introduire des gens dans l'abbaye, et le 5 octobre
1565, défense de converser avec eux.

En 1566, les craintes paraissent plus fondées :
le 26 septembre, avis est donné qu'on se propose
de s'emparer par surprise de l'abbaye. Le 14
décembre nouvelle alerte, on parle d'avancer
l'heure des vêpres « par ce temps d'hiver, que les
« jours sont courts et que les malins et malveillants
« pourraient offenser et molester ceux qu'ils vou-
« draient ou bien se pourraient cacher en quelques
« chapelles pour, par après, faire tel mal que
« voudraient. On se contente de recommander au
« geôlier de fermer les portes de la forteresse après
« vêpres dites, et de n'ouvrir l'huys à personne
« qu'il ne connaisse, et s'il vient quelques gens

« aux dites vêpres, ou autres armés, qu'il leur
« demande à qui ils ont affaire et leur fasse ôter
« leurs armes avant de les introduire. »

On recommande aussi au clerc de l'hôtelier,
Nicolas Vinot, de fermer, sitôt la messe dite, les
portes et l'huys de dessous le pupitre, ét aux
officiers du couvent de faire boucher les portes de
leurs jardins « de peur que par là il n'advienne
« inconvénient de la part des ennemis. »

La tranquillité n'était pas mieux assurée deux
ans après, car le 2 juillet 1568, il était défendu aux
religieux d'avoir dans leurs dortoirs des armes
telles que *hastes, anses, poignards, catapultes à
feu appelées en français harquebuses ou pistolets,*
ni d'en être muni soit dans les champs, soit sur
l'eau ou partout ailleurs ; ils devront les déposer
chez le prieur pour s'en servir seulement en cas de
nécessité, à quoi un religieux Dom Jacques Le-
monnier déclare qu'il n'y aurait pas de sûreté à
sortir sans être armé.

Pour mettre un terme aux dévastations qui se
commettaient dans les églises, dit M. Fallue (2),
les habitants de Saint-Fromond et de Saint-
Thomas demandèrent que l'on fit fermer et clore
les cimetières.

Le dimanche, pendant les offices et les prédications, les tavernes du bourg ne désemplissaient
pas de buveurs, de joueurs et de gens qui se
querellaient, ce qui était contraire à un ancien édit
du Roi, qu'on voulut remettre en vigueur. Il fut

représenté au Chapitre, dit M. Fallue, « qu'au lieu
« du marché et quelques autres places publiques
« du même bourg, durant les offices, on joue
« ordinairement, tant au jeu de paume qu'au
« jeu de quilles et de boulettes, et qu'il est bon
« d'admonester les officiers de Monseigneur
« (l'abbé) auxquels appartient de donner ordre
« à la police de ce lieu, et qu'ils aient à faire
« cesser les jeux des tavernes, durant le service
« des prédications, ou bien qu'on en avertira
« Monseigneur; à quoi les officiers présents ont
« répondu qu'ils y donneraient bon ordre, et
« que, même le jour de la dernière procession
« solennelle, qui a été depuis douze jours, ils
« envoyaient les sergents par les tavernes, pour
« faire sortir ceux qui s'y trouvaient et qu'ils con-
« tinueraient ce travail à l'avenir. »

A cette situation déjà déplorable vint se joindre
la peste, qui sévissait presque périodiquement, mais
qui cette fois se fit sentir avec plus d'intensité. On
recommandait de tenir les portes fermées pour
éviter le danger des maladies « de quoi le bruit
« est fort grand dans le pays. »

Les esprits furent encore plus effrayés par un
tremblement de terre qui se fit sentir en 1580.
D'après Dom Mareste « le mercredi des fêtes de
« Pâques, il advint un grand tremblement de terre
« sur les 5 heures du soir ; il faisait le plus beau
« temps qu'il était possible, lequel tremblement
« étonna grandement tout le monde du pays de

« Caux. Il ne dura environ la longueur d'une
« patenotre (*sic*). On se mit à faire prières par tout
« le pays et nous en fismes une procession générale,
« là où il se trouva du peuple, dans un pré où l'on
« porta la relique du Précieux-Sang. »

Le monastère de Fécamp était alors sous la
domination de Louis de Lorraine, cardinal de
Guise, qui s'occupait beaucoup plus de politique
que de religion ; c'est ainsi qu'il fut nommé
lieutenant-général de la Ligue concurremment avec
le duc de Lorraine ; mais Henri III, se défiant des
projets ambitieux de ce cardinal, le fit assassiner à
Blois, le 24 décembre 1588, le lendemain de la
mort non moins tragique de son frère.

M. Fallue a raconté d'après les registres
capitulaires de l'abbaye, les graves événements
qui se déroulèrent après la disparition de ces deux
personnages. Nous lui emprunterons son récit en
y ajoutant quelques faits peu connus.

Un homme courant à pied, à travers champs,
arriva la nuit à Fécamp après avoir été dévalisé en
chemin, par les gens de guerre ; c'était Jehan
Richer, musicien de l'abbé de Lorraine, qui venait
annoncer la nouvelle de la mort de son maître.
D'abord on se refusa d'y croire, mais peu de jours
après on acquit, dans le cloître, la certitude de cet
événement. Vite on s'empressa d'écrire des lettres
de condoléance au duc du Maine, à M. de Nemours
et à Mme de Guise, la mère ; l'hôtelier fut expédié
pour porter ces dépêches.

On fit immédiatement, avec beaucoup de pompe, une cérémonie funèbre en l'honneur du Cardinal et de son frère ; et des processions générales eurent lieu tous les jours jusqu'après les obsèques.

Cet assassinat et les expiations qui le suivirent échauffèrent également l'imagination des factions contraires ; les catholiques irrités, s'exaltaient par la pompe des cérémonies, l'audace des protestants s'accroissait de l'idée que la Cour allait être obligée de revenir à leur parti.

Tout est en mouvement dans les campagnes et autour de l'abbaye. Le capitaine de la forteresse de Fécamp, Morel de Saquenville, étant allé à Dieppe, M. de Coquereaumont, son lieutenant, fait prévenir les habitants du bourg et le Chapitre qu'il serait bon de se tenir sur ses gardes, à cause des ennemis et de faire fermer tous les huys (portes) qui donnent sur les fossés, mesure de prévoyance qui est adoptée par la communauté.

Le prieur du monastère est insulté dans les rues, par une bande de furieux, qui lui reprochent d'avoir fait renvoyer de l'abbaye des hommes suspects d'hérésie qui fréquentaient ses religieux. M. de Coquereaumont, le sacristain et plusieurs personnes qui étaient sortis hors de la ville, sont enlevés et retenus par une bande de cavaliers qui battaient la campagne. Dans ces conjonctures difficiles, on agite au Chapitre la question de mettre en lieu sûr l'argenterie qui se trouvait au coffré ;

quelques religieux pensent qu'on peut encore attendre, vu que l'essai précédent n'avait pas très bien réussi. Le vicomte de Montivilliers arrive sur ces entrefaites à Fécamp, et communique des lettres du duc du Maine que lui a adressées M. de Villars, gouverneur du Havre. Ces lettres font connaître les forces et desseins du roi de Navarre, et M. de Villars ajoute : « Qu'il est besoin que toutes per- « sonnes religieuses se retournent devers Dieu, « pour implorer son aide, par des prières et orai- « sons publiques et particulières. »

Le Chapitre délibère : « Qu'on est prêt à « obéir aux ordres de M. de Villars, et à contri- « buer par tous les moyens à l'avancement et bien « de l'*Union*. »

Ces recommandations produisent un effet magique sur tout ce qui est attaché par sentiments ou conviction au parti de la Ligue : anciens militaires, bourgeois, officiers de l'église, juges des tribunaux, religieux ou séculiers, tous prennent les armes et forment des compagnies, sous les ordres de M. Morel de Saquenville, capitaine de la forteresse de Fécamp et gouverneur de cette partie du pays de Caux. Le Chapitre délibère qu'il y aura des processions générales le dimanche, le mercredi et le vendredi de chaque semaine. Une lettre, reçue de Rouen, annonce que ces cérémonies y ont lieu tous les jours « parce que les armées « sont en présence et que celle de M. du Maine « a de très grandes forces. »

Enfin M. de Villars juge que la forteresse de Fécamp n'est pas succeptible d'être défendue, et qu'il est utile que ce point de la rive maritime ne soit pas occupé par ses adversaires. Il ordonne de construire un fort sur la montagne de Notre-Dame qui domine l'entrée du port ; l'abbaye n'en est instruite que par la présence des ouvriers qui rasent ses bois de la côte, pour commencer leurs travaux.

Le Chapitre en porte plainte aussitôt au capitaine, lequel répond : « Que c'est du com-« mandement de M. le duc du Maine et de M. de « Villars, et, ayant été requis de faire apparoir « leur commandement, n'a voulu le faire. De ce « fait les religieux se sont assemblés et ont délibéré « d'écrire à M. de Villars, et d'engager les habi-« tants à écrire aussi, sur quoi on les fera avertir « *qu'ils se réunissent à cet effet chez le prieur.* Ce « qu'ayant su, le dit capitaine s'est trouvé chez le « Prieur, en disant qu'il n'appartenait qu'à lui de « faire de pareilles convocations d'habitants, que « c'était aller contre son autorité et ne le trouvait « pas bon ; auquel le dit sieur Prieur a fait « réponse : que plusieurs fois il les avait fait « assembler pour les affaires qui se présentaient, « mais puisqu'il ne le trouvait pas bon, il ferait « contremander qu'ils n'eussent point à venir. »

Cependant la communauté ne s'en tint pas à cette première démarche, et elle envoya au Havre un messager à M. de Villars, pour lui faire des

représentations. Celui-ci fit promesse de répondre
à ce sujet ; en effet, peu de jours après, le régisseur,
M. Fontaine, reçut une lettre par laquelle il lui
enjoignait « qu'il eût à fournir l'argent dû par les
« redevables de cette maison, tant en cette baronnie
« qu'en celle de Vittefleur, *pour payer les manœu-*
« *vriers qui travaillaient au fort de Notre-Dame,*
« et qu'en toute diligence il eût à en trouver, *sans*
« *faire déliberation et sans attendre autre com-*
« *mandement que les présentes.*

En donnant connaissance de ces lettres impé-
ratives, le procureur Fontaine fait observer qu'elles
sont *de rigueur et de rudesse,* et qu'il ne pourra
rien fournir au couvent, tant qu'il sera obligé de
faire face à des dépenses extraordinaires.

L'embarras des moines recommençant incontinent, ils adressent un mémoire à la Cour pour
faire connaître leur position, et demandent à M.
de Bornes, procureur de l'abbaye à Rouen et son
représentant auprès des diverses juridictions de
cette ville, si on leur a nommé un abbé ; ils lui
envoient, en même temps, un mémoire qu'ils le
prient de présenter au Parlement afin d'obtenir un
arrêt contre le procureur Fontaine. Le Chantre est
désigné pour porter ce message ; tout est prêt pour
son départ et il ne s'agit plus que de trouver six
livres pour la location d'un cheval : on est obligé
de vendre une pièce d'argenterie pour faire face
à cette dépense imprévue.

M. de Bornes promet aux religieux de leur

envoyer de l'argent, « mais il les prie d'avoir
« égard au malheur des temps, et leur représente
« l'état des autres communautés, en ajoutant qu'ils
« reconnaîtront que celle de Fécamp est seule
« exempte de beaucoup de calamités, desquelles
« il prie Dieu de vouloir les préserver. Il a appris
« que les religieux de Saint-Denis, qui ont été
» ci-devant les mieux pourvus, ont été trois mois
« à manger seulement un peu de pain de son et
« boire de l'eau, et ne sont guère mieux mainte-
« nant. »

On était tellement au dépourvu, qu'on envoya
un religieux à la femme de M. Fontaine, absent,
pour savoir si elle pourrait nourrir la communauté, seulement pendant huit jours, et connaître
les instructions qu'elle avait reçues de son mari ;
cette dame « fit voir et goûter de la boisson
« qui était en sa cave, consistant en deux pièces
« de vin blanc, deux autres de vin clairet et deux
« autres dont on avait tiré quelque peu, lequel vin
« fut trouvé bon et potable, et Madame Fontaine,
« d'après les lettres de son mari, dit qu'elle s'occu-
« perait de satisfaire messieurs les religieux pour
« leur nourriture, et tout ce qui lui serait possi-
« ble. »

On était dans cette période d'anxiété et de
besoins, lorsque l'on apprit la nomination, par le
roi Henri III, de Aymart de Chattes comme abbé
de Fécamp, tandis que le Pape avait nommé de
son côté Louis de Lorraine au même poste, en

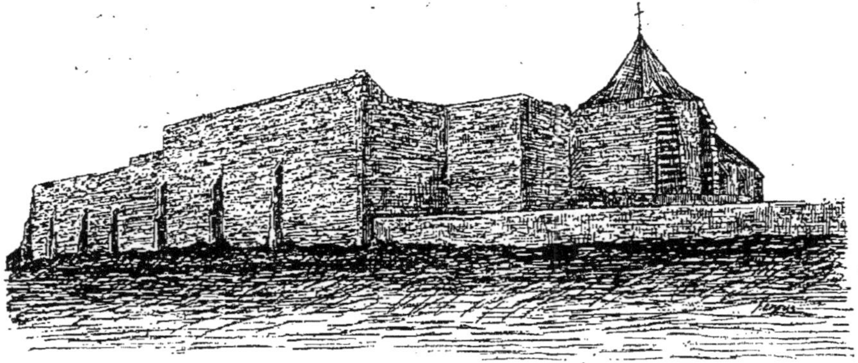

VUE DU PRIEURÉ DE N.-D. DE BEAUDOIN-BOURG

Pl. XXII.

remplacement de son oncle, le cardinal. La rivalité entre les deux postulants cessa par suite de la décision du Parlement de Caen, rendu en 1591, qui attribua l'abbaye à Aymart de Chattes.

Cet abbé, commandeur de Malte et gouverneur de la ville de Dieppe, s'entendait mieux à diriger des bandes de soldats que des gens d'église ; il vint cependant à Fécamp pour faire connaissance avec ses religieux ; ceux-ci lui exposèrent la position de la communauté au point de vue financier, qui n'était pas brillant. Il fit quelques promesses qui tardèrent à se réaliser ; de plus, on le vit bientôt abandonner ses religieux qui s'étaient déclarés pour la Ligue, et embrasser le parti du roi de Navarre, qu'il seconda de tout son pouvoir pendant qu'il était gouverneur de Dieppe.

Les grands événements militaires qui avaient attiré les armées aux environs de Paris, laissèrent un moment de repos à la ville de Fécamp, et le fort de Beaudoin-Bourg put être terminé. Le sieur de Catteville, premier capitaine de cet ouvrage, avait déjà été remplacé par M. Morel de Saquenville, en qualité de capitaine des bourg et forts de Fécamp.

Au moyen de cette nouvelle forteresse, la Ligue était toute puissante dans la ville ; elle s'y trouvait même dans une profonde sécurité lorsqu'un parti du roi de Navarre vint s'établir devant les forts de l'abbaye. Ils furent emportés après une résistance de peu de durée. On y laissa en garnison deux compagnies commandées par les capitaines De la Poterie et Bréchinal, qui interceptèrent les communications entre la ville et la forteresse de Notre-Dame.

Cette position était intolérable pour le parti contraire, aussi Villars s'empressa-t-il d'accourir avec de grandes forces, pour assiéger et reprendre la vieille forteresse de Fécamp. Des batteries furent dressées devant les remparts, et elles n'eurent pas plus tôt fonctionné que les assiégés s'aperçurent qu'ils n'étaient pas assez forts pour se maintenir dans la place.

Les capitaines De la Poterie et Bréchinal, après deux mois d'efforts inouïs, comme on devait l'attendre de tels hommes élevés à l'école du roi de Navarre, voyant qu'ils étaient sur le point de succomber, désirèrent obtenir de leurs adversaires une composition satisfaisante. Pensant que les religieux pouvaient leur servir d'utiles intermédiaires, « ils les supplièrent que, s'ils avaient « quelques faveurs vers le sieur de Villars, ou « quelque capitaine de ses troupes, il leur plût « parler à eux, et leur dire de leur part (d'autant « qu'ils estimaient qu'ils seraient plus ouïs que « non pas eux) que s'il leur plaisait les vouloir « recevoir à honnête composition, ils étaient prêts « à rendre la place, autrement qu'ils avaient envie « de tenir bon et de mourir à la brèche. Sur quoi « messieurs ayant délibéré, pour leur faire plaisir, « ont désigné MM. le panetier et l'aumônier et

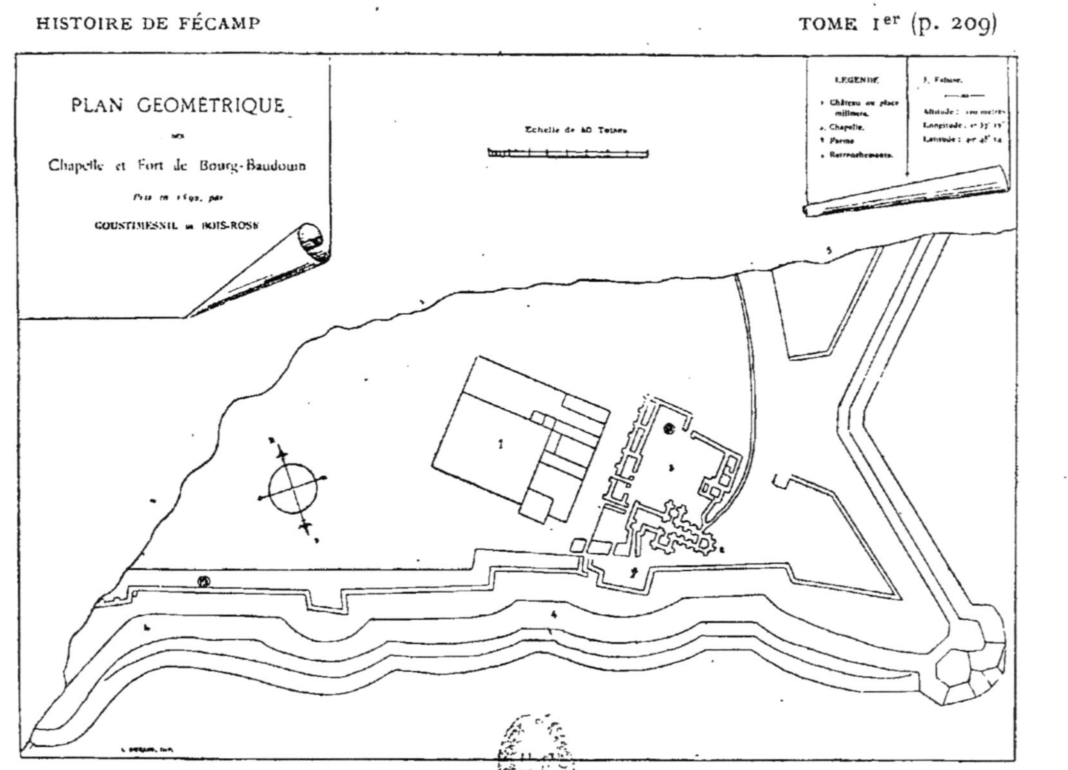

PLAN DU FORT DE NOTRE-DAME, DÉMOLI VERS 1615

Pl. XXIII.

« sous-prieur, pour parler à quelques-uns des
« capitaines du dit sieur de Villars, et après, les
« dits sieurs désignés se sont transportés à la
« maison de M. l'aumônier, et étant montés en cer-
« taine galerie qui est sur les murailles, ayant fait
« battre la caisse, par l'ordre des capitaine susdits,
« ont demandé à parler à M. de *Bosrosey*, l'un
« des capitaines des dites troupes, pour lui dire
« ce qu'ils avaient charge de la part des sieurs De
« la Poterie Dauphine et Bréchinal ; toutefois
« ledit sieur de *Bosrosey* ni autres capitaines
« desdites troupes n'auraient voulu entendre, com-
« bien que plusieurs fois lesdits sieurs religieux
« les ayant appelés et fait appeler venir continuant
« à leur dessein, *ont fait brèche, et sont entrés en*
« *assaut dans ladite forteresse.* »

Indépendamment de cette attaque où Bois-
Rozé s'était révélé comme un véritable soldat,
n'entendant rien aux subtilités des parlementaires, il
est intéressant de rappeler qu'au mois de septembre 1591, la ville de Fécamp et ses deux forteresses
avaient été sur le point d'être attaquées par les
troupes anglaises, envoyées le 13 août précédent à
Dieppe, par la reine Elisabeth, au secours de
Henri IV. D'après un fragment d'une lettre écrite,
à cette date, par le comte d'Essex, qui commandait
ces troupes, au chevalier Henry Unton, ambassadeur de la reine près du roi de Navarre, l'intention
du chef anglais était de se rapprocher de la Seine
et d'attaquer Caudebec, ou même d'aller mettre le

siège devant *Fécamp* ; la mort de son frère, lord Essex, tué à Pavilly, fit écarter ce projet. Il retourna à Pavilly, et les Anglais se retirèrent à Arques, sauvant à grand peine leurs bagages (3).

Tous ces événements se passaient avant le mois de novembre 1591. M. Boisrozé dont on vient de citer le nom, n'était pas un inconnu dans la région, car, très probablement, il était originaire de Montivilliers, où son père, Gilles de Goustimenil, avait été gouverneur, de 1569 à 1589. Il avait sans doute hérité de son frère du titre de seigneur de *Boisrozé* ou *Baurozé*, après la mort de Gilles de Brilly, sieur de Baurozé, marié au temple protestant de Turretot, le 18 novembre 1584.

Avant de servir sur terre, Boisrozé paraît avoir exercé sa bravoure et son intrépidité sur mer, dans les navires corsaires de la côte. D'après un arrêt de la Cour, rapporté par M. d'Estaintot (4), on parle de ligueurs faisant, en 1591, la chasse aux navires royaux, à bord de trois navires de Saint-Valery-en-Caux, commandés par *Bosrozé*, Mathieu Breton et son frère.

D'après Mme Guerout (5), on retrouve Bois-Rozé, après la prise des forts de l'abbaye, faisant partie du régiment de M. de Crillon, gouverneur de Honfleur, et envoyé à Rouen pour secourir l'amiral de Villars et les ligueurs, assiégés par les soldats de Henri IV.

On l'a vu, la forteresse de Fécamp se trouvait encore une fois au pouvoir de la Ligue ; mais ce n'était pas sans de grands dommages pour le monastère et les habitants, que la présence des armées ruinait sans cesse.

A peine a-t-il recouvré cette place, que Villars écrit aux religieux qu'ils lui ont manqué de parole, et que s'ils ne lui comptent pas ce qui lui est dû, il saura bien se faire payer ; ceux-ci lui répondent qu'ils manquent de tout depuis trois semaines et qu'ils n'ont reçu autre chose que leurs vivres. Ils donnent cependant commission au chambrier de se procurer l'argent comme il pourra ; ce dernier ne trouve d'autre expédient que de mettre en vente quelques coupes de bois, *en les faisant proclamer à la cohue*, mais personne ne se présente pour en acheter, parce que chaque jour on enlève des arbres pour le fort, que les soldats les prennent tantôt dans un endroit, tantôt dans un autre, et coupent celui qui leur semble le plus beau, à la hauteur de trois pieds. On porte plainte de ce pillage au capitaine de Saquenville, plainte qui ne remédie à rien, car M. de Villars, ne voyant pas arriver d'argent, fait arrêt sur les deniers de Jehan Guillebert, meunier du grand moulin, lesquels sont versés par ce dernier à l'acquit de la communauté.

Il était rare qu'un événement militaire ne fût immédiatement suivi d'un autre de même nature, sur cette terre de Normandie, journellement ravagée par les partis. A peine Villars s'est-il emparé de Fécamp, que l'armée du maréchal de Biron apparaît au loin, menaçante, et paraissant se diriger vers les remparts de la forteresse.

M. de Coquereaumont qui en était toujours lieutenant, voyant qu'il n'y avait aucun moyen de tenir tête à l'ennemi, fait savoir aux moines qu'il ne peut rester plus longtemps auprès d'eux, « car il pourrait être pris par ses adversaires et « subir une mort honteuse ; non par refus du « service qu'il doit à ces messieurs pour leur « conservation et celle de leur maison, mais « d'autant qu'il voit qu'il n'y a aucune défense pour « résister ; il abandonnerait sa vie sur un rempart « s'il était assisté, sans considérer la perte qu'il « pourrait en advenir. Ils les advertissait afin d'y « pourvoir et d'y donner des ordres. »

Les religieux, surpris et effrayés, envoyèrent un message à M. de Saquenville qui était au fort de Beaudoin, pour lui demander ce qu'ils devaient faire.

Le capitaine, occupé de la défense de sa propre forteresse, fit dire à ces messieurs de tenir toujours leurs portes fermées, et de ne pas les ouvrir à cause des coureurs qui pourraient venir ; il en excepte cependant ceux de M. le gouverneur de Chattes, « et il recommande aux moines de « monter la garde avec les bourgeois et de bien « se défendre, de faire feu s'ils voient arriver « quelque chose. » Le chapitre arrête que deux ou trois religieux, un ancien et deux jeunes, monteront chaque jour la garde avec les gens de la ville.

Chacun était à son poste sur les murailles, lorsqu'on apprit que l'armée du maréchal était très proche. M. de Coquereaumont jugea prudent d'évacuer la place. Le prieur écrivit à la hâte à M. de Chattes, pour recommander la maison, le bourg et ses habitants, *d'autant qu'ils étaient décidés à faire résistance*. Il crut devoir faire part de sa lettre à M. de Saquenville, pour le consulter au sujet de ce message d'autant plus utile qu'on apprit que « Messieurs de Valmont et autres, « voyant qu'ils ne pouvaient tenir, étaient allés « au devant de l'armée pour éviter un ravage. »

M. de Coquereaumont alla conférer lui-même avec M. de Saquenville, qui approuva la démarche des religieux et leur conseilla de faire demander à M. de Chattes une sauve-garde « tant pour le « bourg que pour les fermes des Plantis, de la « Roquette et de l'Epinai, qui en sont voisines. »

Le grainetier et le sacristain, chargés de porter cette lettre à Dieppe, reviennent dès le lendemain, sans avoir pu accomplir leur mission. Ils racontent qu'étant allés coucher le premier jour au château de M. de Bailleul, quelques gentilshommes les avaient avertis que c'en était fait d'eux s'ils passaient outre, car ils seraient immanquablement arrêtés par les troupes qui couvraient le pays.

Il paraît que le Chapitre n'eut pas une grande confiance dans la bravoure et la résolution de ses messagers, car il désigna d'autres religieux pour faire le voyage de Dieppe.

Ceux-ci rapportèrent des lettres de M. de Chattes qui mandait à la communauté « qu'il « n'avait pas su qu'on dût envoyer des garnisons « à Fécamp et qu'il lui en donnerait avis s'il « venait à le savoir ; du reste que l'*événement de* « *Rouen* donnait le conseil et le moyen de se « gouverner comme le temps le permettrait ; « qu'il était très faché de ne pas avoir les moyens « de les assister, mais qu'il profiterait de ceux « qui se présenteraient pour être utile à la com- « munauté et aux habitants de Fécamp. »

Au milieu de cette incertitude, on réparait à la hâte la brèche faite à la muraille par les troupes de Villars, ainsi que les portes et le pont-levis de la rue Arquaise, lequel était rompu à plusieurs endroits. On vendait toutes les tasses d'argent du coffre de l'abbaye, pour pourvoir à la subsistance des moines et éviter « qu'elles ne soient perdues « et derobées s'il advenait quelque ravage ; le « surplus de l'argent provenant de cette vente « fut distribué aux religieux. »

Après le siège de Rouen, par Henri IV, nous voyons apparaître de nouveau à Fécamp le fameux capitaine Bois-Rozé, qui s'était couvert de gloire à ce même siège, où il avait encore servi le parti de la Ligue. Mais cette fois, à la suite de difficultés qu'il avait eues avec Villars, il était passé à l'armée du roi de Navarre.

Par une nuit du mois de novembre 1592, Bois-Rozé, à la tête d'une soixantaine d'hommes aussi hardis que lui, surprit le fort de Notre-Dame, en escaladant la falaise et fit prisonnier la garnison des Ligueurs qui s'y trouvait. Nous reviendrons, dans un appendice, sur les circonstances dans lesquelles a dû s'opérer ce fait d'armes extraordinaire.

Comme Bois-Rozé n'avait pas assez d'hommes pour garder ses prisonniers, il les renvoya à Fécamp dès le matin même, et ils annoncèrent aux habitants l'événement de la nuit. Quelques pièces de canon braquées sur la ville, apprirent aux bourgeois qu'ils ne devaient pas laisser manquer de vivres la nouvelle garnison, s'ils tenaient à conserver sur pied le reste de leurs maisons et leurs églises.

D'après M. Fallue, Bois-Rozé réclama, aussitôt après sa victoire, la solde et les vivres fournis par la communauté à ses prédécesseurs, et il prévint le prieur qu'il allait faire raser le bois du Goulet, ayant besoin de fagots pour brûler et de palissades pour garnir les remparts de sa forteresse. Le chapitre, mécontent de ces exigences, chargea M. de Boismilon, son garde général, d'aller trouver le nouveau commandant et de lui représenter que ces bois n'étaient pas encore en coupe. Boismilon monte au fort et ne trouve pas le capitaine Bois-Rozé *qui était déjà aux champs.*

Villars n'eut pas plutôt appris que la forteresse de Notre-Dame était au pouvoir de Bois-Rozé, qu'il appela de tous côtés des forces pour l'assiéger et la reprendre. Des troupes se réunirent au pied de la forteresse, du côté du port de Fécamp ; quelques compagnies se retranchèrent sur le plateau de Senneville, dans une enceinte fermée par un rempart gazonné et garni de canons. Ces travaux d'attaque se voient encore, ajoute M. Fallue, au dessus de la côte de Fécamp, au haut du chemin connu sous le nom de *Sente aux matelots*.

Pendant les treize mois du blocus de la forteresse de Notre-Dame, la Ligue avait conservé la place de Fécamp, et y avait transféré les juridictions de Caudebec. Nous en trouvons la preuve lors de la convocation des Etats-Généraux en 1593. L'un des députés était Antoine de Masquerel, baron de Hermanville, qui se présenta le 16 février 1593 et justifia de sa nomination faite à Fécamp, le 2 décembre 1592, par devant Pierre du Crottay, écuyer, lieutenant du bailli de Caux. Le 15 mars, il demanda un congé de dix jours, pour aller, avec Villars, trouver le duc de Mayenne. On ne lui donna qu'une semaine, et il jura de revenir. En effet, il resta à Paris après la prorogation des Etats au 2 août (6).

L'investissement de Fécamp continuait toujours, mais avec des chances nouvelles pour Bois-Rozé. Il avait appelé le Roi à son secours. Henri IV, à l'expiration de la trève de trois mois qu'il avait accordée au moment de son abjuration, malgré la

RUINES DU FORT DE NOTRE-DAME (PRÈS DE LA FALAISE)

(D'après une photographie de M. LELEU)

Pl. XXIV.

promesse faite de la continuer, malgré les récla-
mations de Villars, ne se fit pas scrupule de ren-
forcer la garnison de Fécamp.

Le Roi resta dans la Haute-Normandie, dans
le courant de novembre 1593. Le 16 novembre,
lorsqu'il était à Dieppe, il écrivait au comte
d'Escars qu'il ne pouvait s'éloigner de ces quartiers
parcequ'il lui fallait pourvoir à Fécamp. Le jeudi
suivant, 18 novembre, dit M. d'Estaintot (7),
Henri IV était à Fécamp, et il envoya M. d'Incar-
ville et le Commandeur de Chattes, trouver Villars
de sa part. Le 23, le Roi était de retour à Dieppe.

Ce nouveau siége de Fécamp pesait lourde-
ment sur les habitants qui adressèrent leurs
remontrances à la réunion des Trois-Etats de
Normandie, tenue à Caen le 16 novembre 1593.

« Les povres habitants du plat pays de Caux
« se plaignent infiniment à votre Majesté de ce
« que, depuis le commencement de ces troubles ils
« ont toujours eu les armées sur le dos. Tantôt
« celle de votre Majesté, tantôt celle de l'ennemi
« au siège de Dieppe, l'armée de M. le duc de
« Longueville, tantôt l'armée conduite par le
« Maréchal de Biron au siége de Fécamp....
« Lesquelles armées les ont tellement ruinés qu'il
« ne leur reste plus que le seul moyen de se
« plaindre. Ils demandent donc au Roi de défendre
« à toutes personnes de lever des deniers sans
« lettres-patentes vérifiées ès Cour souveraine. »

Le Roi fit réponse par une ordonnance rendue en son Conseil tenu à Chartres, le 26 février 1594, « qu'il ne soit fait aucune levée si ce n'est par « commission ou lettres-patentes (8 . »

Le tableau, mis sous les yeux du Roi, était loin d'être surchargé, car les mémoires de l'époque sont unanimes à constater les malheurs de ce temps. Dom Mareste rapporte que, pendant la guerre de Henri IV, non seulement la ville ou bourg de Fécamp, mais encore le monastère étaient remplis de soldats. Les religieux avaient été taxés à une somme énorme pour l'impôt connu sous le nom de *décimes*.

Le sieur Barbey, fermier à Senneville, n'avait pas été plus heureux. Il demanda remise de ce qu'il devait à l'abbaye : « vu le ravage des guerres « et des deux armées qui ont séjourné devant le « fort de ce lieu, environ deux mois et qui lui ont « pris ses bêtes à laine, ses vaches et ses récoltes. »

François Deneuve, de Saint-Léonard, avait adressé à la communauté la même requête et pour les mêmes motifs.

Quelques maisons de Fécamp eurent aussi beaucoup à souffrir du siège. Celle de Jehan Duval, située près de la porte du pont du Bail, fut entièrement ébranlée et ruinée par le canon que les assiégés avaient placé sur cette porte. Presque toutes les vitres de l'église abbatiale avaient été brisées, et le nouvel abbé de Fécamp donna, en 1596, cent écus pour les réparer.

HENRI GOUSTIMESNIL SIEUR DE BOIS-ROSÉ

Gouverneur de Fécamp

Pl. XXV.

Adam Menessier, Baptiste le Doyen, Jean Assire, Jacques Fontaine, Nicolas Dargent, Nicolas Lemétay, Guillaume Leclerc, Guillaume Godefroy; les veuves de Guillaume-Jacques Forestier, Nicolas Lemaréchal et Thibaut-Tinel, qui possédaient des maisons en bois sur la chaussée, entre les deux barres, c'est-à-dire où est aujourd'hui le Grand-Quai, sollicitèrent de l'abbaye l'autorisation de les reconstruire, parce qu'elles avaient été « ruinées et abbattues par les soldats et gens de « guerre, durant le siège du fort de Notre-Dame. » Il n'en restait pas la moindre trace, mais comme leur existence était *notoire*, le Chapitre autorisa, en 1594, la reconstruction de ces maisons, non plus en bois, mais en maçonnerie.

Ne pouvant supporter les charges si onéreuses que le logement de plusieurs centaines de soldats faisait peser sur la ville, cent vingt ménages des plus aisés la quittèrent pour aller s'établir ailleurs. Au sujet de cette émigration, Jean Guillebert, locataire de trois moulins appartenant à l'abbaye, demande une remise sur ses fermages « vu les guerres et les troubles régnants, « et que depuis l'assiègement du fort Notre-Dame « de Beaudouin-du-Bourg, la plus grande partie « des bourgeois et habitants du dit lieu, leurs « femmes et familles s'étant retirés ailleurs et que « le trafic de la marine était délaissé par le rompe- « ment des barres et du port du hable, lesquels

« procuraient la plus grande et meilleure partie
« des graines des moulins. »

Les campagnes voisines étaient à peu près
traitées de la même manière : Jacques Labbé, de
Senneville, fit entendre de nouvelles plaintes « sur
« les pertes, volleries et pilleries qu'il souffrait
« chaque jour, étant proche du fort Notre-Dame
« et qu'enfin il avait perdu une belle pièce d'avoine
« prête à être récoltée, les gens d'armes ayant mis
« leurs chevaux dans icelle pièce, lorsqu'il y eut
« *quelques soldats de Bois-Rozé exécutés*. » On
voit par là que les soixante héros de cette intrépide capitaine ne furent guère récompensés de
leur fait d'armes extraordinaire.

A Saint-Léonard, les fourrages étaient enlevés
des granges ; au Val-aux-Clercs, Michel Catelier,
fermier de la côte Bertin et d'une autre propriété
assise au camp Christophe, annonçait qu'il avait
ensemencé ses terres de toutes espèces de grains,
en 1593 « et qu'en la même année, M. l'amiral
« *étant venu à Fécamp avec de grandes troupes*,
« et posé garnison tant de cheval que de pied, pour
« tenir fort comme assiégée la dite garnison, pour
« nourriture de ses chevaux, aurait totalement
« coupé, ravagé, pillé et emporté tous ses grains,
« dont il aurait souffert une perte de plus de cent
« cinquante écus ».

Le capitaine de Marseilles avait succédé à
M. de Saquenville, et s'occupait beaucoup plus de
faire payer la solde de ses hommes que de rétablir

parmi eux la discipline ; il écrivit aux moines pour leur demander cinq cents écus, *faute de quoi il serait obligé de contraindre leurs fermiers* ; la réponse fut qu'on n'avait pas d'argent, et qu'il fît ce qu'il jugerait à propos. Des garnisaires furent envoyés dans les campagnes, et il n'y a pas de doute que cette contribution forcée n'ait été le prétexte de nouvelles et rigoureuses exactions.

Ce n'était pas encore assez de tous ces maux : comme si, à certaines époques, l'espèce humaine était poursuivie par une destinée qu'elle ne peut éviter, la peste faisait de nouveaux ravages à Fécamp. Le Chapitre fut assemblé dans le but de prendre des mesures contre ce terrible fléau ; on donna l'ordre à M. de Boismilon de faire couper des perches pour construire des loges dans la forêt. Les pestiférés y étaient journellement conduits, livrés aux soins de la charité chrétienne et des membres de leurs familles qui osaient affronter la contagion.

On fit éloigner de l'intérieur du fort les frères de charité de Saint-Léger et de Saint-Thomas, qui portaient tous les jours des individus morts de la peste ; et l'on renvoya des églises, les pauvres qui s'y entassaient comme dans des refuges. Il y avait aussi des malades près de la boulangerie du couvent, située en dehors des murs ; on craignit que le pain ne reçût le mauvais air, et on ordonna de faire rentrer le boulanger dans l'intérieur. Comme la maison du four était occupée par les chevaux des gendarmes, on fut obligé de construire un autre bâtiment et un autre four.

On s'aperçut aussi que des soldats et des gens de la ville se réunissaient dans le cellier et dans la cellule de Jean Brebion, clerc, qui y tenait taverne, et que Jacques Docquet, troisième cuisinier, recevait beaucoup d'étrangers dans sa cuisine. Il fut défendu à l'un et à l'autre d'introduire personne à l'avenir dans le monastère, sous peine de perdre leur état.

Le capitaine de Marseilles avait été remplacé par M. de Vouliers, et celui-ci ne tarda pas à l'être par M. de Champieron ; le blocus du fort Beaudouin continua d'être rigoureusement observé, car la garnison royaliste était un mauvais voisinage pour la Ligue aux abois. Champieron montra beaucoup de zèle pour la cause de l'Union, et défendit aux cultivateurs de Senneville, de mettre leurs bestiaux à pâturer vers le fort Notre-Dame, de crainte que ces animaux ne devinssent la proie de l'ennemi. Cette défense porta le plus grand préjudice aux fermiers qui perdirent leurs pâturages sur cette partie de la côte.

La surveillance de Champieron s'étendait sur toutes les classes d'individus placés dans le ressort de son commandement. Un jour, il fit savoir au prieur Campion « qu'il avait une mauvaise opinion « d'un de ses moines, qui allait souvent à Lille- « bonne et autres endroits du parti contraire, et « donnait avertissement au sieur de Bois-Rosé de « ce qui se passait. »

Ce moine, voyant que sa conduite était surveillée, demanda au prieur la permission de se retirer du monastère, *jusqu'à ce que les compagnies ayent quitté le pays, craignant qu'il lui arrivât quelque tort*. Cette permission ne lui fut donnée qu'à la condition qu'il ne fréquenterait aucun lieu contraire au parti *ni autre que sous l'autorité de M. de Villars*.

Les temps n'étaient pas éloignés où la lassitude des partis, les maux de la patrie déchirée par l'étranger, devaient amener une transaction désirée de tous. Heni IV en donna lui-même l'exemple, en abjurant les doctrines du calvinisme. La Ligue n'ayant plus de prétexte pour s'éloigner de ce prince, tous ses chefs firent successivement leur soumission, et Villars lui-même, ce chaud partisan de l'union catholique, fit son accommodement avec le roi, auquel il rendit la ville de Rouen. Toute la Normandie suivit l'exemple de sa capitale.

M. de Chattes, voyant que la paix devait amener un changement dans la situation des affaires religieuses, consentit à un arrangement avec son concurrent Louis de Lorraine, élu par le Pape; il y eut entre eux partage des revenus attribués à l'abbé de Fécamp.

La France aurait été tranquille si les Espagnols, premiers instigateurs de la Ligue, n'avaient encore intrigué avec les mécontents de tous les partis, leur armée s'empara d'Amiens et l'on craignit à

Fécamp de revoir l'ennemi devant les portes. Le capitaine Tuville, qui était alors gouverneur de la forteresse, écrivit aux religieux : « qu'il serait bon « de se fortifier et de faire des barricades en cette « ville, *où il y en avait eu par ci-devant*, et de « réparer les ponts et les portes pour les fermer « et les faire couvrir de gens, si c'était besoin « pour la sûreté de ces Messieurs.» Ces précautions devinrent inutiles, le roi se porta devant Amiens avec ses sujets fidèles, parmi lesquels se distinguait le commandeur de Chattes, et les Espagnols furent obligés de regagner leurs frontières. De là, Henri IV se rendit à Rouen, d'où il confirma les privilèges de l'abbaye de Fécamp.

Le nouveau gouverneur de Fécamp ne résida plus dans le fort de Beaudoin-Bourg, dont la démolition fut décidée aussitôt après la cessation de la guerre qui avait nécessité la construction de cette forteresse. Dès l'année 1594, on avait décidé une levée de deniers pour la faire disparaître; mais ce travail ne fut pas effectué immédiatement, ainsi que le prouve la découverte d'un double tournois de Louis XIII, daté de 1612, et trouvé dans une cave voûtée, située sous l'emplacement du phare actuel.

La démolition de la forteresse n'eut lieu qu'en 1615, par ordre de l'autorité militaire et malgré l'opposition des religieux de l'abbaye de Fécamp, qui avaient craint que cette destruction ne leur portât préjudice (9).

Tout le monde voulait faire disparaître ces vestiges d'une lutte fratricide. Les soldats mêmes, qui avaient combattu, tantôt pour un parti, tantôt pour un autre, sollicitèrent un pardon complet, c'est-à-dire une amnistie pour faits de guerre. De ce nombre furent M. Morel de Saquenville et le capitaine Lastes. Par lettres patentes enregistrées en 1598, en la Chambre des Comptes de Rouen, le premier, « ayant commandé pour la Ligue au fort de « Fécamp, était déchargé par sa Majesté de tout « ce qu'il auroit fait contre son service et de tous « actes de guerre et hostilité comme s'il estoit « nommément compris dans l'édit de réduction de « Rouen et autres places de Normandie, remises « par le sieur amiral de Villars. » Quant au capitaine Lastes, il obtenait décharge « de tous actes « d'ostilité commis en fait de guerre pendant qu'il « commandait au fort de Fécamp pour la Ligue. »

C'était aussi le moment de régler les comptes des dépenses de guerre. En 1595, le Roi fait « rembourser à l'amiral de Villars 2.500 écus « qu'il avait avancés et prêtés au dit Roi pour la « solde et entretenement des gens de guerre « estant au fort de Fécamp en l'année 1594, sui- « vant accord avec le sieur de Chattes » (10).

Ajoutons, en terminant ce chapitre de la guerre de Fécamp à la fin du xvıᵉ siècle, qu'il y a quelques années, en creusant un des anciens retranchements, pour la continuation du grand chemin de Senneville, des ouvriers mirent à découvert un squelette humain, appartenant vraisemblablement à l'une des victimes de cette lutte qui n'avait que trop duré. Ils trouvèrent aussi deux petits boulets, une lame de poignard lozangée de treize centimètres de longueur, plusieurs deniers tournois à l'effigie de Henri III, et, à une profondeur un peu plus grande, les restes d'un âtre de cheminée, où ils aperçurent encore des restes de charbon. Plusieurs de ces objets, dit M. Leport, ont été recueillis par M. Yver, agent-voyer. (11)

COUVENT DES CAPUCINS

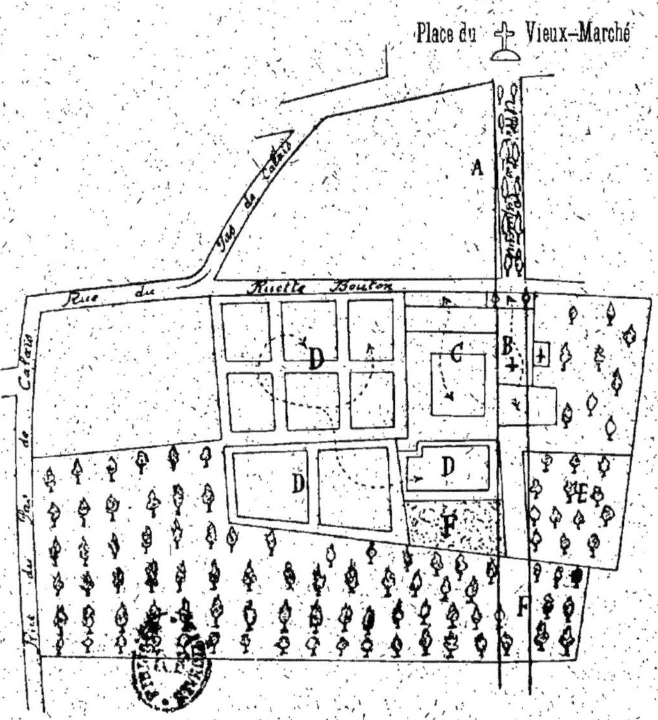

LÉGENDE

A Allée des Capucins.
B Entrée et église des Capucins.
C Cours et bâtiments.
D Jardins.
E Basse-cour plantée.
F Terrasse et bosquets.

Pl. XXVI.

CHAPITRE VIII

Protestants et catholiques — Discussions théologiques — Les Capucins et les Annonciades — Rivalités entre séculiers et réguliers — Associations religieuses — Lutte mortelle — Réédification du monastère — La réforme des religieux — Révocation de l'Edit de Nantes — Fonctionnaires militaires et financiers — Fécamp compris dans le gouvernement du Havre — Tarifs de douane — Habitants réunis en état de commun — Un hiver rigoureux — Marine marchande — Le port royal de Fécamp — Projet de Vauban — Alerte de 1694.

UNE ère de paix religieuse et de calme dans les esprits s'annonçait au commencement du xvıı^e siècle, après l'Edit de Nantes, signé le 1er avril 1598, qui avait accordé aux protestants la liberté et la publicité de leur culte dans toute la France.

Cet acte de tolérance venait après une série d'édits contradictoires, inspirés plutôt par l'intérêt gouvernemental que dans un but de prosélytisme religieux. Parmi ces prohibitions, il faut rappeler l'édit de janvier 1577, qui, en interdisant la pratique du culte, avait obligé les réformés du Havre a établir leur prêche à Turretot, tandis que ceux de Fécamp se réunissaient à Ganzeville, sous la direction du ministre Jacques Godard. Ce fait nous est révélé par le registre des mariages de Turretot, où l'on mentionne « celui de Jean « Hervieu de Fécamp et de Angammare Bazin, « du dit lieu, leurs amoures (*sic*) ayant été « publiées en l'église de *Gansseville* par Jacques « Godard, ministre du dit lieu par trois dimanches. »

Nous ne connaissons point le nombre des protestants qui habitaient alors à Fécamp et dans les environs ; nous savons seulement que parmi les personnages marquants de la religion nouvelle, se trouvaient Jean de Bondeville, de la paroisse de Saint-Léger, et Gilles de Brilly, sieur de Beaurozé, de la famille du héros de Fécamp.

C'est sans doute après l'Edit de Nantes que les protestants de Fécamp et des environs auront transféré leur prêche au hameau de Maupertuis, où il subsista pendant tout le XVIIe siècle. Parmi les ministres qui exercèrent pendant ce temps, on peut citer MM. Abdyas de Montenys (1611-1613) ; Gillault (1618) ; Davide Cuslode (1644-1648) ; David Blanchard, de la Cervannière (1663-1669). Dans différentes circonstances, notamment en 1644-1648, le ministre de Fécamp fut chargé de desservir le temple de Criquetot.

Indépendamment des religieux de l'abbaye, les membres du clergé catholique étaient beaucoup plus nombreux à cette même époque qu'ils ne le sont aujourd'hui. En 1629, on comptait, en effet, neuf prêtres pour l'église de Saint-Etienne, quatre pour celle de Saint-Fromond, deux pour celle de Sainte-Croix et autant pour celle de Saint-Nicolas. Les paroisses de Saint-Thomas, de Saint-Léger, Saint-Ouen, Saint-Valery, Saint-Benoist étaient desservies chacune par un prêtre, ce qui faisait un total de vingt-deux ecclésiastiques pour les neuf paroisses de Fécamp (1).

Chacun de ces pasteurs employait tous les moyens de persuasion pour recruter ou conserver ses adeptes ; les prêtres catholiques étaient habilement secondés par les plus érudits parmi les bénédictins de l'abbaye. L'un deux, de grande réputation, le prieur Dom Marc Bastide, établit dans l'abbaye des conférences publiques de controverse et invita plusieurs fois le ministre de Fécamp à entrer en discussion avec lui. Ce dernier dit qu'il ne voulait disputer qu'avec le prédicateur de l'abbaye ; dom Benetot, qui remplissait cet office, s'offrit alors en chaire, en présence d'un grand nombre d'auditeurs ; mais le ministre, n'osant se mesurer avec lui, manqua de parole, et ne parut pas à la conférence (2).

La rivalité n'était pas circonscrite entre les catholiques et les protestants, elle se faisait jour encore au sujet des maisons religieuses, qui avaient été se multipliant dans la ville. En 1622, étaient apparus les capucins, dont le monastère de Fécamp devait abriter l'abbé de Vertot, célèbre historien normand.

Ce petit couvent avait obtenu l'appui et le concours du puissant monastère des Bénédictins qui lui accordèrent un terrain vague, actuellement rue Charles-Le Borgne, pour bâtir leur maison de Fécamp. M. de Villars, gouverneur du Havre, les favorisait également et c'était au milieu d'une grande solennité, présidée par Mgr de Harlay, archevêque de Rouen, que l'on avait bénit la croix du nouvel établissement. Mais l'église de ce monastère ne fut dédiée qu'en 1669.

L'abbaye de Fécamp vint encore au secours des Capucins dans différentes circonstances. Ainsi, en 1669, alors que ces religieux étaient dans le besoin, l'Abbaye leur octroya un poinçon de vin (3).

Trente ans après, un autre monastère de femmes s'établit aussi à Fécamp, sous les titres des *Vertus* ou des *Annonciades*. Des lettres patentes données en 1651, autorisèrent l'établissement de cette congrégation, fondée en 1648 par Jacques Béruyer, conseiller d'Etat (4).

Mais les curés de Fécamp n'avaient pas vu les nouveaux venus avec la même bienveillance que les religieux de l'abbaye.

En 1627, ces curés s'étaient réunis pour dénoncer un religieux capucin, le frère Marion,

COUVENT DES ANNONCIADES

De 1710 à 1753

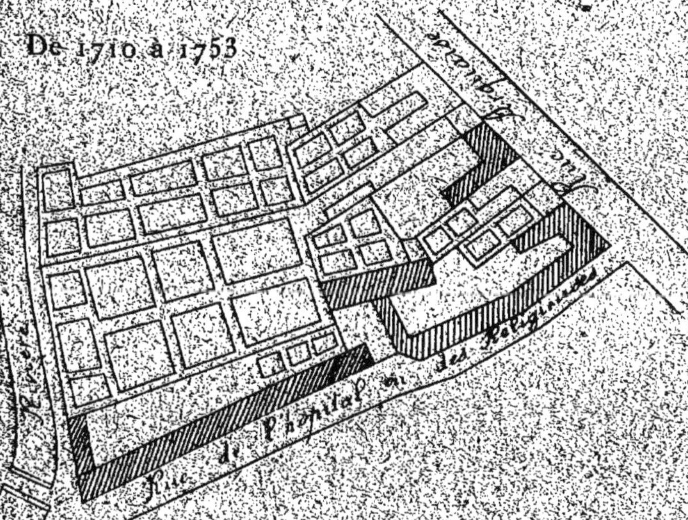

De 1753 à 1792

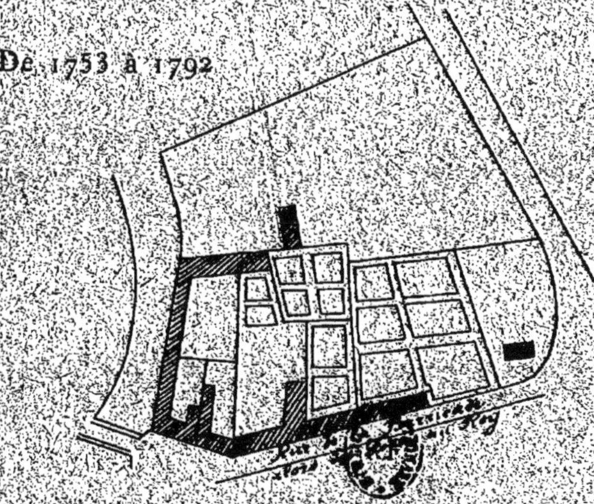

à l'occasion de certaines propositions par lui soutenues dans les prédications qu'il avait faites en l'église de Saint-Fromond et dans la chapelle de Notre-Dame du Bourg-Beaudoin. « Pour donc
« commencer, disaient-ils, il se remarque que le
« 1er dimanche d'octobre 1627, le dit capucin
« monta sur la montagne où est bâti le prieuré et
« la chapelle de Notre-Dame et illec prêcha à la
« messe, qui d'ordinaire et de toute antiquité est
« dite et célébrée les dimanches, du matin, avant
« les messes paroissiales pour n'empêcher per-
« sonne d'assister à la messe de paroisse. »

L'accusation portait principalement sur ce que ce religieux contestait l'obligation d'assister à la messe de paroisse, de se soumettre aux derniers décrets du Concile de Trente et aux dispositions du Concile provincial de Rouen tenu en 1582.

« Pourquoi ils demandent à l'abbé de tenir
« la main et répugner tel scandale, et qu'en suite
« du Concile de Trente, les églises paroissiales
« du dit bourg et d'ailleurs, dépendant de cette
« exemption, puissent toujours demeurer limitées
« et chaque curé avoir son troupeau particulier. »

Nous ne savons dans quel sens fut rendue la sentence de l'officialité ; mais, si l'on en juge par la déposition d'un témoin, l'abus signalé n'était pas bien grave. Horace Paulier, religieux de l'abbaye, *y faisant des livres d'église à chanter* dit « que le
« religieux capucin incriminé fit quelques inter-
« rogations aux enfants, en forme de catéchisme,

« lequel néanmoins n'en donna aucune explication
« mais prit un livre de pseaumes de David, en
« français, dont il lut quelques versets. » (5)

D'autres difficultés s'élevèrent encore, quelques
années plus tard, entre les membres des nombreuses confréries érigées dans la ville et où s'étaient
glissés quelques abus. Une ordonnance synodale
rendue en 1655 par l'official de Fécamp, tout en
constatant que « l'usage des confréries de soi
« très saint et très utile aux fidèles, est corrompu
« par des abus et mauvaises pratiques qui s'y
« peuvent glisser, si l'on n'y apporte le remède
« convenable. A l'avenir aucune confrérie ne sera
« établie, qu'elle n'ait été approuvée. » (6)

Parmi les confréries établies à Fécamp et dont
on voulait parler, on peut citer, à Saint-Etienne,
celle de Saint-Pierre et de Saint-Clément, érigées
en 1644; celle de Saint-Joseph, instituée en 1647.
A Saint-Fromond, se trouvait la confrérie de la
Sainte-Trinité ou du Saint-Sacrement. A Saint-
Léger, c'était la confrérie ou charité des Agonisants.
A Sainte-Croix, on rencontre celle du Saint nom
de Jésus ; à Saint-Thomas, la confrérie placée
sous le vocable de ce saint ; à Saint-Benoist, celle
de Saint-Fiacre.

Indépendamment de ces confréries entre habitants d'une même paroisse, sans distinction de
profession, il y avait encore les confréries des
gens d'un même métier, par exemple celle des
toiliers dont il est fait mention en 1698,

Les statuts de ces associations étaient à peu
près identiques; il suffit de citer un règlement
pour connaître tous les autres. Celui de la confrérie
de l'église de Sainte-Croix, établie le 12 juin 1644,
portait spécialement « que le maire et ses échevins
« nommeraient un clerc entre les frères, lequel serait
« tenu, la veille des *sièges*, à dix heures du matin,
« de marcher par les rues, la clochette à la main,
« pour avertir les frères et sœurs de la solennité de
« la confrérie pour les faire rendre à l'église. » (7)

Cet esprit de solidarité n'existait pas seulement
entre habitants de la même ville, mais il embrassait
encore les malheureux captifs ou malades. En voici
deux exemples : Le 10 janvier 1651, commission
avait été donnée à Mᵉ Charles Petit et Gaspard
Colmel « afin de quêter pour la délivrance de
« Nicolas Pirot, habitant du dit bourg de Fescamp,
« détenu captif à Marseille. » Et, le 22 mai de la
même année, l'official de Fécamp avait permis
aux curés de Fécamp de recommander aux charités
de leurs paroissiens, Gabriel Périer « qui n'avait
« de quoi faire panser un mal de tête qui l'empê-
« chait de gagner sa vie. (8)

A cette époque, les rapports entre les habitants
et les religieux de l'abbaye étaient assez tendus à
la suite d'incidents qui eurent pour résultat
d'isoler la population et de jeter une certaine
défiance parmi elle ; il fut interdit aux habitants
du bourg de faire paître leurs animaux dans les

cours de l'abbaye et d'y étendre des toiles, du fil et du linge.

La suppression de cette faveur, qui avait sans doute été accordée précédemment aux habitants, n'était pas de nature à apaiser les esprits ; mais il se passa un fait plus grave, rapporté par M. Fallue, fait qui peut donner une idée des mœurs de l'époque.

Jehan de Clercy, écuyer et sous-diacre, avait quitté le couvent sans permission, pour aller souper chez Jacques Lecomte, son médecin, en compagnie du gendre du dit Lecomte et de M. Pibois de Grand-Mare. Il était sorti à dix heures du soir avec ce dernier, pour rentrer à l'abbaye, et passait par la rue Arquaise, devant la maison de Jacques Castellier, bourgeois de Fécamp, lorsque celui-ci s'approcha d'eux en disant qu'il n'était pas l'heure que les moines fussent par les rues. Il est difficile de savoir au juste ce qui se passa à la suite de ce propos, puisque le fait principal ne nous est connu que par le rapport de Jehan de Clercy.

Il raconte que le sieur Castellier s'était jeté à sa gorge, comme s'il eût voulu l'étrangler « et « que lui, se sentant irrité et ému, il se serait « saisi d'une petite épée que portait le sieur de « Grand-Mare et de laquelle, sans l'avoir tirée du « fourreau, il aurait donné un grand coup de « plat sur le dit Castellier, et que, ce faisant, le « dit fourreau était sorti d'icelle, de sorte que le

« sieur Castellier aurait été atteint d'un coup dans
« le ventre, par sa faute, et se serait exclamé que
« le dit Clercy l'aurait tué. » En effet, Castellier
ne survécut que peu d'instants à la blessure qu'il
avait reçue (9).

De Clercy fit agréer ses excuses au Parlement,
et obtint grâce et rémission du roi, après avoir
transigé avec la femme et les enfants de sa victime.

Les premières années du xviie siècle furent
employées à remettre un peu d'ordre dans l'administration spirituelle, judiciaire et financière de
Fécamp. Le grand vicaire de l'abbaye fit lancer
des monitoires contre ceux qui retenaient les
papiers du chartrier et les titres qui avaient été
pillés pendant les troubles ; il fit rentrer l'abbaye
dans la possession des terrains qu'elle avait
concédés, moyennant certaines redevances, pour y
bâtir des maisons, et qui se trouvaient vides et
vagues depuis que ces édifices avaient été détruits
par la guerre ; il aida quelques propriétaires à
rétablir leurs habitations en fournissant les bois
et les matériaux nécessaires ; il permit à Nicolas
Guibout de réédifier ses moulins à huile et à tan,
détruits et démolis pendant le ravage des guerres ;
on reconstruisit les maisons qui étaient situées
depuis la porte de la forteresse jusqu'aux petites
halles, et celles qui avoisinaient la porte du Bail ;
on releva l'édifice qui servait de prétoire et de
cohue à la baronnie d'Aizier ; on emprunta cinq
cents écus pour acheter, dans l'intérieur du fort, la

maison de la *Fleur-de-Lys*, devenue depuis l'hôtel du *Grand-Cerf* (10) ; on fit réparer le *jeu de paume* du couvent, pour favoriser un exercice qu'on jugeait nécessaire à la santé des jeunes religieux. Enfin, vers 1656, les bâtiments claustraux furent réédifiés presque entièrement.

Il ne suffisait pas de relever les ruines laissées par les guerres civiles et étrangères des xve et xvie siècles, il fallait encore réformer les abus que l'on signalait à l'intérieur des monastères et spéciale-ment dans celui de Fécamp ; il était nécessaire de retourner à la discipline que le malheur des temps, plus que la volonté des hommes, avait fait aban-donner.

Tous les religieux n'acceptèrent point ce retour aux sages prescriptions de l'Eglise, car, en 1654, l'official du diocèse de Rouen fut contraint de sévir contre certains moines de Fécamp, non réformés, qui vagabondaient à Rouen, portant grand cheveux poudrés, hantant les jeux de paume et autres où se tenaient berlans et table ouverte *(sic)* (11).

L'introduction, à Fécamp, des bénédictins réformés de la congrégation de Saint-Maur, fut un événement considérable, aussi bien pour les habitants que pour l'abbaye, et le concordat passé à ce sujet, en 1649, nous fournit de curieux ren-seignements sur l'organisation civile et religieuse de la ville au milieu de xviie siècle. Il nous apprend, en effet, que le trésor abbatial était chargé de rétribuer une grande partie des fonctionnaires de la ville, notamment de fournir les appointements du capitaine de la forteresse de Fécamp, du lieutenant et du sénéchal, de l'avocat de la seigneurie, des portiers de la forteresse et de la geole, du bailli de Caux, du procureur du roi, du maître et des sergents des bois, du voiturier de Fécamp, enfin de subvenir au traitement de tous les curés de Fécamp.

C'est ainsi que le capitaine de la forteresse recevait annuellement 160 livres et chaque jour deux grands pains blancs de fleur de farine, ainsi que deux pots de vin. Le procureur fiscal recevait un traitement de 80 livres ; le procureur du roi à Montivilliers, 6 livres 8 sols ; les huit sergents des bois, chacun 20 livres par an. Chacun des curés de Fécamp recevait une indemnité de 25 livres par an, etc.

On sait que la fin du xviie siècle fut marquée par la révocation de l'Edit de Nantes qui, pendant quatre-vingt-cinq ans, avait toléré l'exercice du culte public de la religion protestante. Par un nouvel édit du 22 octobre 1685, Louis XIV avait ordonné la démolition des temples restés encore debout, interdit toute assemblée religieuse, et banni du royaume les ministres protestants qui ne voulaient pas se convertir.

Mais déjà le temple de Maupertuis-Fécamp avait disparu avec celui de Criquetot, dont la destruction avait été décidée par arrêt du Parlement, rendu le 13 août 1685. Puis, un certain nombre d'habitants du pays de Caux préférèrent s'expatrier plutôt que de revenir à la religion catholique. Parmi les gentils-hommes qui s'exilèrent pour cause de religion, il faut nommer, dit M. F. Waddington, Dumont, de Fécamp.

Pour les émigrants protestants, écrit M. Floquet (12), les juges de Normandie étaient sans pitié, et pendant longtemps les minutes de tous les bailliages sont remplies de dures sentences que chaque jour on y prononçait contre eux. Ce qu'à Saint-Lô, ce qu'à *Fécamp*, à Dieppe, au Havre il se rendit de jugements inhumains, dépasse toute idée.

Voici un extrait de l'interrogatoire subi par les religionnaires devant le lieutenant du roi, à Fécamp, le 1er août 1687 (12) : « Jean Becquet, de « la paroisse de Bolbec, interrogé pour quel « dessein il était parti de sa maison, dit sans « aucun conseil, être parti de sa maison, avec sa « femme et son enfant, âgé d'un an, pour s'embar- « quer à Grainval près de Fécamp, dans un bateau « qui devait les porter en Angleterre pour y pro- « fesser la R. P. R. »

La plupart des autres prisonniers firent des réponses analogues ; d'autres protestants, venant de Fécamp, s'établirent en Angleterre.

Malgré le démantèlement du fort du Bourg-Beaudoin, Fécamp était toujours considéré comme place de guerre ; il avait encore ses fortifications qui protégeaient l'abbaye, et ces fortifications étaient gouvernées par un officier royal. Jean Lefebvre, sieur de Longueil, gentilhomme ordinaire de la chambre du Roi, qui a exercé cette fonction de 1642 à 1655, prenait tantôt le titre de : *gouverneur pour le roi à Fécamp*, ou bien celui de *gouverneur des ville et fort de Fécamp*, tantôt simplement celui de *gouverneur du fort de Fécamp* (14).

Cet officier royal obtint, en 1651, des lettres patentes qui lui accordaient une pension annuelle de 1,200 livres pour ses appointements de gouverneur ; pension à prélever sur la Recette générale des Finances de Rouen (15).

Lorsque ce poste était donné à titre honorifique, le gouverneur était remplacé par un lieutenant qui résidait à Fécamp. Parmi ces fonctionnaires subalternes, qui ont exercé au XVIIe siècle, de père en fils, on peut citer la famille du Mouchel, notamment : Isaac du Mouchel, puis son fils, Pierre du Mouchel, qui mourut assassiné, en 1645, et eut pour successeur Isaac-François du Mouchel, son fils, mort à Fécamp en 1680 (16).

Jusqu'en 1655 le gouvernement de Normandie s'était étendu sur la région du Havre et de Fécamp ; mais à cette époque le Havre-de-Grâce en fut détaché pour former un gouvernement indépendant, avec *Fécamp*, Montivilliers, Harfleur et cent cinquante paroisses environnantes.

Quoique la guerre n'ait pas été aussi désas-

treuse au xviie siècle que dans les siècles précédents, les habitants du pays de Caux avaient
encore beaucoup à souffrir du logement des
gens d'armes. « En 1646, particulièrement, tout le
« pays était rempli de soldats : Harfleur, Criquetot,
« Goderville étaient extrêmement chargés de
« garnison, de soldats qui s'espendois sur plusieurs
« lieues où ils faisoient beaucoup de mal à des
« particuliers. » (17)

Il est probable que Fécamp avait eu le même
sort et qu'il n'avait pas eu la chance d'être préservé,
comme l'avait été Montivilliers, grâce à la protection du maréchal de l'Hospital, frère de l'abbesse.

De même que pour le gouvernement militaire,
la ville et le port de Fécamp relevaient, avec
Harfleur, du siège du Havre, pour la perception
des droits de douane, connus sous le nom de
« traites et impositions foraines et domainiales,
« entrée de grosses denrées et marchandises,
« épiceries, drogueries. » Il y avait au Havre un
contrôleur et un receveur exerçant dans les trois
villes et dont l'office était héréditaire.

Nous trouvons, en effet, des lettres de provision de l'office de receveur, accordées, en 1619, à
François Cavelet et, en 1639, à Pierre Cavelet,
du Havre de Grâce (18).

Vers 1625, on créa en outre, au Grenier à Sel
de Fécamp, de nouveaux offices, de *receveurs
particuliers héréditaires des gabelles*, qui furent
attribués à M. Christophe, de Rouen, par lettres

de provision enregistrées à la Chambre des Comptes de Rouen. Mais l'abbé de Fécamp conservait le droit de nommer les autres officiers de la ville, particulièrement le lieutenant du bailli, le procureur fiscal et l'auneur et mesureur de toiles. Nous donnons en appendice le texte de deux de ces commissions.

Les droits de préséance de ces fonctionnaires royaux avec ceux de l'abbaye ayant donné lieu à quelques difficultés, il avait été décidé par arrêt du Parlement de Paris, rendu le 30 mars 1613, que le sénéchal de Fécamp et son lieutenant, officiers de l'abbaye, procéderaient à tous les actes et à toutes les assemblées des grenetiers et contrôleurs du sel, institués par le roi.

A titre d'exemple des tarifs de douane et de régie perçus à Fécamp au xviie siècle, nous citerons l'ordonnance royale de 1682, portant qu'un droit de neuf livres par tonneau serait prélevé, à raison de quatre livres neuf deniers par muid de cidre, dans la ville de Fécamp, à Harfleur, au Hoc et à Honfleur (19).

En l'absence d'une municipalité régulièrement constituée, les habitants de Fécamp étaient alors à la merci des exigences du fisc, et réduits à user d'expédients pour s'en défendre. Ils s'étaient trouvés dans ce cas en 1673, et obligés de suivre un procès, au Conseil d'Etat, contre le fermier des *aides* qui exigeait, paraît-il, « un droit sur les « petits cidres, contre et au préjudice de l'établis-

« sement du dit droit, qui se doit lever sur les
« pommes qui arrivent au dit lieu, et non pas sur
« les petits cidres qu'ils brassent pour leurs
« familles. »

Un certain nombre de bourgeois et habitants
de Fécamp s'étaient réunis, le 22 janvier 1673, en
l'étude de Me Etienne Bigot, notaire royal, et, tant
pour eux que pour les autres bourgeois et habitants du dit lieu, étant *assemblés en état de communs,* ils avaient constitué pour leur procureur
Nicolas *Dumont, valet de chambre de la Reine,*
auquel ils avaient donné pouvoir de suivre
l'instance pendante entre eux et le fermier des
aides (20). Nous ignorons quel fut le résultat de
cette intervention.

Un des faits les plus curieux de l'histoire du
xviie siècle fut le fameux hiver de 1684 dont la
rigueur est devenue proverbiale. Dom Guillaume
Fillastre, de l'abbaye de Fécamp, nous en a
donné une description fort extraordinaire dans cet
extrait d'une lettre adressée à son confrère, dom
Mabillon, le 12 avril 1684 :

« ..... La belle saison vous donne à présent
le moyen d'employer la santé dont vous jouissez
pour continuer vos ouvrages, car je crois que la
rigueur de l'hiver vous aura empêché d'y travailler, au moins s'il a été aussi rude à Paris
comme ici, où non seulement l'encre gelait
jusqu'auprès du feu, mais où la marmite même

glaçait presque d'un côté, lorsqu'elle bouillonnait de l'autre.

« Sans raillerie, nous avons vu du bouillon qui en était tombé par hasard en le remuant, geler en un moment d'un côté, tandis que de l'autre il fumait encore.

« Je n'ai plus de peine à croire ce que les voyageurs rapportent de la mer glaciale, ce que les poëtes semblent dire avec exagération des pays les plus froids et des hivers les plus rigoureux. Nous avons vu tout cela dans celui-ci par expérience.

« *Vidimus ingentem glacie consistere pontum,*
« *Nec vidisse sat est, durum calcavimus æquor.*

« C'est une nouveauté dont nos plus vieux matelots n'avaient jamais entendu parler ; ainsi on a eu le plaisir de marcher à pied sec sur la mer, sans miracle.

« *Undaque non udo sub pede summa fuit.*

« Ceux de Dieppe particulièrement ont pris le divertissement de cette promenade avec d'autant plus de sûreté, qu'on a reconnu après le dégel des glaçons de onze pieds d'épaisseur. De plus, *Vidimus in glacie pisces hærere ligatos* et nous avons été même contraints d'en manger. Nous avons vu un vaisseau qui voulait sortir à la faveur de la pleine mer et de la marée, être arrêté par les glaces à l'embouchure du port. Mais ce qui est encore plus étrange, c'est qu'on en a vu, avec compassion, pris dans les glaces, à plus de deux lieues de la mer.

« *Inclusæque gelu stabant ut marmore puppes,*
« *Nec poterat gelidas scindere remus aquas.*

« Et les hommes qui étaient dedans ne se sont sauvés du danger que par une espèce de miracle.

« Voici l'histoire en deux mots : quelques matelots de Saint-Valery-en-Caux, s'étant exposés à aller pêcher, furent enveloppés par la glace, à près de trois lieues dans la mer, vis à vis du port de Veules, d'où on les voyait témoigner par des signes, les dangers où ils étaient, sans qu'on pût leur donner aucun secours. Dans cette extrémité, ils se hasardèrent à regagner la terre à pied par dessus la glace, ce qu'ils firent heureusement à la faveur de deux planches, qu'ils mettaient l'une après l'autre, et à mesure qu'ils s'avançaient pour leur servir comme de pont par dessus les glaçons, qui n'avaient pas partout une liaison égale.

« *Quid loquar ut cuneti concrescant frigore rivi,*
« *Deque lacu fragiles effodiantur aquæ.*

« En effet, on a été contraint, à la campagne, de fendre la glace avec la cognée, et de la faire fondre sur le feu pour avoir de l'eau. Mais ce qui vous surprendra davantage, c'est qu'on a vu des gens aller quérir de l'eau douce à la mer et la porter par morceaux dans des sacs, car la plupart de ces glaçons n'étaient pas salés comme plusieurs l'ont remarqué.

« Enfin on m'a dit avoir vu à Rouen et au Havre, du vin et du cidre rompre les tonneaux, et en garder encore la figure en glace, avec une dureté qui ne pouvait être brisée que par la cognée. C'est justement ce que Virgile et Ovide nous ont donné comme les marques de l'hiver le plus rigoureux.

> « *Cæduntque securibus humida vina.* » (Virgile).
> « *Nudaque consistunt formam servantia testæ*
> « *Vina, nec hausta meri sed data frustra bibunt.* » (Ovide).

« En voilà assez pour vous faire voir que les poëtes mêmes, n'ont pu peindre un plus cruel hiver que celui que nous avons vu en effet. Mais je ne fais pas attention que j'abuse de votre temps à vous dire des bagatelles. » (21)

Nous avons déjà dit, dans un précédent chapitre, comment, au milieu du xvi siècle, le port de Fécamp s'était trouvé presque ruiné par la destruction de la jetée d'aval. Des dégradations, quoique plus graves encore au xvii siècle, n'empêchèrent pas les marins de Fécamp de poursuivre leur carrière aventureuse.

M. Bréard (22) cite à ce sujet un contrat d'armement du corsaire le *Soleil*, armé en guerre, passé le 23 mai 1639, entre Antoine Lecesne, capitaine ; Jean Gueroult, son lieutenant ; Jean Hardy, de Cherbourg, maître ; Tavernier, chirurgien ; Lachenée, enseigne ; Cecille, maître-pilote, et un autre pilote de Fécamp, nommé Pourée. Ils avaient stipulé que les prises seraient partagées entr'eux. Ce navire, de 200 tonneaux, fit la course contre les Espagnols, et le voyage aux Indes. L'opération fut excellente, car le *Soleil* était de retour à la Rochelle, au mois d'octobre 1640, et plusieurs matélots vendirent leurs parts moyennant 200 livres.

En 1652, un navire anglais entrait dans le port de Fécamp, portant le roi d'Angleterre, Charles II, qui venait d'être chassé de ses Etats. La fortune impitoyable, après avoir conduit le père de ce même prince sur l'échafaud, l'avait poussé lui-même dans les plaines de l'Ecosse, où il venait d'être défait par Cromwel; il allait demander un asile au roi de France.

Ces faits isolés prouvent que le port de Fécamp était toujours accessible à la navigation; mais le commerce et la marine de Fécamp seraient restés longtemps stationnaires, si le Roi n'avait pris une mesure fort utile en retirant aux abbés, qui la possédaient depuis le xiie siècle, l'administration de ce port.

Vers 1670, l'abbé de Fécamp avait encore fait bail à Pierre Bourgaise, bourgeois de Fécamp, des droits de posée du portet du bassin, et de la maison de la Vicomté; mais, en 1683, les commerçants de Fécamp, désirant s'affranchir des impôts que le collecteur de l'abbaye prélevait sur les marchandises pour droit de vicomté, refusèrent cet impôt, qui se prélevait de temps immémorial.

C'est alors que le port de Fécamp rentra dans le domaine de l'Etat, et qu'un vicomte spécial fut chargé de l'administrer, de concert avec le Tribunal de l'Amirauté, établi dans cette ville.

Déjà, en 1681, on avait institué un office de

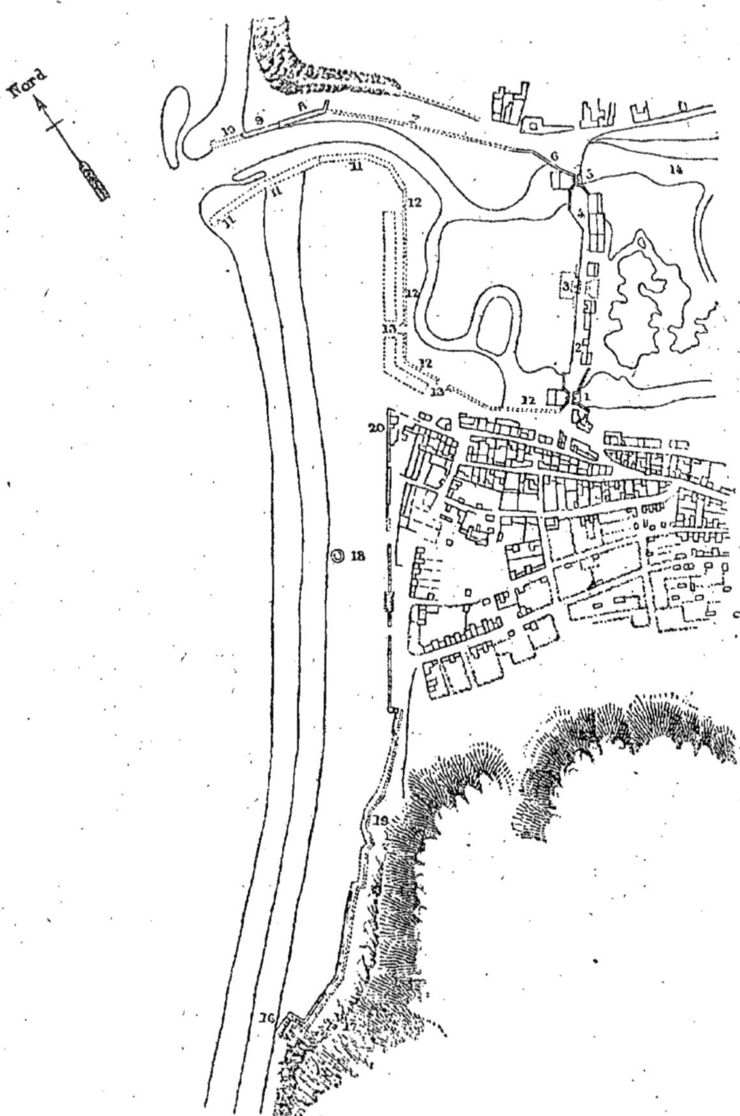

LÉGENDE.

1. Écluse d'aval.
2. Chaussée.
3. Écluse proposée.
4. Chaussée.
5. Écluse d'amont.
6. Quai en maçonnerie.
7. Quai en charpente.
8. Palissade.

9. Jetée en maçonnerie.
10. Jetée à faire du côté d'amont.
11. Jetée à faire du côté d'aval.
12. Quais à faire du côté d'aval.
13. Cales à faire du côté d'aval.
14. Retenue d'eau.
15. Batterie du cap Fagnet.
16. Batterie du Batifaux.

17. Magasin du Batifaux.
18. Tour.
19. Place propre à faire une plate-forme.
20. La Vicomté.

NOTA. Les lignes ponctuées indiquent le projet dressé à cette époque par Vauban.

HISTOIRE DE FÉCAMP. — TOME Iᵉʳ (p. 251)

Pl. XXVIII.

courtier-interprète, et c'était J.-B. Jouen qui avait été le premier investi de cette fonction, indépendante de la juridiction de l'abbaye.

Le port de Fécamp étant désormais une dépendance du domaine royal, il allait participer aux grands travaux d'art exécutés dans toute la France, par le célèbre Vauban, qui fit établir, en 1694, un plan du port avec les améliorations dont il était susceptible.

Ce plan donne la physionomie exacte du port et de la partie de la ville avoisinante, telle qu'elle existait au XVIIe siècle.

La jetée Nord, dit M. Corneille, existait sur une longueur de 40 mètres environ. Elle ne devait pas aller au-delà de la cabane actuelle du guetteur.

Il ne restait plus de trace, pour ainsi dire, de la jetée du Sud, démolie par un coup de mer, en 1551.

Il n'y avait ni estacade, ni brise-lames, en avant du quai des Pilotes, qui lui-même n'était pas en maçonnerie, mais formé de charpente et de madriers. Dans tout le pourtour du bassin d'échouage, une seule portion de mur de quai était construite en avant de l'écluse de chasse nord. Elle avait pour but de garantir le talus contre les affouillements, qui se produisaient chaque fois que l'écluse était ouverte. Les deux écluses de chasses, en assez bon état, fonctionnaient régulièrement.

La chaussée du Grand-Quai était en talus. Le quai de la Vicomté n'existait pas. C'était une rue bordée de maisons de chaque côté. Vers le Nord, ces maisons étaient adossées au port d'échouage, bien moins large alors que ne l'est l'avant-port actuel.

Au-delà des écluses de chasses et de l'îlot du Grand-Quai, depuis le bas de la côte, où se trouvait la rue *Sous-le-Bois*, jusqu'aux maisons de la rue des Prés, adossées au pli de terrain de la rue de Mer, c'était une vaste prairie que sillonnait la rivière et où elle formait de nombreux petits îlots du plus pittoresque aspect.

En l'absence de jetées assez avancées pour détourner le courant qui amenait le galet devant le port, le chenal se trouvait souvent obstrué. Il en résultait pour les habitants, l'obligation de le dégager, et cette servitude était assez lourde pour les exonérer de la corvée d'aller vider les fossés du Havre-de-Grâce à laquelle ils étaient assujettis de droit. Par arrêt du Conseil Royal, rendu en 1610, les bourgeois de Fécamp avaient été dispensés de cette charge « à cause de leurs obligations pour les leurs propres et la vidange de leur port. »

Il y a loin, comme on le voit, de cet état ancien du port de Fécamp, à sa situation actuelle.

Les améliorations projetées par Vauban n'étaient pas très considérables, mais elles avaient, pour l'époque, une très grande importance ; elles consistaient dans les travaux suivants :

1° La construction d'une troisième écluse entre les deux autres, pour mettre à profit la grande quantité d'eau que pouvait contenir la retenue.

2° La construction d'estacades tout autour de l'avant-port et sur les deux faces du chenal.

3° Le prolongement de la jetée Nord, sur une longueur de cent mètres vers la mer, et la construction, vers le port, d'un quai en charpente allant se souder aux murs en retour de l'écluse Nord.

4° La construction d'une jetée au Sud de l'entrée.

Dans cet avant-projet, aucune précaution spéciale n'était prise pour assurer le calme dans l'avant-port.

La situation des deux musoirs projetés différait peu de celle des musoirs actuels.

Le manque de ressources fut le principal obstacle à l'exécution de ces travaux ; mais de 1710 à 1720, on s'occupa du prolongement des ouvrages vers l'écluse des chassés, suivant les propositions de Vauban, c'est-à-dire en construisant les murs reliant la jetée du Nord à cette écluse ; de plus, on termina le grand quai qui n'avait pas encore été amené à hauteur et qui était resté longtemps inaccessible aux navires sur une partie de son développement. Nous verrons que plus tard, c'est-à-dire vers 1782, ces travaux, ruinés partiellement, furent reconstruits par l'administration des ponts et chaussées, qui avait un ingénieur à Fécamp (23).

L'année 1694 fut signalée par une alerte assez

sérieuse pour les habitants de Fécamp, qui furent sur le point d'être bombardés par les Anglais.

Ceux-ci ayant échoué dans un débarquement aux environs de Brest, où l'on était préparé pour les recevoir, se replièrent sur Dieppe où on ne les attendait pas. A la faveur de cette imprévoyance, l'armée anglaise bombarda Dieppe, les 21 et 22 juillet, et la ville fut presque entièrement détruite.

Le port du Havre fut aussi considérablement endommagé. Un mémoire du temps rapporte que, dans la crainte d'un bombardement à Eu, à *Fécamp* et au Tréport, de même qu'à Dieppe, on avait fait sortir les femmes, de ces bourgs menacés par l'armée anglaise (24).

Cette surprise avait fait ouvrir les yeux à l'illustre ingénieur Vauban, qui envoya un rapport, à la date du 2 septembre 1694, au ministère de la marine, pour lui signaler les ports qui étaient à la merci de l'ennemi : « Depuis Boulogne jusqu'au « Havre, dit-il, ce ne sont que bourgs comme « Saint-Valery-sur-Somme, le Tréport, Saint- « Valery-en-Caux et Fécamp dont les maisons « n'étant ni considérables ni bien pressées, la « bombarderie seule n'y saurait faire grand dom- « mage, à moins qu'elle ne soit suivie d'une « descente qu'ils ne hasarderont pas pour si peu « de choses. »(25)

Toutefois, à la suite de ces constatations, on construisit un petit fort sous la côte de Notre-Dame, une tour ronde en briques au centre de la vallée, et le fort *Sanson* nommé depuis : le Bâtifaut (26). Ces fortifications minuscules furent armées de trois pièces de canon en bronze aux armes de Louis XIV ; on les voyait encore à Fécamp il y a quelques années.

En résumé, l'histoire de la ville de Fécamp pendant le xviie siècle ne nous a fourni que bien peu de faits intéressants. Aux périodes troublées des siècles précédents, avait succédé une ère de calme pendant laquelle l'unité nationale s'affirmait et se développait chaque jour davantage, sous l'action modératrice du pouvoir royal. Qui aurait cru alors que le magnifique édifice, œuvre de tant de siècles, fut si près de sa ruine, et que le sol, sur lequel reposait l'antique monarchie, dût être agité de si furieuses convulsions. Le prochain volume nous montrera Fécamp prenant sa part des libertés nouvelles et appliquant ensuite sur son sol, les idées de la grande Révolution.

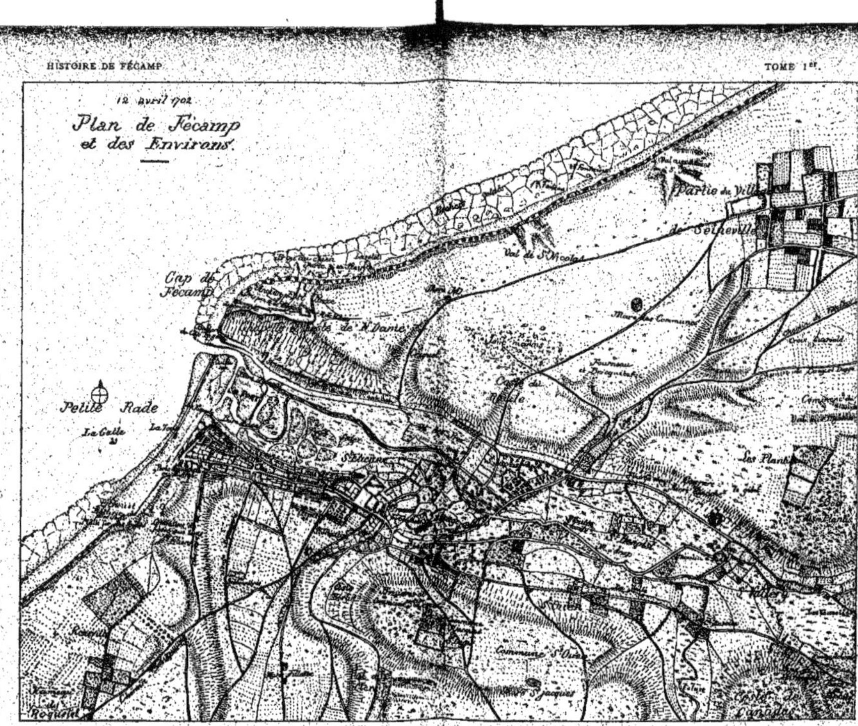

PHOTOGRAPHIE DE M. ROUSSAUX.   DESSIN DE M. VIARD.

VUE D'ENSEMBLE DE FÉCAMP A LA FIN DU XVIIe SIÈCLE

(D'après un Plan donné par M. Augustin Le Borgne, et conservé à la Bibliothèque de Fécamp)

Pl. XXIX.

APPENDICE

NOUS avons eu, déjà, l'occasion de rappeler que, dès le XIIIe siècle il existait sur la côte de Fécamp une chapelle, dédiée à la Vierge Marie. A cet édifice, but de pèlerinages nombreux, avait été annexé un prieuré, mentionné lors de l'invasion anglaise, en 1423.

L'amiral de Villars, dans sa campagne pour la Ligue, n'avait pas tardé à reconnaître tout le parti que l'on pouvait tirer de cette position stratégique, pour protéger ou attaquer la ville et l'abbaye. Il suffisait d'improviser une enceinte de murailles, protégées par des fossés, et d'englober les bâtiments du prieuré. On se procurait par là, une forteresse facile à défendre du côté de la terre et inaccessible du côté de la mer, qu'elle dominait d'une hauteur de plus de cent mètres. Mais on avait compté sans la témérité de Bois-Rozé, qui choisit précisément, pour prendre le nouveau fort, le côté réputé inabordable, c'est-à-dire la falaise à pic que l'on observe encore au Nord et à l'Est de l'emplacement de cette ancienne forteresse.

Tout d'abord, on peut se demander si cette prise du fort de Fécamp par Bois-Rozé est véridique, ou si l'on ne se trouve pas en présence d'une légende mentionnée par Palma Cayet et amplifiée par Sully. Il est à remarquer, en effet, que les documents de la localité ne disent rien de ce fait d'armes extraordinaire. Dom Mareste, l'historien de l'abbaye de Fécamp, contemporain de l'événement, ne le mentionne en aucune manière. La correspondance de Henri IV n'y fait aucune allusion, et cependant il y est question des engagements effectués à ce moment dans tout le pays de Caux. Enfin, il y a un siècle, Bois-Rozé était à peine connu à Fécamp, comme le raconte Cadet de Gassicourt, dans un ouvrage intitulé : *Mon Voyage* ou *Lettres sur la ci-devant province de Normandie*, an VII. « Il demandait au concierge « si la ville de Fécamp avait élevé un monument « à l'intrépide Bois-Rozé ; si dans quelque édifice « on aurait au moins conservé l'image de ses « traits. Nous ignorons, répondit ce concierge de « l'abbaye, quel est cet homme. — Cet homme !... « dites ce *héros* ; mais, pardon, j'aurais dû faire « cette question à un militaire. »

Nous croyons cependant, avec M. Fallue, à l'exactitude du fait. On ne voit pas, en effet, qu'aucun contemporain ait réclamé contre le récit de nos auteurs ; mais nous ferons des réserves sur les détails dont il est accompagné. Les registres du Chapitre de l'abbaye de Fécamp semblent le mentionner, il est vrai, dans des termes bien vagues.

On peut affirmer, en premier lieu, que la place de Fécamp était encore au pouvoir de la Ligue peu de temps avant cet événement. Cela résulte d'un congé délivré, le 8 août 1592, par le vicomte de Fécamp, Nicolas Dufour ou Dufou, resté en fonction depuis l'année 1588. Ce document, communiqué par M. Biochet, lève le doute qui existait jusqu'à présent sur le but poursuivi par Bois-Rozé et sur les ennemis qu'il combattait dans cette circonstance. Voici le texte de ce document curieux :

« Le s^r vicomte de Fescamp, cappn̄e d'une « compagnye de gens de pied tenant garnison au « fort de Fescamp *pour le service de la saincte* « *Vnion*

« Nous avons donné congé à Robert de la « haye, ecuyer filz du s^r de la cotte par cy devant « prisonnier de guerre entre noz mains de se « retirer a la part ou il voirra bien estre, prians « tous cappitaines et gens de guerre ne luy donner « aulcun empeschement, ains tout ayde comme « nous promectons faire en cas pareil. Faict a « Fescamp ce huict^{eme} jour daoust mil V^{cc}IIIJ^{xx} et « douze. » (Signé) : DUFOU.

M. Fallue est aussi de l'avis que Bois-Rozé agissait alors pour le compte du roi de Navarre, parce que des pièces officielles font connaître que M. de Saquenville était le seul capitaine du fort de Notre-Dame. On a de plus la certitude que Biron ne s'était pas emparé de ce fort, car la garnison calviniste qui l'aurait occupé, n'eut pas manqué de canonner au départ les navires envoyés sur la côte de Bretagne pour le compte des ligueurs, et parce que des processions se dirigeaient à Notre-Dame, en vertu de la permission demandée à M. de Saquenville, *chef ligueur*. Or, la chapelle de Notre-Dame était placée dans le fort de Beaudoin-Bourg ; il est clair que si les calvinistes en eussent été maîtres, ils n'y auraient pas laissé introduire, à la suite d'une cérémonie religieuse, une partie de la population de Fécamp.

Deux chroniqueurs contemporains ont rappelé la prise du fort par Bois-Rozé; ce sont Palma Cayet et Sully. Leurs versions diffèrent sensiblement quant aux détails, mais leur accord sur le fond porte à accepter le fait comme exact.

Voici d'abord ce que mentionne Palma Cayet dans sa *Chronologie Novenaire* :

« Durant le mois de novembre et de décembre « 1592, plusieurs places furent prises. Les ligueurs « mêmes s'entresurprenoient les places les uns « des autres, prenant pour prétexte quelques « mescontentements. Entr'autres, le sieur de Bois-

« Rozé, dont nous avons parlé ci-dessus, surprint
« le fort de Fescamp au pays de Caux avec
« soixante soldats sur le sieur de Villard, par une
« escalade composée d'un artifice admirable qu'il
« planta le long du rocher du costé de la mer,
« lequel est de 3oo toises *(sic)* de haut, la marée
« courant au pied de six heures en six heures, n'y
« ayant qu'une marée de nuict en l'année en
« laquelle on eust peu exécuter ce dessein, luy
« convenant deux heures à faire une lieue de
« chemin, planter ses eschelles et monter, le
« dernier desquels en montant eut de l'eau jusques
« à la ceinture. Il désarma et mit hors de la dite
« place 400 soldats qui se défendirent assez
« vaillamment.

« Le sieur de Villars, fasché de cette perte, alla
« incontinent assiéger Bois-Rozé dans ce fort et
« le tint assiégé comme par forme de blocus;
« toutefois, il n'eut aucun adventage sur luy,
« quoiqu'il le tint ainsi investy treize mois
« durant. »

Telle est la version donnée par Palma Cayet
et dans laquelle il faut rectifier une erreur maté-
rielle de copie. Ce n'est pas trois cents *toises* qu'il
faut lire, parce que la falaise n'a point six cents
mètres de hauteur ; c'est trois cents *pieds* que l'on
a voulu dire et, en effet, l'escarpement ne présente
qu'une élévation de cent mètres. Le récit de Sully,
beaucoup plus détaillé, tourne tout à fait à la

légende ; ce chroniqueur voulant glorifier à l'excès
Bois-Rozé, qu'il avait pris sous sa protection, a
risqué de faire perdre à celui-ci tout le bénéfice de
ses exploits héroïques, par les circonstances mer-
veilleuses qu'il a accumulées. Voici les termes
dont s'est servi Sully :

« Pendant vostre voyage à Bontin, et le séjour
que le Roy fit à Melun et à Fontaine-bleau, il
c'estait tenu encor deux conférences à Andrefy
et Milly, desquelles nous ne disons rien dautant
que vous ny eustes nulle part, à la fin desquelles
le Roy s'en alla à Mante et de là à Dieppe pour
assister le Sieur de Boisrozé auquel Monsieur de
Villars, durant vne si douce trève, menoit vne fort
dure guerre, dont nous avons estimé vous devoir
ramentevoir les motifs, tant pour ce que depuis
vous vous meslates des affaires de ce Fort de
Fescamp dont il estoit lors question, et vous pensa
estre cause d'un grand accident quand vous fistes
quelque temps après le traité de Roüen, que,
Boisrozé fut depuis des genstilshomme de vostre
suite et vostre lieutenant en l'artillerie, que pource
qu'en cette narration il s'y rencontrera plusieurs
accidents notables et dignes de n'estre pas oubliez.

« Vous vous souviendrez donc, Monseigneur,
afin de prendre les choses dès leur origine : comme
Monsieur de Biron assiégea et prit le fort de
Fescamp sur ceux de la Ligue, dans lequel s'estant
trouvé le susnommé sieur de Boisrozé, avant que

d'en sortir il remarqua si bien sa situation maritime et toutes les advenües d'icelle, qu'il se forma
dès-lors en l'esprit vn dessein de la reprendre vn
jour.

« Et de fait ayant pratiqué depuis deux soldats,
qu'il trouva moyen de faire jetter parmi ceux de
la garnison, et les ayant bien instruits de ses
intentions, il fit une entreprise sur ce fort par vn
moyen que chacun eust estimé impossible, si
l'exécution n'eust verifié le contraire : d'autant que
le lieu par ou il la désigna est un rocher haut de
cent toises, couppé en précipice, le pied duquel
estoit ordinairement baigné de vagues et flots de
la mer de plus de deux toises de haut, reservé
quatre ou cinq fois l'année, au temps des plus
basses marées que durant quatre ou cinq heures
seulement, quelques fois la nuit et quelques fois
le jour, la mer laisse quinze ou vingt toises de
diamèttre à sec au pied d'iceluy, l'une desquelles
opportunitez le dit sieur Boisrosé, ayant choisie,
et fait accomoder auparavant vn gros cable (qu'il
vous a fait veoir plusieurs fois depuis à Roüen) de
hauteur convenable pour le roc qu'il vouloit gravir,
et iceluy d'espace en espace fait faire des nœuds
pour se tenir des mains, et des estriers de corde
avec de petits bastons, pour y apposer les pieds, il
rassembla cinquante soldats des plus determinez
de sa cognoïssance, la plupart matelots qui
grimpent aux hunes, lesquels il avait esprouvez
en plusieurs périls et avec iceux s'embarqua dans

deux chaloupes et vint en vne nuict (qui par bonne
fortune se rencontra fort noire) aborder au plus
près de ce roc que la basse marée luy peust per-
mettre : sur le haut duquel l'vn des deux soldats
de la garnison qu'il avait gaignez logeait ordinairement, comme en vn lieu dont l'on ne se fût
jamais desfié, et depuis six mois avait accoustumé
de s'y rendre toute la nuict à toutes les basses
marées pour y entendre le signal, auquel il ietta
aussi-tost vn menu cordeau de longueur suffisante
au bout duquel fut soudain attaché celuy du gros
cable que le soldat tira incontinent à mont, et
ayant attaché vne agraffe de fer qui y estait à
l'endre-deux d'une cannonnière avec vn gros levier,
aussi-tost le sieur de Boisrozé fit monter l'un des
deux sergens de ces cinquante auquel il se fiait le
plus, et l'ayant fait suivre par tous les autres, il
monta lui-mesme le dernier afin que nul ne s'en
peut desdire, et qu'il leur servist de chasse-avant.

« Or pendant le temps qui c'estoit employé à
tous ces mystères, à s'agencer tous cinquante sur
cette corde et à monter les vns après les autres
avec leurs armes qu'ils s'estaient liées au corps, la
marée avoit commencé de revenir, voire estait
des-ja remontée près de six pieds contre ce rocher,
que ledit sieur de Boisrozé et les cinquante soldats
n'estaient encore qu'à la moitié d'iceluy. Estans
donc ainsi pendus et comme enfilez à ce cable, il
ne leur restait plus nulle espérance de salut que
par la prise de la place, de laquelle Boisrozé pour

son regard, ayant vn courage intrépide et résolu à
s'en rendre maître ne doutoit nullement, lors que
son sergent qui montoit le premier (soit à cause
de l'extrême hauteur ou il estait parvenu, soit pour
le grondement et tintamarre furieux que deme-
noient les flots et les vagues impétueuses de la
mer contre cette roche bise) commença de s'effrayer
et à dire qu'il n'estait plus en sa puissance de
monter plus et que la teste lui tournait, ce qui
estant rapporté de bouche à autre iusque audit
sieur de Boisrozé, et luy voyant que quoi qu'il
luy eut peu mander il n'avançoit point il prit la
résolution d'y aller luy-mesme, et ainsi passant
par dessus les corps et les testes de tous les compagnons suspendus en l'air, il paruint iusques à
luy et le rasseura aucunement, et puis le poignard
à la main le contraignit de continuer à monter,
tant qu'enfin le iour estant fort prochain, ils
entrèrent tous cinquante sur ce haut rempart sans
aucun inconvient, bruict ny alarme, ou estans
receu par ces deux soldats et coynoissant tous les
estres et advenües du fort, ils surprirent facilement
le corps de garde, et les sentinelles qui estaient de
l'autre part devers le bourg (ne se faisant d'ordinaire nulle garde du costé de la mer, à cause de
l'extrême hauteur du rocher qui le foisoit estimer
du tout inaccessible) et les ayant taillés en pièces,
ensemble tout ce qui vint piece à piece au secours,
il se rendit finalement maistre de ce fort. »

De ces deux récits d'un fait dont, croyons-nous, on ne peut contester la réalité, nous nous attachons au premier. Bois-Rozé est descendu d'une valleuse voisine, probablement entre Elétot et Senneville. Il a voyagé au pied de la falaise, à marée basse ; le soldat lui a lancé un cordage par lequel on a établi un mouvement de va-et-vient, du bas de la falaise en haut. Quand le nombre des soldats montés a été suffisant, on a surpris le fort et Bois-Rozé en est devenu le maître. Cela suffit à sa gloire.

Si l'on veut connaître notre sentiment sur la version de Sully, nous dirons franchement que nous la considérons comme une verbeuse amplification de cabinet faite à la louange du protégé de l'auteur des *Economies Royales*. Il accumule en effet une foule d'impossibilités parmi lesquelles on peut citer les suivantes :

Deux chaloupes assez grandes pour contenir soixante hommes armés, et un énorme cable mesurant plus de cent vingt mètres de longueur, agrémenté de quatre à cinq cents échelons, et d'un poids qui ne pouvait être moindre de 300 kilog., ne pouvait naviguer, par une nuit obcure, au milieu des rochers, sans se briser à chaque coup de rame. De plus, il semble, même d'après Sully, que la mer était basse au moment où la troupe de Bois-Rozé est arrivée au pied de la falaise, car, ajoute-t-il, la marée avait commencé à revenir lorsque les soldats montaient sur le câble. Dans ce cas, les

chaloupes auraient dû rester éloignées de la falaise,
d'environ trois cents mètres.

Sully prétend que les soixante hommes étaient
montés tous ensemble sur le câble et que le premier n'était encore qu'à la moitié de la distance,
lorsqu'il s'arrêta. Or il était impossible d'échelonner
soixante hommes sur une longueur de cinquante
mètres formant la moitié du câble. D'un autre côté,
avec les armes et habillements de guerre, on peut
estimer à cinq ou six mille kilogrammes le poids de
cette grappe humaine. Quelle n'aurait pas dû être la
force de résistance d'un câble destiné à supporter
une pareille charge ? Il était beaucoup plus simple
de faire monter les hommes isolément ou par
petits groupes formant un poids moins considérable
et nécessitant un cordage moins volumineux. Il
ne faut pas oublier, en outre, que, d'après notre
auteur, un homme seul, placé en haut de la falaise,
avait la corvée d'enlever le câble et ses échelons
au moyen d'un simple cordeau !

Bois-Rozé ne devait pas être un homme à
faire un véritable tour de gymnasiarque en passant
sur le dos de ses cinquante ou soixante soldats :
quelques mois auparavant, lorsqu'il participait
au siège de Rouen, il avait été blessé gravement
par une *harquebuzade qui lui avait emporté
tous les os de la jambe*, dit Palma Cayet. —
Comment expliquer qu'à la suite d'une telle
blessure, il ait pu grimper comme un chat en
novembre 1592.

Enfin, Sully ne paraît connaître ni les lieux, ni la hauteur de la falaise, car il se trompe de trois cents pieds sur cette hauteur. C'est pourquoi nous n'ajoutons pas foi à sa version enthousiaste.

Bois-Rosé s'attendait à être nommé, par le roi, capitaine de la forteresse de Fécamp, qu'il avait si bien défendue ; mais, comme cette place était dans les attributions de Biron, pourvu de la charge de grand-amiral de France, il fut remplacé par Jean de Cauquigny, sieur de Theuville, et reçut la promesse d'un emploi plus avantageux. Ce dédommagement n'arrivant pas assez tôt, selon son désir, Boisrozé s'adressa à Sully, qui lui fit d'abord obtenir une pension de douze cents livres, une compagnie avec appointements et deux mille écus en argent : « Mais, nous dit son puissant « protecteur, je me l'attachai plus étroitement dans « la suite et je le crus digne de la lieutenance « générale d'artillerie en Normandie, lorsque le « roi m'en eut donné la grande maîtrise. »

En attendant mieux, nous voyons Bois-Rozé reprendre ses entreprises aventureuses en armant un navire pour la course. On trouve la preuve de ces nouveaux exploits dans le don fait au sieur de Bois-Rozé, et enregistré aux mémoriaux de la Chambre des Comptes de Normandie, en 1596, « de deux deniers (pour livre) des marchandises « prises en mer par Jonas Hermel, capitaine du « navire la *Sallamandee* appartenant au dit Bois- « Rozé. »

Cet intrépide capitaine reçut enfin, à la même époque, la récompense de ses services. Henri IV, par acte mentionné à la Chambre des Comptes (Registre 13, fº 280), lui octroie le domaine de Goustimesnil : « don au sieur de Bois-rozé, de « la confiscation de Guillaume Lehaquais, de « Montivilliers, réfugié avec les ennemis pour « n'avoir voulu faire serment de fidélité à Rouen « et à cette occasion condamné à mort et confisqué « par arrêt du Parlement. »

Ajoutons, avec M. Fallue, que cet homme extraordinaire, qui a fourni une page si pittoresque à l'histoire de Fécamp, se retrouve à quelques années de là dans sa terre de Limpiville, demandant aux religieux de Fécamp l'autorisation d'y construire un moulin. C'est ce brillant capitaine qui a déposé sa vaillante épée et qui, sur la fin de sa carrière, a compris que les discordes civiles sont le fléau des populations et qu'il est plus glorieux d'être utile à ses concitoyens que de ravager leurs champs et leurs demeures.

Henry Goustimesnil de Bois-Rozé mourut sans postérité, dit M. Marette. Il légua sa fortune à son neveu, Charles-Raoul de Goustimesnil, sieur Pellemare. Aujourd'hui, le château de ce nom est la propriété de M. Albert Mulot.

DESCRIPTION DES TAPISSERIES DE L'ABBAYE DE FÉCAMP
(XVI SIÈCLE)

Voici les titres et les sujets des célèbres tapisseries de l'abbaye de Fécamp, mentionnées page 170, telles que nous les trouvons dans l'ouvrage de Dom Mareste :

I. Comme Joseph d'Arimathie, assisté de Nicodême, descendit le corps de Notre-Seigneur de la croix.

II. Comme Nicodême enleva avec un couteau le sang figé autour le côté de N.-S. et le mit dans un gand.

III. Comme Nicodême estant à son lit malade bailla le gand où estoit le dit sang à son neveu Isaac, et lui dit tant que tu l'adoreras tu ne pourras être pauvre.

IV. Comme pour la richesse d'Isaac, sa femme l'accusa d'Idolatrie, mais par la vertu du Précieux Sang il fut délivré des Juifs.

V. Comme Isaac eust révélation que Vespasien et Titus devaient détruire Jérusalem et qu'il mit secrettement le Précieux Sang en un figuier croissant dans son jardin.

VI. Comme Isaac fist au figuier deux trous et craignant que l'humidité du lieu n'endommageast le Précieux Sang il le mit en deux tuyaux de plomb.

VII. Comme Isaac eust révélation qu'il coupast le figuier de sa hauteur et qu'il le laissât audit lieu.

VIII. Comme Isaac mist le tronc du figuier où étoit le Précieux Sang en la mer, etc.

IX. Comme Isaac pria Dieu qu'il ne lui en voulist faire malgré et qu'il voulis préserver le Précieux-Sang, etc.

X. Comme Dieu révéla à Isaac que le Précieux Sang parviendrait aux dernières régions des Gaules ce qu'il révéla à sa femme et autres Juifs lors convertis qui écrivirent toutes ces choses en annales.

XI. Comme les enfants de Bozo envoiés par Saint-Denis au pays de Caux, trouvèrent trois verges du figuier sur le tronc où estoit le Précieux Sang.

XII. Comme un pélerin vint chez Bozo qui emporta le tronc en un chariot au lieu où est l'église de présent scytuée.

XIII. Comme le duc Ansgise, trouva le lieu où estoit le tronc du Précieux Sang par le moyen du cerf blanc.

XIV. Comme le duc Ansgise, après l'invention du tronc, fist une chapelle de branches en l'entoure proposant y faire une église, mais il fut prévenu de la mort.

XV. Comme par l'intercession de Sainte-Eulalie, la vie de Saint-Waninge fut prolongée de vingt ans pour édifier un monastère de Sainte-Trinité de Fécamp.

XVI. Comme le Roy Lothaire fist premièrement construire l'église de Fécamp par Saint-Waninge et la dota de grands biens.

XVII. Comme le Roy Lothaire mit des religieuses à l'église de Fécamp et en laissa l'administration à Saint-Ouen et Saint-Wandrille.

XVIII. Comme Hastring destruitsit et annihila le monastère des nonnaines et les fist toutes occire.

XIX. Comme le duc Guill. fils de Raoul fist réédifier l'église de Fescamp que Hastring avait détruite.

XX. Comme par la permission divine la mer apporta à Fécamp le *foite* d'une église que l'on faisait à Coutance, laquelle se trouva en bonne portion pour l'église.

XXI. Comme l'ange, en forme d'un pélerin, à la présence du duc Richard et de plusieurs évesques voulant dédier l'esglise, mist un couteau sur l'autel.

XXII. Comme le dit ange en forme d'un pélerin issant de l'église mit l'impression de son pied sur une pierre dure puis s'évanouit.

XXIII. Comme les évêques prirent le couteau etc. et comme le duc Guillaume et les Barons trouvèrent l'impression du pied.

XXIV. Comme le duc Richard..... église de la Trinité..... (Le reste de cet endroit est tout usé, l'écriture en broderie n'y paraît plus et la représentation de cette pièce de tapisserie est notre église devant laquelle est le duc Richard Ier avec quelques seigneurs ou officiers de sa Cour).

XXV. Comme le duc Richard mist de sa propre main un morceau de la pierre sur laquelle l'ange avait mis le pied, dans les fondements de l'église.

XXVI. Comme après la fondation de l'église par la volonté de Dieu, le duc Richard cacha le *Précieux Sang.*

XXVII. Comme après la construction de l'église le duc Richard y mist des chanoines.

XXVIII. Comme le duc Richard IIe y mist les moines de Saint-Benoist.

Ces magnifiques tapisseries, qui ont disparu aujourd'hui, avaient été prêtées par l'abbaye pour orner le manoir de Vitenval, à Sainte-Adresse, lorsque le Roi Charles IX y séjourna.

EXEMPLES DES DROITS FÉODAUX ÉTABLIS A FÉCAMP

Nous avons expliqué (page 58) que les religieux de Fécamp, après avoir obtenu des ducs de Normandie, la donation d'une partie du territoire de la ville, en avaient rétrocédé différentes parcelles à des particuliers et même à des nobles, à la charge de redevances payables en nature ou en argent. Nous avons déjà cité plusieurs exemples curieux de ces usages d'une autre époque, et nous les compléterons par d'autres non moins intéressants.

Voici d'abord le possesseur d'un domaine appelé la vavassorie franche de Boquelon, c'est-à-dire de terres concédées originairement à un *vavasseur* ou roturier. Cette propriété, contenant 120 acres, s'étendait à Saint-Léger et à Sainte-Croix, mais le siège était sur la première paroisse, dans le *manoir sieurial de Saint-Léger*.

Cette terre était tenue des religieux de Fécamp, c'est-à-dire qu'elle était un démembrement de leurs anciennes concessions ducales. Le propriétaire de la vavassorie de Boquelon devait aider à l'administration de la Justice, connue sous le nom de *pleds de Fécamp, pendant un jour, mais il pouvait réclamer à dîner pour lui, son valet, ses chevaux, chiens et oiseaux.*

On connait les prés, ou la prairie de Fécamp, sur laquelle se trouvent la gare du chemin de fer et les dépendances du port. Ces prés avaient formé une vavassorie dite des Prez et le vavasseur avait adopté le nom de sa propriété qui s'étendait à Saint-Nicolas, à Saint-Benoit et à Saint-Etienne. Lors de la vente de ce domaine, faite à Fécamp le 3 avril 1597, on constata l'obligation immémoriale pour son tenancier, de « verser trois deniers « d'offrande à trois messes en musique par an, qui « se disent pour les ducs de Normandie. Et aux « dites messes on est tenu de tendre la platine, « pour la faire baiser au sieur des Prez. »

Toutefois, le sieur des Prez avait joui autrefois de certaines prérogatives, indépendamment d'une rente de 25 livres qui lui était servie par l'abbaye pour une cause que nous ne connaissons pas. « Il avait droit, lui et ses prédécesseurs, à « tous les vins qui étaient au-dessous de la barre « avec les futs d'iceux et autres boissons, les « prepiers (?) de chaque mulon de foin tant que « l'on en pouvait enlever d'une fourche, avec les

« ratelures d'iceux prés et même un ondain (?) de
« faulx en tous les prés des dits religieux. »

La vavassorie du Tot, située à Tocqueville,
était soumise à une obligation encore plus
curieuse. C'était son propriétaire qui était chargé
de garder le champ clos où l'on se battait en duel
et dont nous avons parlé (page 92). En effet,
d'après une constatation faite en 1539, et s'appliquant à une date beaucoup plus ancienne, « Jean
« Dumesnil tient cette vavassorie des religieux de
« Fécamp, et il doit aider à garder le champ des
« batailles qui se feront en la juridiction de
« Fécamp, parcequ'il sera logé en la chambre du
« bailli de Fécamp, et (aura) vin, pain et viande
» comme à trois religieux ; logis pour ses chevaux,
« foin et avoine. Et la bataille faite, avoir le cheval
« de celui qui est déconfit, avec ses harnais de
« combat. »

Lorsque les ducs de Normandie avaient
concédé directement et moyennant finances, des
terrains à Fécamp, ils avaient ajouté l'obligation,
pour les concessionnaires, de contribuer à la
défense du pays. Nous avons rappelé (page 88),
plusieurs charges de cette nature ; nous citerons
encore les seigneurs de Maniquerville, d'Ymau-
ville, de Grainville-l'alouette et le seigneur de Cra-
mesnil, « obligés de garder la porte du bail de
« Fécamp, quand le roi ou duc de Normandie
« vient à Fécamp, aux dépens de celui-ci et en le

« convoyant pendant quatre jours jusqu'à la
« rivière de Somme ou de Seine. »

Enfin les seigneurs tributaires du souverain,
en subdivisant leurs possessions, avaient imposé
des corvées dont quelques-unes n'étaient point
désagréables, témoin celle dont Olivier David,
sieur du Donjon, avait chargé la vavassorie Robil-
lard à Tocqueville, « quand la femme du dit sieur
« du Donjon va en pèlerinage à Notre-Dame de
« Baudoin-du-Bourg, pour une fois en sa vie
« seulement, il doit lui faire compagnie à cheval
« jusqu'au dit lieu, aux dépens du dit sieur du
« Donjon, en le faisant savoir, en temps dû. »

Extrait du Recueil des fiefs tirés par extraits de la Chambre des
Comptes de la province de Normandie pour la province de Normandie
(copie manuscrite au chartrier du château d'Orcher).

NOTICE SUR LE PAPE CLÉMENT VI, ANCIEN ABBÉ
DE FÉCAMP

Un abbé de Fécamp devenu Pape, c'est un
fait assez rare pour être mentionné dans l'histoire
de cette ville. Lorsque les habitants et les religieux
virent Pierre Rogier (ou Roger) prendre possession
du siège abbatial, en 1326, ils ne pensaient pas
que cet abbé, après avoir quitté la ville, en 1329,
et l'évêché d'Arras, parviendrait aux plus hautes
fonctions de l'Eglise Catholique, en 1342, sous le
titre de Clément VI, pour les exercer jusqu'à sa
mort, arrivée le 6 décembre 1352.

Le tombeau de cet éminent personnage existe encore dans l'église abbatiale de la Chaise-Dieu, et nous en donnons une description d'après une savante étude de M. Faucon, publiée, en 1884, dans le *Bulletin du Comité des travaux historiques et archéologiques* :

« Quand on entre dans le chœur des religieux, tendu de tapisseries de haute lisse et fermé de trois côtés par de belles stalles sculptées, les unes et les autres du XVIᵉ siècle, le premier objet qui frappe les yeux et les retient en dépit des chefs-d'œuvres voisins, c'est, au milieu de l'enceinte, le tombeau du pape Clément VI, Le sarcophage de marbre noir qui contient cette vénérable dépouille n'est paré d'aucun ornement ; il est recouvert d'une table unie de même marbre dépassant par une forte et simple moulure la ligne verticale des parois.

« Sur cette couche mortuaire est étendue la statue du pape, un peu plus grande que nature. Le marbre en est d'une irréprochable blancheur, peu veiné, parfaitement poli et d'un grain qui ne peut guère appartenir qu'au Carrare.

« Cette image est évidemment l'œuvre d'un maître. Les traits, exactement ressemblants puis-qu'ils ont été tracés du vivant même et sous les yeux du pape, sont accusés par un ciseau correct, à la fois résolu et délicat. La tête, coiffée de la tiare à trois couronnes, repose sur un coussin ;

les mains sont jointes, les pieds appuyés contre deux lions à la crinière jadis dorée. Les vêtements pontificaux descendent jusqu'à eux, en plis larges et réguliers. On voit encore sur certains détails de broderie et d'ornement, la trace de l'or fin que les sculpteurs y appliquèrent suivant l'usage du temps. Ces vestiges de recherche somptueuse, la qualité des matériaux, et en même temps le caractère d'incomplet, de tronqué, de rajusté que présente cette image de marbre blanc, couchée sans accessoires et sans transition sur cette plaque de marbre noir, disent clairement que ce monument était autrefois dans son ensemble tout autre qu'il n'est aujourd'hui.

« En effet, l'histoire raconte que lors du pillage de l'église par les protestants de Blacons, en 1562, la tombe du pape fut ouverte et brisée, pour livrer aux dévastateurs les objets précieux qu'on espérait y rencontrer. »

LETTRES DE COMMISSION D'AUNEUR ET DE MESUREUR
DE TOILES A FÉCAMP (4 FÉVRIER 1654)

Henry de Bourbon, evesque de Metz, prince du St Empire, duc de Verneuil, pair de France, abbé commandataire et administrateur perpétuel de l'abbaye de la tres saincte Trinité de Fescamp, A tous ceulx que ces p͞ntes lettres verront, Salut.

Savoir faisons que pour le bon et louable rapport qui nous a été faict de la personne de

Jacques Le Baube et de ses sans suffizans loyauté, preud'hommie, fidelité et bonne diligence. A icelluy pour ces causes et autres bonnes considérations a ce nous mouvant avons donné et octroyé, donnons et octroyons par ces pntes l'estat et office d'Aulneur et mesureur de toilles, draps, serges, cresseaux et autres manufactures de laines qui se vendent et debittent en gros en nõe bourg de Fescamp, que naguerres souloit tenir ou faire exercer Me Charles Le Baube, son père, greffier en nostre seneschaussée audict Fescamp, vacant a present par la demission qu'il en a faicte en noz mains..... pour ledict office d'aulneur et mesureur avoir tenir et doresnavant exercer et exploiter en jouir et user... a condition de vivre selon la religion catholique, apostolique et romaine... Donné au chasteau de nõe abbaye St-Germain-des-prez, le quatre^e jour de febvrier M VI^c cinquante quatre.
(Signé): HENRY, Eveque de Metz, abbé de Fescamp.

Communication de M. Biochet.

LETTRES DE NOMINATION DES OFFICIERS DE L'ABBAYE DE FÉCAMP (1668)

Nous, Placide Roussel, humble prieur et grand vicaire des Religieux et couvent de l'abbaïe de la Tres Sainte Trinité de Fecamp, capitulairement assemblés : Ayant veu la requeste à nous présentée par les officiers de la haute Justice de Vittefleu, dépendant de la ditte abbaïe sur le subjet de la demission ou resignation faite par

Monseigneur le Duc de Verneuil de ses abbayes, tendant à ce qu'il nous pleust les continuer et maintenir en l'exercice de leurs charges, en consideration des services par eux rendus à nostre ditte abbaïe.

 Nous avons continué et maintenu, continuons et maintenons Estienne de Naguet, escuier, sieur de Sᵗ Ulfran, à l'exercice de *bailli* de la dite hautte justice de Vittefleu, dependant de nostre ditte abbaye, Mᵉ Jean de la Court en icellé de *lieutenant-general*, Mᵉ Thomas Boullard en icelle de *lieutenant particulier*, Mᶜˢ Nicolas Hain et Martin Couillard en icelle d'*avocat* et de *procureur fiscal*, et Jean Gautier en icelle de *sergent en chef*, et qu'à l'effet des présentes, le serment en tel cas requis préalablement rendu à nostre dit Chapittre par les dits officiers, ils soient actuellement mis et continués par le R. P. Lecoq, procureur de la dite communauté de la dite abbaye, soubs le nom et autorité du dit chapittre. Car tel est nostre intention ainsi que plus amplement icelle est exprimée par notre acte, capitulaire, ce jourd'hui date des présentes. En temoins de quoi, nous, sus dit prieur et grand vicaire, avons signé, fait expédier icelles et contre-signé, pour et au nom du dit Chapittre, les présentes, par le secretaire public et extraordinaire du dit Chapittre, le sixiesme jour de novembre mil six cent soixante-et-huit.

 Placide Roussel, prieur et vicaire general.

(Original scellé se trouvant aux archives du musée de la *Bénédictine*). L'un des officiers mentionnés dans ces lettres, Martin Couillard, est un des ancêtres, du côté maternel, de la famille Le Grand.

NOTES

—

CHAPITRE Ier

(1) Recherches sur la Ville de Paris, par Jaillot, communication de M. Biochet. (2 et 3) L'archéologie Préhistorique en Normandie, par M. de Pulligny, p. 127. (4) Bulletin de la Société des amis des sciences naturelles de Rouen. (5) Archéologie celtique et gauloise, 1876. (6) M. de Pulligny, déjà cité, p. 103. (7) Essai sur l'abbaye de Fécamp, par Leroux de Lincy, p. 4. (8) La Normandie souterraine, p. 97 à 109, édition de 1854. (9) Procèsverbaux de la commission des antiquités, tome 2°, p. 330. (10 et 11) P. Labbé : Vie de saint Waneng. (12). Fallue, Histoire de Fécamp, p. 44.

CHAPITRE IIe

(1) Table de l'Histoire de l'abbaye de Fécamp par Dom Mareste, biblioth. de Montivilliers. (2) Mandements et actes de François Ier, n° 13,778. (3). Rôle de l'Echiquier, année 1180, p. 21, colonne 2. (4 et 5) Fallue, Hist. de Fécamp. (6 et 7) Dom Mareste, manuscrit déjà cité. (8) Mémoire pour l'exemption de Fécamp, par D. Fillastre. (9 et 10) Trésor de l'abbaye de Fécamp, p. 104 et 105. (11) Hist. du Parlement de Rouen, par Floquet, t. Ier, p. 198. (12) Trésor de l'abbaye, p. 121. (13) Guill. de Jumièges, livre III, chapitre VII. (14) Trésor de l'abbaye, p. 143. (15) Guill. de Jumièges, livre VI, chapitre VII. (16) Hist. de l'abbaye de Jumièges, par M. l'abbé Loth, t. Ier, p. 175. (17) Fallue, p. 132. (18) Annales des Cauchois, par Houel, t. IIe p. 298. (19) Fallue, p. 135.

(20) William Pict, cité par Fallue, p. 140. (21) Guill. de Jumièges, livre VIII, chapitre III. (22) Fallue, p. 152. (23). Robert du Mont, année 1162.

CHAPITRE IIIe

(1) Stapleton, éditeur des rôles normands, traduit *salam* par *palace* dans le texte, et par *résidence* dans la table, p. 107. (2) Cartulaire normand d'après les rôles de l'Echiquier, année 1180. (3) Rôles de l'Echiquier, p. 51, colonne 2. (4) Stapleton, tome II, p. 159. (5 et 6) Fallue, p. 128. (7) Condition agricole en Normandie, p. 5. (8) Fallue, p. 177. (9) Archives Seine-Inférieure, citation de Fallue, p. 177. (10) Arch. S.-Inf., série G. 5.234. (11) Revue de Rouen, 1844, de la culture de la vigne en Normandie. (12) Le commerce de Rouen par M. de Freville, t. Ier, p. 125. (13) Fallue, p. 176. (14) Archives municipales du Havre et Cartulaire de Fécamp, cité par Fallue, p. 101. (15) Archives S.-Inf., fonds de Fécamp. (16) D. Mareste, déjà cité. (17) Cartulaire de St-Georges-de-Bocherville, f° 62. (18) D. Mareste déjà cité. (19) Cartulaire normand, p. 5, n° 16. (20) Revue de Rouen, 1852, p. 13. (21) Neustria Pia, p. 227, citée par Leroux de Lincy, p. 18. (22) D. Mareste, déjà cité. (23) M. Corneille, Notice sur le port de Fécamp. (24) Fallue, p. 171. (25) M. Corneille, déjà cité. (26) Hist. manuscrite de Harfleur, par E. Dumont, p. 63-64. (27) Citation par Fallue, des grands rôles de l'Echiquier.

CHAPITRE IV[c]

(1) Origines de la commune de Rouen, revue de la Normandie. (2) Neustria Pia, p. 859. (3) Archives de S.-Inf. cartons de Fécamp. (4) Histoire de Du Guesclin, p. 55. (5) Archives S.-Inf. Série G. 5234. (6 et 7) La Roque : traité de la noblesse. (8) M. de Fréville, t. II, p. 91. (9) Cartulaire de Fécamp, arch. Seine-Inf. f° 38. (10)

Hist. du Parlement de Normandie, t. Ier, p. 92.
(11) Brussel : Usage général des fiefs. (12 et 13)
Registre des *olim*, t. Ier, f° 108, et t. 2e, f° 46. (14)
Fallue, p. 214. (15) Les commencements de la
marine militaire en France, par Jourdain ; et
Traullé : Annales du commerce d'Abbeville. (16)
Trésor des chartes, carton J. 415, n° 69, communi-
cation de M. Dumont. (17, 18 et 19) Arch. S.-
Inf., G. 5234 ; 5.236 et 5.237. (20) Cartulaire de
Fécamp, cité par Fallue, p. 224. (21) Ordonnances
des rois de France, t. II, p. 404. (22) Actes nor-
mands de la Chambre des comptes, p. 398. (23)
Histoire de Du Guesclin, par Siméon Luce. (24)
Arch. nationales, Trésor de Chartes J. J. 87, n°
135, f° 89, communication de M. Dumont. (25)
Hist. de Fécamp, par Fallue, p. 232. (26) Trésor
des chartes, d'après M. Fallue, p. 233. (27) Ancien
Terrier d'Elétot, cité par Fallue. (28) Histoire de
Fécamp, par Fallue, p. 235. (29) Bull. Société
Hist. de Normandie, 1890, p. 343. (30) Mandements de Charles V. (31) Etat des campagnes à la
fin du moyen-âge, par de Beaurepaire, p. 92. (32)
De Fréville, t. Ier, p. 240. (33) Hist. du Parlement
de Rouen, par Floquet, t. Ier, p. 215.

CHAPITRE V^e

(1) Société de l'Histoire de Normandie, p. 333.
(2) Archives de la Ville de Boulogne. (3 et 4)
Fallue, p. 250 et 251. (5) Rôles Normands, n° 476.
(6) Collection Brequigny, citée par Fallue. (7 et 8)
Rôles Normands, n° 1,465. (9) Compte de Jean
Culerier, cité par Fallue. (10) Mandement de Henri
V, n° 1,296. (11) de Beaurepaire, Etat des Cam-
pagnes, p. 93. (12) Mandement de Henri V,
n° 675. (13) Arch. Seine-Inf., G. 2,124. (14) Condi-
tion agricole en Normandie, p. 238. (15 et 16)
Fallue, p. 263 et 277. (17) Arch. Seine-Inférieure,
G. 5,252. (18) Etat des Campagnes, p. 209. (19)
Fallue, p. 283. (20 et non 26 comme on l'a imprimé

par erreur) Rôles Normands et Français, tirés des archives de Londres, par Brequigny, nº 1,389. (21) Une page inédite de l'Histoire de Fécamp. (22 et 23) Histoire de Fécamp, p. 284 et 288. (24) Réédition de M. Hellot, p. 114. (25) Manuscrit Bibliothèque nationale. Fonds français, nº 4,901, communication de M. E. Dumont.

CHAPITRE VIᵉ

(1) Chronique d'Arthur de Richemont, p. 279. (2) Histoire de Charles VII, par M. de Beaucourt. (3) Communication de M. E. Dumont. (4 et 5) Histoire de Fécamp, par Fallue, p. 295. (6) Arch. Seine-Inférieure, fonds de Fécamp. (7) Société de l'Histoire de Normandie : mélanges, p. 73. (8) Cartulaire de Fécamp, communication de M. Hellot. (9) Archives Seine-Inférieure : fonds de Fécamp. (10 et 11) Arch. de la Seine-Inférieure, G. 5,199. (12) Eglises de l'arrondissement du Havre, t. 2, p. 75. (13) Arch. Seine-Inférieure, G. 5,256. (14) Documents sur la fondation du Havre, p. 15. (15) Les origines du Havre, par A. Martin. (16, 17, 18 et 19) Gosselin ; Documents sur la marine normande, p. 35 et 142. (19 bis, 20 et 21) de Freville ; Le commerce de Rouen, tome Iᵉʳ, p. 347 ; t. II, p. 456 et 463. (22, 23, 24) Documents sur la marine Normande, par Ch. et P. Bréard, p. 161 et 267. (25) Documents sur la marine Normande, par Gosselin, p. 89. (26) de Freville. Ouvrage cité, tome II, p. 465. (27) Cahiers des Etats de Normandie, p. 157. (28) Discours sur les armateurs normands. Société de l'Histoire de Normandie 1889. (29) Collection des actes de François Iᵉʳ. (29 bis) Table de Histoire de Fécamp, par D. Mareste, manuscrit de la Bibliothèque de Montivilliers. (30 et 31) Archives Seine-Inférieure, série G., nᵒˢ 5,200 et 5,185. (32) Histoire de Fécamp, par D. Mareste. (33) Idem, par Fallue, p. 306. (34) Archives Seine-Inférieure, G.

5,201. (35). Registres capitulaires de Fécamp.
Archives Seine-Inférieure. (37) Archives Seine-
Inférieure, G. 5,201. (38) Record Office State
Papers, vol. 28, cité par M. de la Ferrière. (39)
Archives Seine-Inférieure, G. 5,201. (40) Fallue,
p. 331. (41, 42, 43 et 44) La Normandie à l'Etran-
ger, par M. de la Ferrière, pages 43, 80, 77, 85.
(45, 46) Lettres de Catherine de Médicis, tome II,
p. 75 et 78. (47) Registres de l'état-civil de Fécamp.

CHAPITRE VIIe

(1) Archives Seine-Inf., G. 5,201. Registres
Capitulaires de Fécamp. (2) Histoire de Fécamp,
p. 337. (3) Le Siège de Rouen par Henri IV, par
M. de Kermaingant. Soc. Hist. de Normandie. (4)
La Ligue en Normandie, p. 172. (5) Bois-Rozé, sa
vie et ses exploits, p. 12. (6 et 7) La Ligue en
Normandie, p 270 et 312. (8) Cahiers des Etats de
Normandie, t. Ier, p. 60. (9) Registres Capitulaires
cités par M. Fallue. (10) Mémoriaux de la Chambre des Comptes, 1594. (11) Notice sur la chapelle
de Notre-Dame du Salut.

CHAPITRE VIII[c]

(1) Archives Seine-Inférieure, série G., n° 5.204.
(2) Histoire littéraire de la Congrégation de St-
Maur. (3) M. Fallue, p. 385. (4, 5, 6, 7 et 8) Archives Seine-Inf., G., n°s 5.246, 5,254, 5.208,
5,237, 5.210. (9) Registres capitulaires de Fécamp.
(10) Fallue, p. 381. (11) Archives Seine-Inf., G.,
n° 4.917. (12) Hist. du Parlement de Rouen, p.
175. (13) Le Protestantisme en Normandie, par
Waddington, p. 20. (14) Archives Seine-Inf., C.,
1.264, et G., 1.660. (15) Mémoriaux de la Chambre
des Comptes. (16) Communication de M. Ernest
Dumont. (17) Registre journalier de l'abbaye de
Montivilliers. (18) Mémoriaux de la Chambre des
Comptes. (19) Fallue, p. 397. (20) Communication

de M. Pollet. (21) Notice sur D. Guill. Fillastre, par l'abbé Cochet, 1841. (22) Documents sur la marine normande. (23) Le port de Fécamp, par Renaud, 1874. (24) Bulletin de la Société de l'Histoire de Normandie, 1887-1890, p. 285. (25) Les bombardements de Dieppe et du Havre, publiés par M. Bréard, dans la Normandie littéraire, décembre 1891.

Notes explicatives

SUR QUELQUES PLANCHES DE L'OUVRAGE

Pl. VI. — D'après la légende du plan du camp gaulois (côte du Canada), on voit que cette possession de l'abbaye était restée à l'état inculte jusqu'au xviiiᵉ siècle. Il est probable que les Religieux de Fécamp tenaient cette propriété des anciens Ducs de Normandie, leurs principaux bienfaiteurs, qui avaient bien pu utiliser les retranchements antiques pour la défense de leurs conquêtes.

Pl. IX. — Le portrait de saint Waneng est la reproduction d'une statue conservée à l'abbaye de Fécamp.

Pl. X, XIV, XV. — Les portraits des Ducs de Normandie ont été exécutés d'après des monuments anciens.

OUVRAGES DU MÊME AUTEUR

Format grand in-8°

L'Hôtel-Dieu de Fécamp, 1882, 16 p.
Mélanges historiques havrais, 1882, 16 p.
La grande Nef Françoise, 1882, 16 p.
Observations sur les origines du Havre, 1891, 16 p.
La Santé publique et l'Alcoolisme, 1892, 16 p.
La santé publique et les moyens légaux de l'améliorer, 1892, 18 p.
La police municipale du Havre au XVIII° siècle, 1892, 16 p.
Le Clergé Normand en Angleterre (1791-1802), 1892, 50 p.
L'Instruction primaire gratuite et obligatoire au XVIII° siècle, 1893,
  60 p.
François Ier au Havre, 1893, 16 p.

Format in-8 écu

*Histoire de Sanvic et du Protestantisme dans cette paroisse, au
  Havre et dans les environs*, 1877, 432 p.
La Confrérie et Charité de Notre-Dame de Sainte-Adresse, 1877.
Le Carnaval d'autrefois, 1879.
Histoire de l'Hôpital Général du Havre et du Pré de Santé, 1879,
  200 p.
Les anciennes Communautés d'Arts et Métiers du Havre, 1880, 244 p.
Histoire du Chef-de-Caux et de Sainte-Adresse, 1881, 248 p.
Victor Fleury, littérateur et poète, 1881, 50 p.
Les Origines du Havre : Histoire de Leure et d'Ingouville, 1882-83,
  2 vol. d'ensemble, 500 p.
Les Origines du Havre. Description du Havre en 1515-1541, avec
  plan, 1884, 240 p.
Histoire de Montivilliers (en collaboration avec M. Dumont), 1886,
  2 vol., 600 p. avec planches.
Excursion historique et pittoresque à Orcher, 1883, 72 p.
Journal d'un bourgeois de Fécamp, 1887, 20 p.
Souvenir de la Bénédiction des cloches de Sanvic, 1887, 20 p.
*Etude historique et descriptive sur La Cerlangue et Saint-Jean-
  d'Abetot*, 1888, 200 p. avec 12 planches.
La vérité sur la question des Eaux à Sanvic, 1888, 32 p.
L'imprévoyance des Prévoyants de l'Avenir, 1890, 18 p.
A.-H. Leblond, Instituteur à Sanvic, 1890, 20 p.
Etude sur différents Calvaires en grès de la vallée du Dun, 1890,
  30 p.
*Projet d'Hôpital intercommunal pour Sanvic, Sainte-Adresse et
  Bléville*, 1890, 16 p.
Histoire de St-Romain-de-Colbosc, 1892, avec 20 gravures, 268 p.
Montivilliers, Port fluvial, 1893.

FÉCAMP. — IMPRIMERIES RÉUNIES L. DURAND ET FILS.

9 782019 963712